लेखक के बारे में

जोसेफ़ मर्फ़ी का जन्म आयरलैंड में हुआ और बाद में वे अमेरिका में बस गए। मनोविज्ञान में पीएच. डी. करने के बाद डॉ. मर्फ़ी ने अपना अधिकांश जीवन पूर्वी धर्मों के अध्ययन में बिताया। शोध के सिलसिले में वे कई साल तक भारत में भी रहे। विश्व के सभी प्रमुख धर्मों का कई वर्षों तक अध्ययन करने के बाद उन्हें विश्वास हो गया कि पूरी सृष्टि में एक विराट शक्ति व्याप्त है, और वह शक्ति हमारे भीतर है - हमारे अपने अवचेतन मन की शक्ति।

डॉ. मर्फ़ी पर न्यू थॉट सिद्धांतों का भी काफ़ी प्रभाव पड़ा, जो 19वीं सदी के उत्तरार्ध में अमेरिका में लोकप्रिय हुए थे। न्यू थॉट मुहिम का मानना था कि ईश्वर या अनंत प्रज्ञा सर्वोच्च, सर्वव्यापी और अजर-अमर है; हर व्यक्ति के भीतर दैवीय अंश है और सभी लोग मूलतः आध्यात्मिक हैं; सर्वोच्च आध्यात्मिक सिद्धांत यह है कि एक दूसरे से बिना शर्त प्रेम किया जाए। न्यू थॉट सिद्धांतों की मान्यता थी कि हर प्रकार की बीमारी मस्तिष्क में उत्पन्न होती है और 'सही सोच' से उपचार संभव है।

मर्फ़ी से उनकी जीवनी या जीवन-परिचय लिखने के लिए कई बार अनुरोध किया गया, लेकिन उन्होंने हर बार यही कहा कि उनका जीवन उनकी पुरतकों गें पाया जा सकता है। उन्होंने 30 से अधिक पुस्तकें लिखी हैं, जिनमें *टेलिसाइकिक्स, बिलीव इन यॉरसेल्फ़, हाउ टु अट्रैक्ट मनी, यॉर इनफ़ाइनाइट पावर टु बी रिच, मिरेकल्स ऑफ़ यॉर माइंड* और *साइकिक परसेप्शन* शामिल हैं। *द पावर ऑफ़ यॉर सबकॉन्शस माइंड (आपके अवचेतन मन की शक्ति)* उनकी सबसे लोकप्रिय पुस्तक है।

आपके अवचेतन मन की शक्ति

डॉ. जोसेफ़ मर्फ़ी
डी.आर.एस.,पीएच.डी.

अनुवाद : डॉ. सुधीर दीक्षित, रजनी दीक्षित

MANJUL
मंजुल पब्लिशिंग हाउस

MANJUL

मंजुल पब्लिशिंग हाउस

कॉरपोरेट एवं संपादकीय कार्यालय

• द्वितीय तल, उषा प्रीत कॉम्प्लेक्स, 42 मालवीय नगर, भोपाल-462 003

विक्रय एवं विपणन कार्यालय

• सी-16, सेक्टर 3, नोएडा, उत्तर प्रदेश - 201301, इंडिया

वेबसाइट : www.manjulindia.com

वितरण केन्द्र

अहमदाबाद, बेंगलुरू, भोपाल, कोलकाता, चेन्नई,
हैदराबाद, मुम्बई, नई दिल्ली, पुणे

जोसेफ़ मर्फ़ी द्वारा लिखित मूल अंग्रेजी पुस्तक
द पावर ऑफ़ यॉर सबकॉंशियस माइंड का हिन्दी अनुवाद

The Power of Your Subconscious Mind by *Dr. Joseph Murphy*
– Hindi Edition

यह हिन्दी संस्करण 2008 में पहली बार प्रकाशित
30वीं आवृत्ति 2022

ISBN 978-81-8322-089-7

हिन्दी अनुवाद : डॉ. सुधीर दीक्षित, रजनी दीक्षित

मुद्रण व जिल्दसाज़ी : थॉमसन प्रेस (इंडिया) लिमिटेड

विषय-सूची

यह पुस्तक आपके जीवन में चमत्कार कैसे कर सकती है

मैंने दुनिया भर में सभी तरह के लोगों के जीवन में चमत्कार होते देखे हैं। चमत्कार आपके साथ भी हो सकते हैं - बशर्ते आप अपने अवचेतन मन की जादुई शक्ति का इस्तेमाल शुरू कर दें। यह पुस्तक आपको यह सिखाने के लिए लिखी गई है कि आप अपने अवचेतन मन की शक्ति से अपनी तक़दीर ख़ुद कैसे बनाएँ। इंसान अपने अवचेतन मन में जैसा सोचता है, वैसा ही वह बन जाता है।

क्या आप इन सवालों के जवाब जानते हैं?

एक व्यक्ति दुखी क्यों होता है, जबकि दूसरा ख़ुश क्यों होता है? एक व्यक्ति सुखी और समृद्ध क्यों होता है, जबकि दूसरा ग़रीब और दुखी क्यों होता है? एक व्यक्ति भयभीत और तनावग्रस्त क्यों होता है, जबकि दूसरा आस्थावान तथा आत्मविश्वासी क्यों होता है? एक व्यक्ति के पास सुंदर, आलीशान बंगला क्यों होता है, जबकि दूसरा झोपड़पट्टी में क्यों रहता है?

एक व्यक्ति बहुत सफल क्यों होता है, जबकि दूसरा बुरी तरह असफल क्यों होता है? एक वक्ता उत्कृष्ट और असाधारण रूप से लोकप्रिय क्यों होता है, जबकि दूसरा औसत और अलोकप्रिय क्यों होता है? एक व्यक्ति अपने काम या पेशे में जीनियस क्यों होता है, जबकि दूसरा ज़िंदगी भर मेहनत करने के बावजूद कुछ हासिल क्यों नहीं कर पाता?

एक व्यक्ति तथाकथित असाध्य बीमारी से ठीक क्यों हो जाता है, जबकि दूसरा नहीं हो पाता? इतने सारे अच्छे, दयालु और धार्मिक लोग इतनी

ज़्यादा मानसिक और शारीरिक यातना क्यों झेलते हैं? कई अनैतिक और अधर्मी लोग सफल, समृद्ध तथा स्वस्थ क्यों होते हैं? एक व्यक्ति का वैवाहिक जीवन सुखमय क्यों होता है, जबकि दूसरे का दुखी और कुंठित क्यों होता है?

क्या आपके चेतन और अवचेतन मन की कार्यशैली में इन सवालों का कोई जवाब मिल सकता है?

निश्चित रूप से मिल सकता है।

यह पुस्तक क्यों लिखी गई

इसी तरह के बहुत से सवालों के जवाब बताने की गहरी इच्छा के कारण ही मुझे यह पुस्तक लिखने की प्रेरणा मिली। मैंने मस्तिष्क की आधारभूत सच्चाइयों को सरलतम भाषा में समझाने की कोशिश की है। मैं मानता हूँ कि जीवन और मस्तिष्क के मूलभूत तथा आधारभूत नियमों को रोज़मर्रा की सरल भाषा में समझाना पूरी तरह संभव है। आप इस पुस्तक में वही भाषा पाएँगे, जो अख़बारों, पत्र-पत्रिकाओं, ऑफ़िसों और घरों में मिलती है।

मैं आपसे इस पुस्तक का अध्ययन करने और इसमें बताई तकनीकों को अमल में लाने का आग्रह करता हूँ। मुझे पूरा यक़ीन है कि ऐसा करने पर आप उस चमत्कारी शक्ति को जान जाएँगे, जो आपको दुविधा, दुख, उदासी और असफलता के कुचक्र से बाहर निकालेगी। यह शक्ति आपको अपनी सच्ची मंज़िल तक पहुँचने का कैसे मार्गदर्शन देगी, आपकी समस्याएँ सुलझाएगी, आपको भावनात्मक तथा शारीरिक बेड़ियों से मुक्त करेगी और आपको स्वतंत्रता, ख़ुशी व मानसिक शांति के राजसी मार्ग पर पहुँचा देगी।

आपके अवचेतन मन की यह चमत्कारी शक्ति आपकी हर बीमारी ठीक कर सकती है। यह आपको दोबारा स्वस्थ, उत्साही और शक्तिशाली बना सकती है। जब अपनी आंतरिक शक्तियों का प्रयोग करना सीख लेंगे, तो आप डर की क़ैद से मुक्त हो जाएँगे और ऐसे आनंददायी जीवन का स्वाद चखेंगे, जिसे एक संत ने ईश्वर की संतानों की आनंददायक मुक्ति कहा है।

चमत्कारी शक्ति कैसे पाएँ

हमारे लिए अवचेतन मन की चमत्कारी शक्ति का सबसे बड़ा प्रमाण यह होगा कि हमारी बीमारी ठीक हो जाए। तब हमें इस पर भरोसा हो जाएगा। कई साल पहले मैंने अपने एक ट्यूमर का इलाज किया, जिसे डॉक्टरों की भाषा

में सरकोमा (sarcoma) कहा जाता है। मैंने यह इलाज अपने अवचेतन मन की उस शक्ति के माध्यम से किया, जिसने मेरे शरीर की रचना की है और जो मेरे सभी महत्त्वपूर्ण शारीरिक कार्यों को नियंत्रित करती है।

उस ट्यूमर को मैंने जिस तकनीक से ठीक किया था, वह तकनीक इस पुस्तक में आगे विस्तार से बताई गई है। मुझे पूरा यक़ीन है कि इससे दूसरों को भी उस उपचारक शक्ति पर विश्वास हो जाएगा, जो हम सभी के अवचेतन मन की गहराई में मौजूद है। एक बुज़ुर्ग डॉक्टर मित्र की सलाह से मुझे अचानक यह अहसास हुआ कि जब अवचेतन मन के रचनात्मक ज्ञान ने मेरा पूरा शरीर और इसके सभी अंग बनाए हैं, तो यह अपनी बनाई चीज़ को ठीक क्यों नहीं कर सकता। पुरानी कहावत है, "डॉक्टर घाव पर पट्टी करता है; ईश्वर उसे ठीक करता है।"

कारगर प्रार्थना से चमत्कार होते हैं

वैज्ञानिक प्रार्थना मस्तिष्क के चेतन और अवचेतन स्तरों के बीच की ऐसी सामंजस्यपूर्ण पारस्परिक क्रिया है, जिसे किसी विशिष्ट उद्देश्य को पाने के लिए वैज्ञानिक तरीक़े से निर्देशित किया जाता है। यह पुस्तक आपके भीतर छिपी अनंत शक्ति को प्रकट करने का वैज्ञानिक तरीक़ा सिखाएगी। यह पुस्तक आपको वह सब कुछ पाने में समर्थ बनाएगी, जो आप जीवन में सचमुच चाहते हैं। आप अधिक सुखी, पूर्ण और समृद्ध जीवन चाहते हैं। इस चमत्कारी शक्ति का इस्तेमाल करके अपने रोज़मर्रा के जीवन को सुखी बनाएँ, अपने काम-धंधे की समस्याएँ सुलझाएँ और पारिवारिक रिश्तों में सद्भाव लाएँ।

इस पुस्तक को बार-बार पढ़ें। इसमें आपको जानकारी मिलेगी कि यह अद्भुत शक्ति कैसे काम करती है और आप अपने भीतर छिपी प्रेरणा तथा बुद्धिमानी को सामने कैसे ला सकते हैं। अवचेतन मन को प्रभावित करने की आसान तकनीकें सीख लें। अपनी शक्ति के अनंत भंडार को प्रकट करने का नया वैज्ञानिक तरीक़ा अपनाएँ। इस पुस्तक को ध्यान, ईमानदारी और प्रेम से पढ़ें। विश्वास रखें कि यह आपकी आश्चर्यजनक मदद कर सकती है। हो सकता है - और मेरा मानना है ऐसा ही होगा - यह आपके जीवन का निर्णायक मोड़ साबित हो।

हर व्यक्ति प्रार्थना करता है

क्या आप जानते हैं, कारगर प्रार्थना कैसे की जाती है? कितने लंबे समय से आपने नियमित प्रार्थना करना छोड़ दिया है? अक्सर ख़तरे या मुसीबत, बीमारी या मौत के क़रीब आने पर आपातकालीन स्थिति में प्रार्थनाएँ मुँह से निकलती हैं।

रोज़मर्रा की ख़बरों पर एक नज़र डालें। देशवासी किसी असाध्य बीमारी से पीड़ित बच्चे के लिए प्रार्थना कर रहे हैं, देशों के बीच शांति के लिए दुआएँ माँग रहे हैं, किसी खदान में पानी भर जाने के कारण फँसे खनिकों के लिए प्रार्थना कर रहे हैं। बचने के बाद खनिकों ने बताया कि उन्होंने भी बचाव का इंतज़ार करते समय प्रार्थना की थी।

बेशक मुसीबत में प्रार्थना हमेशा मदद करती है। लेकिन प्रार्थना को अपने जीवन का अखंड और सृजनात्मक हिस्सा बनाने के लिए हम मुसीबत का इंतज़ार क्यों करें? प्रार्थना के नाटकीय चमत्कार अख़बार की सुर्ख़ियों में छपते रहते हैं, जो इस बात का सबूत हैं कि प्रार्थना कारगर होती है। लेकिन प्रार्थना के अन्य प्रकार भी हैं, जैसे बच्चों की छोटी-छोटी प्रार्थनाएँ, हर दिन भोजन के वक़्त ईश्वर का स्मरण, ईश्वर के साथ संप्रेषण की इच्छा से की गई धार्मिक आराधना।

मैंने बहुत समय तक प्रार्थना की विभिन्न विधियों का अध्ययन किया है। मैंने ख़ुद के जीवन में भी इसकी शक्ति महसूस की है। इसके अलावा, मैंने कई ऐसे लोगों के साथ बातचीत और काम किया है, जिन्हें प्रार्थना से बहुत लाभ हुआ है। आम तौर पर समस्या यह आती है कि किसी दूसरे को प्रार्थना करना कैसे सिखाया जाए। मुसीबत में फँसे लोगों के लिए तार्किक ढंग से सोचना और काम करना मुश्किल होता है। उनकी समस्याएँ उन पर हावी हो जाती हैं और सुनने-समझने की क्षमता को कम कर देती हैं। उन्हें कोई आसान फ़ॉर्मूला चाहिए, जिसका वे पालन कर सकें। कोई कारगर तरीक़ा, जो सरल लेकिन ख़ास हो।

इस पुस्तक की अनूठी विशेषता

इस पुस्तक की अनूठी विशेषता यह है कि यह व्यावहारिक और यथार्थपरक है। इसमें आपको आसान तकनीकें और कारगर फ़ॉर्मूले मिलेंगे, जिन्हें आप रोज़मर्रा के जीवन में आज़मा सकते हैं। ये आसान तकनीकें मैंने दुनिया भर के लोगों को सिखाई हैं।

इस पुस्तक की कुछ बातें ख़ास तौर पर आपकी मदद करेंगी। इसमें यह रहस्य खोला गया है कि आप जिस चीज़ के लिए प्रार्थना करते हैं, अक्सर आपको उसके उल्टे परिणाम क्यों मिलते हैं। दुनिया भर में हज़ारों लोगों ने मुझसे पूछा है, “बार-बार प्रार्थना करने के बावजूद मुझे माँगी हुई चीज़ क्यों नहीं मिली?” इस पुस्तक में आपको इसका कारण पता चल जाएगा। इसमें अवचेतन मन को प्रभावित करने और सही जवाब पाने के तरीक़ों का जो स्पष्टीकरण दिया गया है, उससे यह असाधारण रूप से मूल्यवान बन जाती है। यह मुसीबत के समय में हमेशा मदद करेगी।

आप किस चीज़ पर यक़ीन करते हैं?

बहुत से लोग सोचते हैं कि व्यक्ति की प्रार्थना का जवाब उस चीज़ के कारण मिलता है, जिसमें वह विश्वास करता है। ऐसा नहीं है। उसे तो जवाब अपने विश्वास के कारण मिलता है। प्रार्थना का फल तो तब भी मिलता है, जब व्यक्ति का अवचेतन मन उस व्यक्ति की मानसिक तसवीर या विचार पर प्रतिक्रिया करके उसे हक़ीक़त में बदल देता है। विश्वास का यह नियम दुनिया के सभी धर्मों का गोपनीय सिद्धांत है। यह उनके मनोवैज्ञानिक सत्य का छिपा हुआ कारण है।

धार्मिक भिन्नताओं के बावजूद बौद्ध, ईसाई, मुस्लिम और यहूदी लोगों को अपनी प्रार्थनाओं के जवाब मिलते हैं। ऐसा कैसे हो सकता है? इसका कारण यह है कि प्रार्थनाओं के जवाब किसी ख़ास आस्था, धर्म, जुड़ाव, कर्मकांड, संस्कार, आराधना, भजन, मंत्र, बलि या चढ़ावे के कारण नहीं मिलते हैं। जवाब तो उस आस्था या मानसिक स्वीकृति के कारण मिलते हैं, जिसके साथ प्रार्थना की जाती है।

जीवन का नियम आस्था का नियम है। आस्था या विश्वास को संक्षेप में आप मस्तिष्क का विचार कह सकते हैं। व्यक्ति जैसा सोचता, महसूस करता और विश्वास करता है, वैसी ही उसके मन, शरीर और परिस्थितियों की स्थिति होती है। आप क्या कर रहे हैं और क्यों कर रहे हैं, यह जान लेने के बाद आप अवचेतन मन की मदद से ऐसी तकनीक तैयार कर सकते हैं, जो आपको जीवन की सभी अच्छी चीज़ें दिलाए। सफल प्रार्थना का मूल अर्थ मनोकामना पूरी होना है।

इच्छा प्रार्थना है

हर व्यक्ति सेहत, ख़ुशी, सुरक्षा, मानसिक शांति और सच्ची अभिव्यक्ति की इच्छा रखता है। लेकिन हममें से कितने लोग इन्हें पा लेते हैं? एक यूनिवर्सिटी के प्रोफ़ेसर ने कुछ समय पहले मुझसे कहा था, "मैं जानता हूँ कि अगर मैं अपने मानसिक नज़रिए को बदल लूँ और अपने भावनात्मक जीवन को नई दिशा दे दूँ, तो मेरे हृदय की स्थिति सुधर जाएगी। मैं यह बात जानता हूँ। दिक़्क़त यह है कि मेरे पास ऐसा करने की कोई तकनीक, प्रक्रिया या कार्यविधि नहीं है। मेरा मस्तिष्क कई समस्याओं के कारण इधर-उधर भटकता रहता है और मैं कुंठित, दुखी तथा पराजित महसूस करता हूँ।"

इस प्रोफ़ेसर के मन में संपूर्ण स्वास्थ्य की इच्छा थी। उन्हें तो सिर्फ़ यह ज्ञान नहीं था कि उनका दिमाग़ कैसे काम करता है। इस ज्ञान से वह अपनी मनोकामना पूरी कर सकता था और यही हुआ। इस पुस्तक में बताई उपचारक विधियों के इस्तेमाल से वह पूर्ण स्वस्थ हो गया।

सभी व्यक्तियों में शाश्वत मस्तिष्क अंश है

आपके अवचेतन मन की चमत्कारी शक्तियाँ उस समय भी मौजूद थीं, जब आप या मैं पैदा भी नहीं हुए थे, जब कोई चर्च नहीं था, जब दुनिया ही नहीं थी। जीवन की महान शाश्वत सच्चाइयाँ और सिद्धांत उस समय भी मौजूद थे, जब कोई धर्म शुरू नहीं हुआ था। मैं आपसे आग्रह करता हूँ कि आगे आने वाले अध्यायों में आप इस अद्‌भुत, जादुई, कायापलट कर देने वाली शक्ति तथा उसकी उपयोगिता को अच्छे से जान लें। यह मानसिक और शारीरिक घावों को भर देगी, डरे हुए मन को हौसला बँधाएगी और आपको ग़रीबी, असफलता, दुख, कमी तथा कुंठा की सीमाओं से पूरी तरह आज़ाद कर देगी।

आपको तो बस मानसिक और भावनात्मक रूप से उस अच्छी चीज़ के साथ जुड़ना है, जिसे आप हक़ीक़त बनाना चाहते हैं। आपके अवचेतन मन की रचनात्मक शक्तियाँ इसी के अनुसार प्रतिक्रिया करेंगी। आज ही, अभी शुरुआत कर दें। अपने जीवन में चमत्कार होते देखें! ऐसा तब तक करते रहें, जब तक कि आपके जीवन में चमत्कार नहीं हो जाए।

1 आपके भीतर बहुत बड़ा ख़ज़ाना है

आपके भीतर बहुत बड़ा ख़ज़ाना है। उसे हासिल करने के लिए आपको बस अपने मन की आँखें खोलकर उसे देखना भर है। आपके भीतर नियामतों का अथाह भंडार है, जिसमें से आप सुखद, समृद्ध और आनंदमयी जीवन जीने के लिए ज़रूरी हर चीज़ निकाल सकते हैं।

कई लोग अपनी संभावनाओं को इसलिए नहीं जान पाते हैं, क्योंकि उन्हें अपने भीतर मौजूद असीमित ज्ञान और अनंत प्रेम के भंडार का पता ही नहीं होता है। जबकि सच तो यह है कि इसमें से आप अपनी हर मनचाही चीज़ निकाल सकते हैं।

लोहे का चुंबकीय टुकड़ा अपने भार से बारह गुना अधिक वज़न उठा सकता है। लेकिन अगर आप उसके चुंबकीय गुण को हटा दें, तो यह कुछ भी नहीं उठा पाएगा।

इसी तरह लोग भी दो तरह के होते हैं। एक वे, जो चुंबकीय होते हैं! वे आत्मविश्वास और आस्था से भरे होते हैं। वे जानते हैं कि वे सफल होने तथा जीतने के लिए पैदा हुए हैं।

दूसरी तरह के लोग वे होते हैं, जिनमें चुंबकीय गुण नहीं होता है। वे बहुत बड़ी तादाद में होते हैं। वे डरों और शंकाओं से भरे होते हैं। अवसर सामने आने पर वे कहते हैं, "अगर मैं सफल नहीं हुआ, तो क्या होगा? कहीं मेरा पैसा नहीं डूब जाए। लोग मेरी हँसी उड़ाएँगे।" इस तरह के लोग ज़िंदगी में ज़्यादा आगे तक नहीं जा पाते हैं। उनका डर उन्हें उसी जगह पर रोके रखता है, जहाँ वे हैं।

आप चुंबकीय व्यक्ति बन सकते हैं, बशर्ते आप इतिहास के सबसे बड़े रहस्य को समझ लें और उस पर अमल करने लगें।

इतिहास का सबसे बड़ा रहस्य

मान लीजिए कोई आपसे इतिहास का सबसे बड़ा रहस्य पूछे, तो आप क्या जवाब देंगे? परमाणु ऊर्जा? ग्रहों पर पहुँचे अंतरिक्ष-यान? ब्लैक होल? नहीं, इनमें से कोई नहीं। तो फिर सबसे बड़ा रहस्य क्या है? इंसान इसे कहाँ खोज सकता है? इसे कैसे समझा जा सकता है और इसका लाभ कैसे लिया जा सकता है?

जवाब आसान है। यह रहस्य है आपके अवचेतन मन में पाई जाने वाली अद्‌भुत, चमत्कारी शक्ति। यह वह आख़िरी जगह है, जहाँ ज़्यादातर लोग इसकी तलाश करते हैं। इसी कारण यह रहस्य बहुत कम लोगों को पता चल पाता है।

आपके अवचेतन मन की अद्‌भुत शक्ति

अवचेतन मन की छिपी हुई शक्ति का प्रयोग करना सीखकर आप अपने जीवन में अधिक शक्ति, दौलत, सेहत, ख़ुशी और आनंद पा सकते हैं।

आपको इस शक्ति को हासिल करने की ज़रूरत नहीं है। यह तो आपमें पहले से ही है। बहरहाल, आपको यह सीखना होगा कि इसका इस्तेमाल कैसे किया जाता है। आपको इसे समझना ही होगा, ताकि आप अपने जीवन के सभी पहलुओं में इसका प्रयोग कर सकें।

अगर आप इस पुस्तक में दी गई आसान तकनीकों और प्रक्रियाओं का पालन करेंगे, तो आपको आवश्यक जानकारी तथा समझ मिल जाएगी। एक नया प्रकाश आपको प्रेरित कर देगा। आप एक नई शक्ति उत्पन्न कर सकते हैं, जिसकी बदौलत आप अपनी सभी आशाओं और सपनों को साकार कर सकते हैं। इसी समय फ़ैसला करें कि आप अपने जीवन को पहले से ज़्यादा व्यापक, महान, समृद्ध और उदात्त बनाएँगे।

आपकी अवचेतन गहराइयों में सभी आवश्यक चीज़ों के बारे में असीमित ज्ञान, शक्ति और आपूर्ति का भंडार है। आपका अवचेतन मन इस बात का इंतज़ार कर रहा है कि आप इसे विकसित करें और अभिव्यक्ति दें। अगर आप अपने अवचेतन मन की क्षमता को पहचान लें, तो आपकी इच्छाएँ बाहरी जगत में साकार हो सकती हैं।

अगर आप खुले दिमाग़ के और ग्रहणशील हैं, तो आपके अवचेतन मन में मौजूद असीमित ज्ञान आपको वह हर चीज़ बता सकता है, जिसकी आपको कभी भी, कहीं भी ज़रूरत हो। आप नए विचार पा सकते हैं, आविष्कार कर सकते हैं, खोजें कर सकते हैं और नई कलाकृतियाँ बना सकते हैं। आपके अवचेतन का असीमित ज्ञान आपको आश्चर्यजनक नई जानकारी दे सकता है। इसे अपने सामने प्रकट होने दें। यह आपके जीवन में आदर्श अभिव्यक्ति और सही जगह का रास्ता खोल देगा।

अपने अवचेतन मन की बुद्धिमानी से आप आदर्श जीवनसाथी को आकर्षित कर सकते हैं - सही बिज़नेस पार्टनर या सहयोगी को भी। यह आपको दौलतमंद बनने का रास्ता बता सकती है। यह आपको वित्तीय रूप से आज़ाद भी बना सकती है, ताकि आप अपने दिल की इच्छा के अनुसार बनें, करें और रहें।

विचार, भावना, शक्ति, प्रकाश, प्रेम और सौंदर्य के इस आंतरिक जगत को खोजना आपका बुनियादी अधिकार है। ये शक्तियाँ अदृश्य, लेकिन बहुत शक्तिशाली हैं। आपके अवचेतन मन में हर समस्या का समाधान और हर परिणाम का कारण होता है। जब आप इन छिपी हुई शक्तियों का प्रयोग करना सीख लेंगे, तो आपको प्रचुरता, सुरक्षा, ख़ुशी और नियंत्रण बढ़ाने के लिए आवश्यक शक्ति तथा बुद्धिमानी मिल जाएगी।

मैंने अवचेतन की शक्ति को देखा है। मैंने इसकी शक्ति से अपाहिज पूर्ण स्वस्थ होते देखे हैं। अवचेतन मन के सहारे उन्होंने ख़ुशी, सेहत और आनंद की भावनाओं को हक़ीक़त में बदला। यक़ीनन आपके अवचेतन में ऐसी चमत्कारी उपचारक शक्ति है, जो परेशान दिमाग़ और टूटे हुए दिल का इलाज कर सकती है। यह आपके मस्तिष्क की जेल का दरवाज़ा खोलकर आपको आज़ाद कर सकती है। यह आपको सभी तरह के भौतिक और शारीरिक बंधनों से मुक्त कर सकती है।

कार्यकारी आधार की आवश्यकता

अगर आप किसी भी क्षेत्र में प्रगति करना चाहते हैं, तो इसके लिए एक अनिवार्य पहला क़दम है। आपको एक शाश्वत कार्यकारी आधार (working basis) का पता लगाना होगा। अपने अवचेतन मन की कार्यविधि में निपुण बनने के लिए आपको इसके सिद्धांतों को समझना होगा। तभी आप इसकी

शक्तियों का इस्तेमाल करते समय जान पाएँगे कि आपको कौन से परिणाम मिलेंगे। आप जिन विशिष्ट लक्ष्यों को हासिल करना चाहते हैं, उन्हें आप इन शक्तियों की मदद से साकार कर सकते हैं।

कई सालों तक मैंने केमिस्ट का काम किया था। अपने शुरुआती प्रशिक्षण में मैंने यह सीखा कि जब आप हाइड्रोजन के दो परमाणुओं और ऑक्सीजन के एक परमाणु को मिलाते हैं, तो परिणाम हमेशा पानी होता है - कभी-कभार या अक्सर नहीं, *हमेशा।* जब आप ऑक्सीजन के एक परमाणु और कार्बन के एक परमाणु को मिलाते हैं, तो कार्बन मोनोऑक्साइड नामक ज़हरीली गैस उत्पन्न होती है। लेकिन अगर आप ऑक्सीजन का एक और परमाणु जोड़ देते हैं, तो आपको कार्बन डाइऑक्साइड मिल जाती है, जो प्राणियों के लिए हानिरहित और पौधों के लिए जीवनदायी होती है। ये शाश्वत और अपरिवर्तनीय तथ्य हैं। इन्हें हम *सिद्धांत* कहते हैं।

काम करने की दृष्टि से आपके अवचेतन मन के सिद्धांत केमिस्ट्री, फ़िज़िक्स और गणित के सिद्धांतों से अलग नहीं हैं। अगर आप रासायनिक या भौतिक शक्तियों का प्रयोग करना चाहते हैं, तो आपको इन क्षेत्रों के सिद्धांतों को सीखना होगा। इसी तरह अगर आप अपने अवचेतन मन की शक्ति का प्रयोग करना चाहते हैं, तो आपको इसके सिद्धांतों को सीखना होगा।

आम तौर पर इस सिद्धांत को सभी स्वीकार करते हैं : *पानी अपना स्तर ख़ुद खोज लेता है।* यह एक शाश्वत सिद्धांत है। यह हर जगह, हर समय पानी और पानी जैसे सभी द्रवों पर लागू होता है।

प्राचीन मिस्र के लोग इस सिद्धांत को जानते थे। इसका प्रयोग उन्होंने महान पिरामिडों की नींव को आदर्श रूप से समतल बनाने में किया था। आज भी सिंचाई तंत्र से लेकर हाइड्रो-इलेक्ट्रिक पॉवर स्टेशन बनाते समय इंजीनियर इसका प्रयोग करते हैं।

या यह सिद्धांत लें : *गर्म होने पर पदार्थ फैलता है।* यह हर जगह, हर समय और हर परिस्थिति में सच है। अगर आप स्टील के टुकड़े को गर्म करेंगे, तो यह फैलेगा, चाहे यह स्टील चीन, इंग्लैंड, भारत में हो या पृथ्वी का चक्कर लगा रहे अंतरिक्ष यान में हो।

गर्म होने पर पदार्थ फैलता है... यह एक शाश्वत सत्य है। यह भी एक शाश्वत सत्य है कि आप अपने अवचेतन मन पर जो छाप छोड़ते हैं, वह परिस्थिति, अनुभव और घटना के रूप में व्यक्त होती है।

आपकी प्रार्थना का जवाब मिलता है, क्योंकि आपके अवचेतन मन की शक्ति सिद्धांत है... सिद्धांत यानी वह तरीक़ा, जिससे कोई चीज़ काम करती है। उदाहरण के लिए, बिजली का एक महत्त्वपूर्ण सिद्धांत यह है कि यह उच्च क्षमता से निम्न क्षमता की ओर काम करती है। जब आप बल्ब चालू करते हैं या इलेक्ट्रिक स्टोव पर खाना पकाते हैं, तो आप बिजली के इस सिद्धांत को नहीं बदलते हैं। आप इस सिद्धांत का लाभ लेते हैं। प्रकृति के साथ सहयोग करके आप अद्भुत खोजों और आविष्कारों को साकार कर सकते हैं, जो मानवता को अनंत तरीक़ों से सुख प्रदान करते हैं।

आपका अवचेतन मन सिद्धांत है। यह विश्वास के नियम पर काम करता है। आपको जानना होगा कि विश्वास क्या है, यह क्यों और कैसे काम करता है। बाइबल सरल, स्पष्ट और सुंदर तरीक़े से बताती है :

> जो भी इस पहाड़ से कहेगा, तुम हट जाओ तथा समुद्र में चले जाओ और वह अपने दिल में शंका नहीं करेगा, बल्कि विश्वास रखेगा कि जो वह कहता है, अवश्य होगा, तो वह जो कहेगा, वह अवश्य होगा।
>
> *मार्क 11:23*

आपके मन का नियम विश्वास का नियम है। इसका मतलब है अपने मन की कार्यविधि में विश्वास करना, स्वयं विश्वास पर विश्वास करना। आपके मन का विश्वास और कुछ नहीं, आपके मस्तिष्क का विचार है।

आपका अवचेतन मन आपके विचारों पर प्रतिक्रिया करता है और उन्हीं के अनुरूप अनुभवों, कार्यों, घटनाओं तथा परिस्थितियों को उत्पन्न कर देता है। याद रखें, आपको सफलता उस चीज़ के कारण नहीं मिलती है, जिसमें आप विश्वास करते हैं। सफलता तो मन के विश्वास के कारण मिलती है। मानव जाति को जकड़ने वाले झूठे विश्वासों, रायों, अंधविश्वासों तथा डरों को स्वीकार करना बंद कर दें। शाश्वत सत्यों और जीवन की उन सच्चाइयों पर विश्वास करना शुरू करें, जो कभी नहीं बदलती हैं। इस मोड़ पर पहुँचने के बाद आप आगे, ऊपर और ईश्वर की तरफ़ बढ़ने लगेंगे।

जो लोग इस पुस्तक को पढ़ेंगे और अवचेतन मन के सिद्धांतों पर आस्था के साथ अमल करेंगे, वे वैज्ञानिक तथा कारगर प्रार्थना करने की क़ाबिलियत हासिल करेंगे; अपने लिए भी और दूसरों के लिए भी। आपकी

प्रार्थना का जवाब क्रिया और *प्रतिक्रिया* के शाश्वत नियम के अनुसार मिलता है। विचार निहित क्रिया है। *प्रतिक्रिया* आपके अवचेतन मन का वह जवाब है, जो आपके विचार की प्रकृति से मेल खाता है। अपने मन को स्वास्थ्य, सुख, शांति और सद्भाव की अवधारणाओं से भर दें; आपके जीवन में चमत्कार होने लगेंगे।

दो मस्तिष्क

आपका मस्तिष्क एक है, लेकिन इसके दो स्पष्ट और विशिष्ट कार्यकारी भाग हैं। इन दोनों का कार्य-विभाजन मस्तिष्क के सभी विद्यार्थियों को काफ़ी अच्छी तरह मालूम है। आपके मस्तिष्क के ये दोनों हिस्से एक-दूसरे से मूलतः अलग हैं। इन दोनों के अपने विशिष्ट गुण और शक्तियाँ हैं, जो एक-दूसरे से अलग हैं।

मस्तिष्क के इन दोनों कार्यों में भेद करने के लिए कई नामों का प्रयोग किया जाता है। जैसे, वस्तुनिष्ठ (objective) और व्यक्तिनिष्ठ (subjective) मन, चेतन और अवचेतन मन, जाग्रत और सुषुप्त मन, सतही और गहरा स्वरूप, स्वैच्छिक (voluntary) और अनैच्छिक (involuntary) मन, पुरुष और स्त्री मन आदि। नाम चाहे जो भी दिया जाए, इससे मस्तिष्क के मूल द्वैत का पता चलता है।

इस पूरी पुस्तक में मैं आपके मस्तिष्क के दो हिस्सों के लिए चेतन (conscious) और अवचेतन (subconscious) मन का प्रयोग करूँगा। अगर आपको दूसरे शब्द आसान लगते हों, तो आप उनका प्रयोग कर लें। महत्त्वपूर्ण शुरुआती बात यह है कि मस्तिष्क की इस द्वैत प्रकृति को पहचान लिया जाए और स्वीकार कर लिया जाए।

चेतन और अवचेतन मन

आपके मस्तिष्क के दो तरफ़ा कार्यों को जानने का एक अद्भुत तरीक़ा यह है कि आप इसे एक बगीचा मान लें। आप माली हैं। आप अपने अवचेतन मन में हर दिन विचार के बीज बो रहे हैं। ज़्यादातर समय आपको यह अहसास ही नहीं होता है कि आप ऐसा कर रहे हैं, क्योंकि बीज आपकी आदतन सोच पर आधारित होते हैं। जैसा आप अपने अवचेतन मन में बोते हैं, आपको अपने शरीर तथा परिस्थितियों में वैसी ही फ़सल काटनी पड़ती है।

कल्पना करें कि आपका अवचेतन मन उपजाऊ मिट्टी है, जो सभी तरह के बीजों की उगने में मदद करेगी, चाहे वे अच्छे हों या बुरे। अगर आप काँटे बोते हैं, तो क्या आपको अंगूर मिल सकते हैं? अगर आप कँटीली झाड़ियाँ बोते हैं, तो क्या आपको अंजीर की फ़सल मिल सकती है? हर विचार एक कारण है और हर परिस्थिति एक परिणाम है। इसी वजह से यह अनिवार्य है कि आप अपने विचारों पर नियंत्रण करें। सिर्फ़ इसी तरह इच्छित परिस्थितियाँ मिल सकती हैं।

इसी समय शांति, ख़ुशी, सही कर्म, सद्भावना और समृद्धि के विचारों के बीज बोना शुरू कर दें। शांति और विश्वास से इन चीज़ों के बारे में सोचें। अपने चेतन तार्किक मन में इन्हें पूरी तरह स्वीकार करें। इन अद्भुत विचार-बीजों को अपने मस्तिष्क के बगीचे में बोते रहें; आपको बहुत बढ़िया फ़सल मिलेगी।

जब आपका मस्तिष्क सही तरीक़े से सोचता है, जब आप सच्चाई समझ लेते हैं, जब आपके अवचेतन मन तक पहुँचे विचार सृजनात्मक, सद्भावनापूर्ण और शांतिपूर्ण होते हैं, तो आपके अवचेतन की जादुई कार्यकारी शक्ति प्रतिक्रिया करेगी। यह उस विचार के लिए आवश्यक परिस्थितियों और उचित माहौल का निर्माण कर देगी। अपनी विचार प्रक्रियाओं को नियंत्रित करने के बाद आप किसी भी समस्या या मुश्किल में अपने अवचेतन मन की शक्तियों का प्रयोग कर सकते हैं। वास्तव में आप जान-बूझकर हुए उस असीमित शक्ति और अटूट नियम के साथ सहयोग कर रहे हैं, जो सभी चीज़ों पर लागू होता है।

अपने चारों तरफ़ देखें। आप चाहे जहाँ रहते हों, आपकी सामाजिक स्थिति चाहे जैसी हो, आप देखेंगे कि अधिकतर लोग बाहर की दुनिया में जीते हैं। बहरहाल, ज़्यादा ज्ञानी लोग अपने अंदर की दुनिया में जीते हैं। उन्हें यह अहसास है - जो आपको भी होगा - कि अंदर की दुनिया से ही बाहर की दुनिया उत्पन्न होती है। आपके विचार, भावनाएँ और सपने आपके अनुभव के जनक हैं। आंतरिक मन ही एकमात्र रचनात्मक शक्ति है। बाह्य संसार में आपको जितनी भी चीज़ें मिलती हैं, वे सभी आपने अपने मन के अंदरूनी संसार में उत्पन्न की हैं, चाहे आपने यह काम सचेतन रूप से किया हो या अचेतन रूप से।

जब आप अपने चेतन और अवचेतन मन की आपसी कार्यविधि के बारे में सच्चाई जान लेंगे, तो अपने जीवन की कायापलट करने में कामयाब हो जाएँगे। अगर आप बाहरी स्थितियों को बदलना चाहते हैं, तो आपको उनके कारणों को बदलना होगा। अधिकतर लोग परिस्थितियों और स्थितियों से संघर्ष करके उन्हें बदलने की कोशिश करते हैं। यह समय और मेहनत की भयंकर बर्बादी है। वे यह नहीं देख पाते हैं कि ये स्थितियाँ और परिस्थितियाँ किसी कारण से उत्पन्न हुई हैं। अपने जीवन से मनमुटाव, दुविधा, कमी और सीमा को दूर करने के लिए आपको उसके मूल कारण को दूर करना होगा। कारण है वह तरीक़ा, जिससे आप अपने चेतन मन का प्रयोग करते हैं; वे विचार और तसवीरें, जो आप इसमें भरते हैं। कारण को बदल दें, परिणाम अपने आप बदल जाएगा। यह इतना ही आसान है।

हम सभी असीमित दौलत के अथाह समुद्र में रहते हैं। आपका अवचेतन मन आपके चेतन विचारों के प्रति बहुत संवेदनशील होता है। ये चेतन विचार साँचे की तरह काम करते हैं, जिनमें आपके अवचेतन का असीमित ज्ञान, बुद्धि, जीवन-शक्ति और ऊर्जा प्रवाहित होती है। अगर आप साँचे को अधिक सकारात्मक बना दें, तो आपको इस असीमित ऊर्जा से अधिक लाभ हो सकता है।

इस पुस्तक का हर अध्याय सच्चे और प्रासंगिक उदाहरण देकर बताता है कि आप अवचेतन मन के नियमों को किस तरह लागू कर सकते हैं। जब आप इन तकनीकों का प्रयोग करना सीख लेंगे, तो आप ग़रीबी के बजाय अमीरी, अंधविश्वास और अज्ञान के बजाय बुद्धिमानी, आंतरिक संघर्ष के बजाय शांति, असफलता के बजाय सफलता, दुख के बजाय ख़ुशी, अंधकार के बजाय प्रकाश, मतभेद के बजाय सद्भाव, डर के बजाय आत्मविश्वास तथा आस्था का अनुभव करने लगेंगे। क्या इनसे अद्भुत वरदान हो सकते हैं?

अधिकतर महान वैज्ञानिकों, कलाकारों, कवियों, गायकों, लेखकों और आविष्कारकों को चेतन तथा अवचेतन मन की कार्यविधि की गहरी समझ थी। इसी वजह से उन्हें अपने लक्ष्य हासिल करने की शक्ति मिली।

एक बार महान ऑपेरा गायक एनरिको केरूसो मंच पर जाने से घबरा रहे थे। डर के मारे उनके गले की मांसपेशियाँ ऐंठ गई थीं। ऐसा लग रहा था, जैसे उनके वाक्तन्तुओं को लक़वा मार गया हो और वे बेकार हो गए

हों। वे मंच के पीछे गायक की पोशाक पहने खड़े थे और उनके चेहरे पर पसीना बह रहा था। कुछ ही पल बाद उन्हें हज़ारों प्रशंसकों की भीड़ के सामने मंच पर जाकर गाना था।

काँपते हुए उन्होंने कहा, "मैं नहीं गा सकता। सब लोग मुझ पर हँसेंगे। मेरा करियर ख़त्म हो गया।"

वे अपने ड्रेसिंग रूम में जाने के लिए मुड़े। तभी अचानक वे रुककर चिल्लाए, "*छोटा मैं* मेरे भीतर के *बड़े मैं* का गला दबाने की कोशिश कर रहा है!"

वे दोबारा मंच की ओर मुड़े और तनकर खड़े हो गए। उन्होंने *छोटे मैं* को आदेश दिया, "बाहर निकल जाओ। *बड़ा मैं* गाना चाहता है।"

बड़े मैं से केरूसो का मतलब अपने अवचेतन मन की असीमित शक्ति और बुद्धि से था। वे चिल्लाने लगे, "बाहर निकल जाओ, बाहर निकल जाओ, *बड़ा मैं* गाने वाला है!"

अवचेतन मन ने प्रतिक्रिया करते हुए उनके भीतर की असीमित शक्तियों को मुक्त कर दिया। समय आने पर वे मंच पर गए और उन्होंने शानदार तरीक़े से गाया, जिससे श्रोता मंत्रमुग्ध हो गए।

आपने अब तक जो सीखा है, उससे आप समझ सकते हैं कि केरूसो मस्तिष्क के दो स्तरों को समझते थे - चेतन या तार्किक स्तर और अवचेतन या अतार्किक स्तर। आपका अवचेतन मन प्रतिक्रियाशील है। यह आपके विचारों की प्रकृति के अनुरूप प्रतिक्रिया करता है। जब आपका चेतन मन (केरूसो का *छोटा मैं*) डर, चिंता और तनाव से भरा होता है, तो आपके अवचेतन मन (बड़े मैं) में नकारात्मक भाव प्रवाहित होने लगते हैं। ये नकारात्मक भाव चेतन मन में दहशत, आशंका और निराशा भर देते हैं। जब आपके साथ ऐसा हो, तो आप भी महान केरूसो के उदाहरण पर अमल कर सकते हैं। आप दृढ़ता और पूरे अधिकार से अपने अधिक गहरे मन में उत्पन्न अतार्किक भावों से कह सकते हैं, "चुप रहो। शांत हो जाओ। मैं नियंत्रण में हूँ। तुम्हें मेरे आदेश का पालन करना होगा। तुम मेरी आज्ञा का पालन करने के लिए विवश हो। तुम वहाँ दख़ल नहीं दे सकते, जो तुम्हारा क्षेत्र नहीं है।"

जब आप अपने अधिक गहरे स्वरूप की अतार्किक भावनाओं से दृढ़ता और अधिकार से यह बोलेंगे, तो परिणाम देखकर आप मंत्रमुग्ध हो जाएँगे।

आपका मन शांति और सद्भाव से भर जाएगा। अवचेतन मन चेतन मन के अधीन रहता है। इसीलिए इसे अवचेतन कहा जाता है।

कार्यविधि का बड़ा अंतर

चेतन मन समुद्री जहाज़ का कप्तान है। वह जहाज़ को दिशा देता है। वह इंजन रूम के लोगों को आदेश देता है, तभी वे बॉइलर, यंत्रों और बाक़ी उपकरणों को नियंत्रित करते हैं। उन्हें यह पता नहीं होता है कि वे कहाँ जा रहे हैं। वे तो सिर्फ़ कप्तान के आदेश का पालन करते हैं। अगर कप्तान कम्पास और बाक़ी यंत्रों के आधार पर ग़लत या दोषपूर्ण निर्देश जारी कर दे, तो जहाज़ चट्टानों से टकरा सकता है। इंजन रूम के लोग कप्तान के आदेशों का पालन करने के लिए बाध्य हैं, क्योंकि वही बॉस है। चूँकि उसे यह पता होना चाहिए कि वह क्या कर रहा है, इसलिए इंजन रूम के लोग कप्तान से बहस नहीं करते हैं या पलटकर कुछ नहीं कहते हैं। वे तो बस चुपचाप उसके आदेशों का पालन करते हैं।

कप्तान अपने जहाज़ का मालिक होता है और बाक़ी लोग उसके आदेशों का पालन करते हैं। इसी तरह आपका चेतन मन आपके जहाज़ का कप्तान और मालिक होता है - आपके शरीर, आपके परिवेश और आपसे जुड़े सभी मामलों का। चेतन मन अपने विश्वास तथा अनुमानों के आधार पर आदेश देता है और आपका अवचेतन मन चुपचाप उन आदेशों को मान लेता है। यह आदेशों पर सवाल नहीं करता है या यह नहीं पूछता है कि वे किस आधार पर दिए जा रहे हैं।

अगर आप ख़ुद से बार-बार कहें, "मेरे पास इस चीज़ को ख़रीदने के लिए पैसे नहीं हैं," तो आपका अवचेतन मन आपकी बात मान लेता है। वह यह सुनिश्चित कर देता है कि आपके पास अपनी मनचाही चीज़ ख़रीदने के लिए कभी पैसे नहीं रहें। जब तक आप यह कहते रहेंगे, "मेरे पास उस कार, छुट्टियों, उस घर के लिए पैसे नहीं हैं," तब तक आपका अवचेतन मन आपके आदेशों का पालन करता रहेगा। आप जीवन में इन चीज़ों को कभी नहीं ख़रीद पाएँगे। आप सोचेंगे कि ऐसा परिस्थितियों के कारण हुआ है। आपको यह लगेगा ही नहीं कि आपने अपने नकारात्मक विचारों से ये परिस्थितियाँ ख़ुद निर्मित की हैं।

पिछले क्रिसमस ईव पर नीना डब्ल्यू. नाम की एक युवती, जो दक्षिणी कैलिफ़ोर्निया यूनिवर्सिटी की छात्रा है, बेवर्ली हिल्स के एक बेहतरीन शॉपिंग इलाक़े से गुज़र रही थी। उसके मन में उमंग थी। वह बफ़ैलो, न्यू यॉर्क में अपने परिवार के साथ छुट्टियाँ मनाने जाने वाली थी।

जब नीना एक दुकान के पास से गुज़री, तो उसकी निगाह डिस्प्ले विंडो में रखे एक सुंदर स्पेनिश लेदर बैग पर पड़ी। उसने उसे हसरत से देखा। फिर क़ीमत देखते ही उसके मुँह से आह निकल गई।

वह ख़ुद से कहने वाली थी, "मैं इतना महँगा बैग कभी नहीं ख़रीद पाऊँगी।"

तभी उसे मेरे लेक्चर का यह वाक्य याद आया, "कभी भी किसी नकारात्मक वाक्य को पूरा मत करो। इसे तत्काल उलटकर सकारात्मक कर दो और आपके जीवन में चमत्कार हो जाएँगे।"

काँच के पार रखे बैग को घूरते हुए उसने कहा, "यह बैग मेरा है। यह बिक्री के लिए है। मैं मानसिक रूप से स्वीकार करती हूँ कि यह मुझे मिलेगा और मेरा अवचेतन मन यह सुनिश्चित करेगा कि यह मुझे मिल जाए।"

उसी शाम को नीना अपने मंगेतर से डिनर पर मिली। वह रैपर में लिपटा एक सुंदर तोहफ़ा लाया था। साँस रोककर नीना ने उसे खोला। वहाँ पर वही लेदर बैग था, जिसे उसने उसी दोपहर को देखा था और अपना मान लिया था। उसने अपने मन को उम्मीद से भर लिया था। इस तरह उसने इस मामले को अधिक गहरे मन यानी अवचेतन मन में पहुँचा दिया था, जिसके पास उपलब्धि की शक्ति है।

बाद में नीना ने मुझे बताया, "मेरे पास उस बैग को ख़रीदने लायक़ पैसे नहीं थे, लेकिन इसके बावजूद यह मुझे मिल गया। अब मैं जान चुकी हूँ कि मुझे धन और बाक़ी चाही गई चीज़ें कहाँ मिलेंगी। वे सब मुझे अपने भीतर के शाश्वत ख़ज़ाने से मिलेंगी।"

उसके अवचेतन ने किस तरह प्रतिक्रिया की

कुछ महीने पहले मुझे रूथ ए. नामक महिला का पत्र मिला, जिसने मेरे भाषण सुने थे। उसने लिखा था :

> **मैं पचहत्तर साल की विधवा हूँ। मेरे बच्चे बड़े होने के बाद बाहर चले गए थे। मैं अकेली रह रही थी और सोशल सिक्युरिटी तथा थोड़ी सी पेंशन पर गुज़ारा कर रही थी। मेरा जीवन बहुत ही सूना और निराशाजनक था। फिर मुझे अवचेतन मन की शक्तियों पर आपका भाषण याद आया। आपने कहा था कि दोहराव, आस्था और उम्मीद के ज़रिये हम अपने विचार अवचेतन मन तक पहुँचा सकते हैं। क्या यह सच हो सकता है? मैंने आज़माने का फ़ैसला किया। मेरे पास खोने के लिए कुछ नहीं था।**
>
> **मैं बार-बार पूरी भावना से दोहराने लगी, "कोई मुझे चाहता है। कोई मुझसे प्यार करता है। मैं शादी-शुदा हूँ और मेरा पति दयालु, प्रेमपूर्ण तथा आध्यात्मिक मानसिकता वाला है। मैं सुरक्षित और सुखी हूँ।"**
>
> **मैं लगभग दो हफ़्ते तक हर दिन यह बात कई बार दोहराती रही। एक दिन नुक्कड़ वाली दवाई की दुकान पर एक रिटायर्ड फ़ार्मासिस्ट से मेरी मुलाक़ात हुई। वे दयालु, समझदार और बहुत धार्मिक थे। वे मेरी प्रार्थना का आदर्श जवाब थे। एक हफ़्ते के भीतर ही उन्होंने मेरे सामने शादी का प्रस्ताव रख दिया। इस समय हम यूरोप में हनीमून मना रहे हैं। मैं जानती हूँ कि मेरे अवचेतन मन की बुद्धिमत्ता ही हम दोनों को इतने क़रीब लाई थी।**

रूथ ने पाया कि ख़ज़ाना उसी के भीतर था। उसकी प्रार्थना उसके दिल को सच्ची लगी और उसकी सकारात्मकता उसके अवचेतन मन में उतर गई, जो रचनात्मक साधन है। जिस पल उसने दृढ़ता से यह तसवीर देखी, उसके अवचेतन मन ने आकर्षण के नियम द्वारा जवाब खोज लिया। बुद्धिमानी और समझदारी से भरा अवचेतन मन उसे और उसके नए पति को एक साथ ले आया।

आप इस बारे में ज़रूर सोचें :

> जो भी चीज़ें सच्ची हैं, जो भी चीज़ें ईमानदार हैं, जो भी चीज़ें न्यायपूर्ण हैं, जो भी चीज़ें शुद्ध हैं, जो भी चीज़ें प्यारी हैं, जो भी चीज़ें अच्छी हैं, अगर कोई आस्था है और अगर कोई प्रशंसा है, तो इन चीज़ों के बारे में सोचें।
>
> *फ़िल. 4:8*

याद रखने लायक़ विचार

1. ख़ज़ाना आपके भीतर है। अपनी दिली इच्छा का जवाब भीतर खोजें।
2. सभी युगों के महान व्यक्तियों का महान रहस्य यह था कि उनमें अपने अवचेतन मन की शक्तियों से संपर्क करने और उन्हें मुक्त करने की प्रतिभा थी। आप भी ऐसा ही कर सकते हैं।
3. आपके अवचेतन मन के पास सारी समस्याओं के जवाब हैं। अगर आप सोने से पहले अवचेतन मन से कहें, "मैं सुबह छह बजे उठना चाहता हूँ," तो यह आपको ठीक उसी समय जगा देगा।
4. आपका अवचेतन मन आपके शरीर का निर्माता है और आपका उपचार कर सकता है। हर रात आदर्श सेहत के विचार के साथ सोने जाएँ और आपका वफ़ादार सेवक यानी अवचेतन मन आपके आदेश का पालन करेगा।
5. हर विचार एक कारण है और हर परिस्थिति एक परिणाम है।
6. अगर आप पुस्तक लिखना चाहते हैं, बढ़िया नाटक लिखना चाहते हैं, अपने श्रोताओं के सामने बेहतर भाषण देना चाहते हैं, तो यह विचार भावना और प्रेम के साथ अपने अवचेतन मन तक पहुँचा दें। वह इस पर इसी अनुरूप प्रतिक्रिया करेगा।
7. आप जहाज़ के कप्तान की तरह हैं। आपको सही निर्देश देने होंगे, वरना जहाज़ दुर्घटनाग्रस्त हो जाएगा। इसी तरह से आपको अपने अवचेतन मन को सही आदेश (विचार और तसवीरें) देने होंगे, जो आपके सभी अनुभवों को नियंत्रित करता है।
8. इस तरह के वाक्यों का प्रयोग कभी नहीं करें, "मेरे पास इसके लिए पैसे नहीं हैं," या "मैं यह काम नहीं कर सकता।" आप जो सोचते हैं, आपका अवचेतन मन उसी बात को सच मान लेता है। वह यह सुनिश्चित करता है कि आपके पास कभी पैसे नहीं रहें या वह काम करने की क्षमता नहीं रहे, जो आप करना चाहते हैं। इसके बजाय दृढ़ता से कहें, "मैं अपने अवचेतन मन की शक्ति से सारे काम कर सकता हूँ।"
9. जीवन का नियम विश्वास का नियम है। विश्वास आपके मस्तिष्क का एक विचार है। उन चीज़ों में विश्वास नहीं करें, जो आपको नुक़सान

या चोट पहुँचाएँ। अपने अवचेतन की शक्तियों में विश्वास करें। यह विश्वास रखें कि वे आपका उपचार करेंगी, प्रेरित करेंगी, शक्तिशाली और समृद्ध बनाएँगी। आपके विश्वास के अनुरूप ही आपको मिलेगा।

10. अपने विचारों को बदल लें, आपकी तक़दीर ख़ुदबख़ुद बदल जाएगी।

2 आपका मस्तिष्क कैसे काम करता है

आपका मस्तिष्क आपकी सबसे क़ीमती संपत्ति है। यह हमेशा आपके साथ है, लेकिन इसकी सबसे अद्भुत शक्तियाँ आपको तभी मिल पाएँगी, जब आप इसका उपयोग करना सीख लेंगे। जैसा हम देख चुके हैं, आपके मस्तिष्क के दो स्तर हैं - चेतन या तार्किक स्तर और अवचेतन या अतार्किक स्तर। आप अपने चेतन मन से विचार करते हैं। आपके आदतन विचार आपके अवचेतन मन में उतर जाते हैं, जो आपके विचारों की प्रकृति के अनुरूप परिस्थितियाँ बनाता है। आपका अवचेतन मन आपकी भावनाओं का स्थान है। यह रचनात्मक है। अगर आप अच्छा सोचते हैं, तो आपको अच्छे परिणाम मिलेंगे; अगर आप बुरा सोचते हैं, तो आपको बुरे परिणाम मिलेंगे। आपका मस्तिष्क इसी तरह काम करता है।

याद रखने वाली सबसे महत्त्वपूर्ण बात यह है : जब अवचेतन मन किसी विचार को स्वीकार कर लेता है, तो वह इस पर काम करने लगता है। आश्चर्यजनक और सूक्ष्म सत्य यह है कि अवचेतन मन का नियम अच्छे तथा बुरे दोनों तरह के विचारों पर समान रूप से काम करता है। अगर इस नियम का नकारात्मक प्रयोग किया जाए, तो यह असफलता, कुंठा और दुख उत्पन्न करता है। दूसरी तरफ़, अगर आपकी आदतन सोच सद्भावनापूर्ण और सृजनात्मक है, तो आपको आदर्श सेहत, सफलता और समृद्धि मिलती है।

जब आप सही तरीक़े से सोचने और महसूस करने लगते हैं, तो आपको मानसिक शांति और स्वस्थ शरीर हमेशा मिलते हैं। आप मानसिक रूप से जिसे भी सच मानेंगे और जिसका दावा करेंगे, आपका अवचेतन

मन उसे स्वीकार कर लेगा और उसे साकार कर देगा। आपको तो बस अपने अवचेतन मन से अपने विचार को स्वीकार भर करवाना है। इसके बाद अवचेतन मन का नियम आपकी मनचाही सेहत, शांति और समृद्धि उत्पन्न कर देगा। आप आदेश देते हैं और आपका अवचेतन उस पर छोड़ी गई वैचारिक छाप को साकार करने के लिए पूरी निष्ठा से काम करता है।

आपके मस्तिष्क का नियम यह है : आपके अवचेतन मन की प्रतिक्रिया आपके चेतन मन में रखे गए विचार की प्रकृति से तय होती है।

मनोवैज्ञानिक और मनोविश्लेषक बताते हैं कि जब विचार आपके अवचेतन मन तक पहुँच जाते हैं, तो मस्तिष्क की कोशिकाओं में उनकी छाप बन जाती है। जैसे ही आपका अवचेतन किसी विचार को स्वीकार कर लेता है, यह उसे साकार करने में तत्काल जुट जाता है। विचारों के साहचर्य के अनुसार काम करके यह अपने लक्ष्य को साकार करने के लिए ज्ञान के हर उस हिस्से का इस्तेमाल करता है, जो आपने ज़िंदगी भर इकट्ठा किया है। यह आपके भीतर की असीमित शक्ति, ऊर्जा और बुद्धि का इस्तेमाल करता है। परिणाम पाने के लिए यह प्रकृति के सभी नियमों का इस्तेमाल करता है। कई बार यह आपकी मुश्किलों का समाधान तत्काल खोज लेता है, जबकि कई बार कई दिनों, सप्ताहों या इससे भी ज़्यादा समय लग सकता है। *इसके तरीक़े अबूझ हैं।*

चेतन और अवचेतन में भिन्नताएँ

आपको याद रखना चाहिए कि चेतन और अवचेतन दो मस्तिष्क नहीं हैं। वे तो एक ही मस्तिष्क में होने वाली गतिविधियों के दो क्षेत्र हैं। आपका चेतन मन तार्किक मस्तिष्क है। यह मस्तिष्क का वह हिस्सा है, जो विकल्प चुनता है। उदाहरण के लिए, आप अपनी पुस्तकें, अपना घर, अपना जीवनसाथी चुनते हैं। आप अपने सारे निर्णय चेतन मन से करते हैं। दूसरी तरफ़, आपके सचेतन चुनाव के बिना ही आपका हृदय अपने आप काम करता है और पाचन, रक्त संचार तथा साँस लेने की अनिवार्य प्रक्रियाएँ चलती रहती हैं। ये सारे काम आपका अवचेतन मन करता है। इन प्रक्रियाओं के लिए आपके चेतन नियंत्रण की ज़रूरत नहीं होती है।

आप अपने अवचेतन मन पर जो भी छाप छोड़ते हैं या आप जिसमें भी प्रबल विश्वास करते हैं, आपका अवचेतन मन उसे स्वीकार कर लेता है।

यह आपके चेतन मन की तरह तर्क नहीं करता है या बहस नहीं करता है। आपका अवचेतन मन उस मिट्टी की तरह है, जो किसी भी तरह के बीज को स्वीकार कर लेती है, चाहे वह अच्छा हो या बुरा। आपके विचार सक्रिय हैं। वे बीज हैं। नकारात्मक या विध्वंसात्मक विचार आपके अवचेतन मन में नकारात्मक रूप से काम करते हैं। देर-सबेर वे प्रकट हो जाएँगे और अपने अनुरूप किसी नकारात्मक घटना को उत्पन्न कर देंगे।

याद रखें, आपका अवचेतन मन यह साबित करने की कोई कोशिश नहीं करता है कि आपके विचार अच्छे हैं या बुरे, सही हैं या ग़लत। यह तो आपके विचारों या सुझावों की प्रकृति के अनुरूप प्रतिक्रिया करता है। उदाहरण के लिए, अगर आप किसी झूठी चीज़ को भी चेतन रूप से सच मान लें, तो आपका अवचेतन मन इसे सच मान लेगा और उसके अनुरूप परिणाम देने लगेगा, *क्योंकि* आपने चेतन रूप से इसे सच मान लिया था।

मनोवैज्ञानिक के प्रयोग

मनोवैज्ञानिकों और अन्य शोधकर्ताओं ने बहुत से सम्मोहित लोगों पर प्रयोग किए हैं। उनके शोध से यह स्पष्ट हो जाता है कि अवचेतन मन कोई चयन या तुलना नहीं करता है, जो तार्किक प्रक्रिया के लिए ज़रूरी है। आपका अवचेतन मन किसी भी सुझाव को स्वीकार कर लेगा, भले ही वह सरासर झूठा हो। और सुझाव मानने के बाद यह उसकी प्रकृति के अनुसार प्रतिक्रिया करेगा।

आपका अवचेतन मन कितना सुझावशील है, यह समझने के लिए एक उदाहरण देखें। अगर कोई सम्मोहन विशेषज्ञ किसी को यह सुझाव दे कि वह नेपोलियन बोनापार्ट है या कुत्ता या बिल्ली है, तो वह व्यक्ति पूरी सटीकता से उस भूमिका को निभाने लगेगा। कुछ समय के लिए उसका पूरा व्यक्तित्त्व बदल जाएगा। वह व्यक्ति ख़ुद को वही मान लेगा, जिसका सुझाव सम्मोहन विशेषज्ञ ने दिया है।

निपुण सम्मोहन विशेषज्ञ की अवस्था में अपने किसी विद्यार्थी को यह सुझाव दे सकता है कि वह अपनी पीठ खुजाए, दूसरे को यह सुझाव दे सकता है कि उसकी नाक से ख़ून बह रहा है, तीसरे को यह सुझाव दे सकता है कि वह संगमरमर की मूर्ति है तथा चौथे को यह सुझाव दे सकता है कि तापमान शून्य से कम है और वह बर्फ़ की तरह जम गया है। हर विद्यार्थी उसे दिए

गए विशिष्ट सुझाव के अनुरूप काम करेगा। वह उन सभी परिस्थितियों को नज़रअंदाज़ कर देगा हेगा, जो उस सम्मोहन के सुझाव के अनुरूप नहीं हों।

ये आसान उदाहरण आपके चेतन मन या तार्किक मस्तिष्क और आपके अवचेतन मन के अंतर को रेखांकित करते हैं। आपका अवचेतन मन भाववाचक और चयनहीन है। यह हर उस चीज़ को सच मान लेता है, जिसे आपका चेतन मन सच मानता है। इसलिए यह महत्त्वपूर्ण है कि आप ऐसे विचार और आधार-वाक्य चुनें, जो आपको सुख पहुँचाएँ, आपका उपचार करें और आपकी आत्मा को ख़ुशी से भरें।

यथार्थवादी और कल्पनावादी का स्पष्टीकरण

चेतन मन को कई बार यथार्थवादी मन कहा जाता है, क्योंकि इसका संबंध बाहरी वस्तुओं से होता है। यथार्थवादी मन (objective mind) बाहरी दुनिया के प्रति जागरूक रहता है। इसके अवलोकन के साधन आपकी पाँच शारीरिक इंद्रियाँ हैं। आपका यथार्थवादी मन आपके परिवेश से संपर्क का मार्गदर्शक और निर्देशक है। आप अपनी पाँच इंद्रियों के ज़रिये ज्ञान हासिल करते हैं। आपका यथार्थवादी मन अवलोकन, अनुभव और शिक्षा से सीखता है। जैसा पहले बताया जा चुका है, यथार्थवादी मन का सबसे बड़ा कार्य तर्क करना है।

मान लें, आप उन हज़ारों-लाखों पर्यटकों में से एक हैं, जो हर साल ग्रांड कैनयॉन की सैर करते हैं। आप इस निष्कर्ष पर पहुँचेंगे कि यह दुनिया के सबसे अद्भुत प्राकृतिक आश्चर्यों में से एक है। यह निष्कर्ष इसकी अविश्वसनीय गहराई, चट्टानों के जटिल आकार, भिन्न-भिन्न स्थानों पर रंगों की अद्भुत चित्रकारी के अवलोकन पर आधारित होगा। यह आपके यथार्थवादी मन का काम है।

अवचेतन मन को अक्सर कल्पनावादी मन (subjective mind) भी कहा जाता है। आपका कल्पनावादी मन अपने माहौल के प्रति जागरूक तो होता है, लेकिन शारीरिक इंद्रियों के माध्यम से नहीं। आपका अवचेतन मन अंतर्ज्ञान से महसूस करता है। यह आपकी भावनाओं का स्थान और यादों का भंडार है। आपका कल्पनावादी मन अपने उच्चतम कार्य तब करता है, जब आपकी यथार्थवादी इंद्रियाँ काम नहीं कर रही हों। दूसरे शब्दों में, जब यथार्थवादी मन शिथिल हो या उनींदी अवस्था में हो, तब कल्पनावादी बुद्धि सबसे अच्छी तरह काम करती है।

आपका कल्पनावादी मन आँखों की इंद्रिय के बिना देखता है। यह अतींद्रिय क्षमता है : यह कहीं और हो रही घटनाओं को देख व सुन सकता है। आपका कल्पनावादी मन आपके शरीर से बाहर निकलकर दूर देशों की यात्रा कर सकता है और अक्सर बहुत सटीक तथा सच्ची जानकारी ला सकता है। कल्पनावादी मन के माध्यम से आप दूसरों के विचार जान सकते हैं, बंद चिट्ठियों के मज़मून पढ़ सकते हैं या कम्प्यूटर डिस्क पर डिस्क ड्राइव के प्रयोग के बिना जानकारी भाँप सकते हैं।

जब आप अपने यर्थाथवादी और कल्पनावादी मन की आपसी कार्यविधि को समझ लेते हैं, तो आप प्रार्थना की सच्ची कला सीखने की बेहतर स्थिति में पहुँच जाते हैं।

अवचेतन मन चेतन मन की तरह तर्क नहीं कर सकता

आप अपने अवचेतन मन को चाहे जो बताएँ, उसमें बहस या विरोध करने की क्षमता नहीं होती। अगर आप इसे ग़लत जानकारी देंगे, तो भी यह उसे सच मान लेगा। फिर यह उस जानकारी को सही बनाने के लिए काम करेगा। यह *आपके ग़लत सुझावों को भी* परिस्थितियों, अनुभवों और घटनाओं में साकार कर देगा।

आपके साथ जो भी हुआ है, इसलिए हुआ है क्योंकि आपने विश्वास के माध्यम से अपने अवचेतन मन पर उसकी छाप छोड़ी है। अगर आपने ग़लत संप्रेषण किया है या अपने अवचेतन मन तक विकृत अवधारणाएँ पहुँचाई हैं, तो उन्हें जल्द से जल्द सुधारना सबसे महत्त्वपूर्ण है। इसे करने का सबसे निश्चित तरीक़ा अपने अवचेतन मन को लगातार सृजनात्मक और सद्भावनापूर्ण विचार देते रहना है। बार-बार दोहराने पर आपका अवचेतन मन इन्हें स्वीकार कर लेता है। इस प्रकार आप विचार और जीवन की नई तथा ज़्यादा अच्छी आदतें डाल सकते हैं, क्योंकि आपका अवचेतन मन आदत का स्थान है।

आपके चेतन मन के आदतन विचार आपके अवचेतन मन में गहरे खाँचे बना देते हैं। अगर आपके ये विचार सद्भावनापूर्ण, शांत और सृजनात्मक हैं, तो आपका अवचेतन मन प्रतिक्रिया करते हुए सद्भाव, शांति और सृजनात्मक परिस्थितियाँ उत्पन्न करेगा।

क्या आप डर, चिंता और अन्य प्रकार की विनाशक सोच के शिकार हैं? इलाज है अपने अवचेतन मन की शक्ति को पहचानकर उसे स्वतंत्रता, ख़ुशी और संपूर्ण स्वास्थ्य के आदेश देना। आपका अवचेतन मन रचनात्मक है और दैवी स्रोत के साथ एकरूप है। यह उस स्वतंत्रता, ख़ुशी और संपूर्ण स्वास्थ्य को उत्पन्न करने लगेगा, जिसका आदेश आपने पूरे विश्वास से दिया है।

सुझाव की ज़बर्दस्त शक्ति

हमने अब तक जिन बातों पर विचार किया है, उनसे आप देख सकते हैं कि आपका चेतन मन "द्वारपाल" की तरह है। इसका एक बहुत महत्त्वपूर्ण कार्य ग़लत सुझावों से आपके अवचेतन मन की रक्षा करना है। यह इसलिए महत्त्वपूर्ण है, क्योंकि यह मस्तिष्क के एक मूलभूत नियम पर आधारित है : आपका अवचेतन मन सुझाव के प्रति बेहद संवेदनशील है।

जैसा आप जानते हैं, आपका अवचेतन मन तुलना या विरोध नहीं कर सकता है। यह तर्क-वितर्क नहीं कर सकता है और ख़ुद कुछ नहीं सोच सकता है। ये सभी काम चेतन मन के हैं। अवचेतन मन तो बस चेतन मन द्वारा इस पर छोड़ी गई छापों पर प्रतिक्रिया करता है। यह कार्य की अलग-अलग दिशाओं में से किसी एक को नहीं चुन सकता है। इसे तो जो दिया जाता है, यह उसे ले लेता है।

सुझाव में बहुत शक्ति होती है। कल्पना करें कि आप किसी ऐसे जहाज़ पर हैं, जो थोड़ा हिल रहा है। आप एक भयभीत सहयात्री के पास जाकर कहते हैं, "आपकी हालत अच्छी नहीं दिख रही है। आपका चेहरा बिलकुल हरा लग रहा है! मुझे लगता है कि आपको समुद्री यात्रा में होने वाली मतली हो सकती है। क्या मैं आपको केबिन तक पहुँचा दूँ?"

यात्री का चेहरा पीला पड़ जाता है। आपने मतली के बारे में जो सुझाव अभी-अभी दिया है, वह उसके ख़ुद के डर और आशंका से मेल खाता है। वह आपकी मदद लेकर डेक से नीचे अपने केबिन में पहुँच जाता है। वहाँ पहुँचने पर आपका नकारात्मक सुझाव, जिसे उसने सही मान लिया था, सच हो जाता है।

उसी सुझाव पर भिन्न प्रतिक्रिया

यह समझना बहुत ज़रूरी है कि एक ही सुझाव पर अलग-अलग लोग अलग-अलग तरीक़े से प्रतिक्रिया करेंगे। ऐसा इसलिए है, क्योंकि उनके विश्वास या अवचेतन की कंडीशनिंग अलग-अलग होती है।

मान लें, सहयात्री के बजाय आप किसी जहाज़ी के पास जाकर कहते हैं, "हैलो, आपकी हालत ठीक नहीं दिख रही है। कहीं आपको समुद्री यात्रा के कारण मतली तो नहीं आने वाली है?"

यह जहाज़ी के मिजाज़ पर निर्भर करता है कि वह आपके लचर मज़ाक़ पर हँसे या आपको वहाँ से दफ़ा होने को कह दे। आपके सुझाव का उस पर कोई असर नहीं हुआ, क्योंकि उसके मन में यह विश्वास है कि समुद्री यात्रा में उसे कभी मतली नहीं हो सकती। इस कारण उसे ज़रा भी डर या चिंता महसूस नहीं होगी, उल्टे आत्मविश्वास सामने आएगा।

डिक्शनरी आपको बता देगी कि सुझाव (suggestion) किसी चीज़ को *किसी* के मस्तिष्क में डालने का काम है। यह वह मानसिक प्रक्रिया है, जिससे सुझाया गया विचार स्वीकार किया जाता है या कार्यरूप में परिणित होता है। याद रहे, कोई भी सुझाव चेतन मन की इच्छा के बिना अवचेतन मन पर छाप नहीं छोड़ सकता। आपके चेतन मन में उस सुझाव को अस्वीकार करने की शक्ति होती है।

जहाज़ी को समुद्री यात्रा के कारण मतली का कोई डर नहीं था। उसे पूरा भरोसा था कि वह इससे सुरक्षित है, इसलिए नकारात्मक सुझाव में उसे डराने की शक्ति नहीं थी। लेकिन आपकी सहयात्री पहले से ही बीमार होने के बारे में चिंतित थी। इसलिए आपके सुझाव के अनुरूप परिस्थितियाँ बन गईं।

हम सबके अपने अंदरूनी डर, मान्यताएँ, राय होती हैं। ये अंदरूनी मान्यताएँ हमारे जीवन को नियंत्रित करती हैं। सुझाव में स्वयं की कोई शक्ति नहीं होती है। इसकी शक्ति तो इस बात से उत्पन्न होती है कि आप इसे मानसिक रूप से स्वीकार कर लेते हैं। सिर्फ़ तभी आपकी अवचेतन शक्तियाँ सुझाव की प्रकृति के अनुरूप काम करती हैं।

उसने अपना हाथ कैसे गँवाया

कई सालों से मैं कैक्सटन हॉल में लंदन ट्रुथ फ़ोरम में नियमित रूप से भाषण दे रहा हूँ, जिसे मैंने कुछ साल पहले स्थापित किया था। इसकी निदेशक डॉ. ईवलिन फ़्लीट ने मुझे एक आदमी के बारे में बताया, जिसकी छोटी बेटी को र्‍यूमेटॉइड आर्थ्राइटिस और दर्दनाक चर्मरोग सोराएसिस (psoriasis) था। कई जगह इलाज हुआ, लेकिन डॉक्टरों की तमाम कोशिशों के बाद भी कोई फ़ायदा नहीं हुआ। वह आदमी हताश हो गया। वह ख़ुद से और अपने दोस्तों से बार-बार कहता था, "अपनी बेटी को भली-चंगी देखने के लिए मैं अपना दाहिना हाथ देने को भी तैयार हूँ।"

डॉ. फ़्लीट के अनुसार एक दिन परिवार सैर-सपाटे पर गया। कार की दुर्घटना हो गई और पिता का दाहिना हाथ कंधे से अलग हो गया। अस्पताल से घर लौटने पर उसने पाया कि उसकी बेटी का आर्थ्राइटिस और चर्मरोग बिलकुल ठीक हो चुका था।

आपको बहुत सतर्क रहना होगा कि आप अवचेतन मन को सिर्फ़ वही सुझाव दें, जो सही तरीक़े से उपचार करे, वरदान दे, ऊपर उठाए और प्रेरित करे। याद रखें, आपका अवचेतन मन मज़ाक़ नहीं समझता है। यह तो आपके आदेश का शब्दशः पालन करता है

आत्म-सुझाव ने डर को किस तरह भगाया

आत्म-सुझाव (self-suggestion) का मतलब है ख़ुद को किसी निश्चित और विशिष्ट बात का सुझाव देना। हर साधन की तरह इसके भी ग़लत प्रयोग से नुक़सान हो सकता है, लेकिन सही तरीक़े से इस्तेमाल करने पर यह बहुत उपयोगी बन सकता है।

जेनेट आर. एक प्रतिभावान युवा गायिका थी। उसे ओपेरा प्रॉडक्शन में एक महत्त्वपूर्ण भूमिका के ऑडिशन के लिए जाना था। वह ऑडिशन के लिए, बेताब तो थी, लेकिन आशंकित भी थी।

पहले भी तीन बार उसने निर्देशकों के सामने ऑडिशन दिया था, लेकिन बुरी तरह असफल हो गई थी। कारण असफल होने का डर था। उसकी आवाज़ अच्छी थी, लेकिन वह ख़ुद से कहती रहती थी, "जब गाने का वक़्त आएगा, तो मैं बुरा गाऊँगी। मुझे वह भूमिका कभी नहीं मिलेगी।

वे मुझे पसंद नहीं करेंगे। वे सोचेंगे कि मैंने कोशिश करने की हिम्मत भी कैसे की। मैं ऑडिशन देने तो जाऊँगी, लेकिन मैं जानती हूँ कि मैं असफल हो जाऊँगी।"

उसके अवचेतन मन ने इन नकारात्मक आत्म-सुझावों को आग्रह मान लिया। यह उन्हें सच साबित करने में जुट गया और उन्हें परिस्थितियों में बदल दिया। कारण अनचाहा आत्म-सुझाव था। उसका डर हक़ीक़त में बदल गया और उसके विचार सच हो गए।

यह युवा गायिका आख़िरकार अपने नकारात्मक आत्म-सुझावों से उबरने में सफल हुई। उसने *सकारात्मक* आत्म-सुझावों के माध्यम से उनका विरोध करके यह काम किया। हर दिन तीन बार वह एक शांत कमरे में अकेली जाती थी। वह एक कुर्सी पर आराम से बैठ जाती थी, अपने शरीर को ढीला छोड़ देती थी और आँखें बंद कर लेती थी। वह अपने मस्तिष्क और शरीर को यथासंभव स्थिर कर लेती थी। शारीरिक निष्क्रियता मानसिक निष्क्रियता को प्रेरित करती है और मस्तिष्क को सुझाव के प्रति अधिक ग्रहणशील बना देती है।

डर के सुझाव का प्रतिकार करने के लिए वह ख़ुद से बार-बार कहती थी, "मैं बहुत अच्छा गाती हूँ। मैं शांत, संतुलित, आत्मविश्वासी हूँ।" हर बार वह इस कथन को धीरे-धीरे, शांति से और भावना के साथ पाँच से दस बार दोहराती थी। वह दिन में तीन बार यह काम करती थी और एक बार रात को सोने से ठीक पहले।

एक सप्ताह बाद वह बहुत शांत और आत्मविश्वासी हो गई। जब निर्णायक दिन आया, तो उसने बहुत बढ़िया ऑडिशन दिया और उसे भूमिका मिल गई।

उसकी याददाश्त कैसे लौटी

पचहत्तर साल की एक महिला को हमेशा से अपनी याददाश्त पर गर्व था। हालाँकि बाक़ी सबकी तरह वह भी कभी-कभार चीज़ें भूल जाती थी, लेकिन वह इस तरफ़ ध्यान नहीं देती थी। बहरहाल, जब उसकी उम्र बढ़ी, तो वह भूलने के मौक़ों पर ध्यान देने लगी और उनके बारे में चिंता करने लगी। जब भी वह कोई चीज़ भूल जाती थी, तो हर बार ख़ुद से कहती थी, "बुढ़ापे के कारण मेरी याददाश्त कमज़ोर होती जा रही है।"

इस नकारात्मक आत्म-सुझाव के कारण वह और ज़्यादा नाम तथा घटनाएँ भूलने लगी। वह हताश हो गई। सौभाग्य से, उसे यह अहसास हो गया कि वह ख़ुद को किस तरह नुक़सान पहुँचा रही है। उसने इस प्रक्रिया को उलटने का संकल्प किया।

जब भी वह सोचने लगती थी, "मेरी याददाश्त कमज़ोर होती जा रही है," तो वह रुक जाती थी। यही नहीं, वह जान-बूझकर इस प्रक्रिया को उलट देती थी।

दिन में कई बार वह सकारात्मक आत्म-सुझाव का अभ्यास करती थी। वह ख़ुद से कहती थी :

आज से मेरी याददाश्त हर तरह से सुधर रही है। मुझे जो भी याद रखना चाहिए, वह मुझे हर पल, हर जगह, हमेशा याद रहेगा। मुझे घटनाएँ स्पष्टता से याद रहेंगी। मैं जो भी याद करना चाहूँगी, वह मुझे तत्काल याद आ जाएगा। मुझमें हर दिन तेज़ी से सुधार हो रहा है। बहुत जल्दी मेरी याददाश्त पहले से बहुत अच्छी हो जाएगी।

तीन हफ़्ते बाद उसकी याददाश्त सामान्य हो गई।

उसने किस तरह बुरे स्वभाव पर क़ाबू पाया

एक व्यक्ति मेरे पास परामर्श लेने आया। उसका वैवाहिक जीवन और करियर दोनों ही गंभीर संकट में थे। ह्यू डी. की समस्या यह थी कि वह बहुत चिड़चिड़ा और गुस्सैल था। वह इसके बारे में ख़ुद चिंतित था, लेकिन अगर कोई दूसरा इस बारे में उससे बात करने की कोशिश करता था, तो वह आगबबूला हो उठता था। वह ख़ुद से बार-बार कहता था कि सब लोग उसे सता रहे थे और उसे उनसे अपनी रक्षा करनी थी।

इस नकारात्मक आत्म-सुझाव को दूर करने के लिए मैंने उसे सकारात्मक आत्म-सुझाव का प्रयोग करने की सलाह दी। दिन में कई बार - सुबह, दोपहर और रात को सोने से पहले - उसे ख़ुद से बार-बार यह कहना था :

आगे से मैं ज़्यादा अच्छे स्वभाव का बनूँगा। अब मेरी सामान्य मनोदशा ख़ुशी, सुख और ख़ुशमिजाज़ी की हो रही है। हर दिन मैं अधिक प्रेम करने क़ाबिल और समझदार बन रहा हूँ। मैं अपने आस-पास के सभी

लोगों के लिए आनंद और सद्‌भावना का केंद्र रहूँगा तथा अपने अच्छे व्यवहार से उन्हें ख़ुश कर दूँगा। यह सुखद, ख़ुशनुमा स्वभाव अब मेरी सामान्य, सहज मानसिक स्थिति बन रही है। मैं अहसानमंद हूँ।

एक महीने बाद उसकी पत्नी और सहकर्मी कहने लगे कि अब उसके साथ रहना बहुत अच्छा हो गया है।

बाहरी सुझाव पर कुछ टिप्पणियाँ

बाहरी सुझाव (hetero-suggestion) का मतलब है किसी दूसरे व्यक्ति के सुझाव। सभी युगों और दुनिया के हर हिस्से में सुझाव की शक्ति ने मानव जाति के जीवन में प्रमुख भूमिका निभाई है। राजनीतिक मान्यताएँ, धार्मिक आस्थाएँ और सांस्कृतिक परंपराएँ बाहरी सुझाव की शक्ति की बदौलत ही फलती-फूलती और क़ायम रहती हैं।

सुझाव का प्रयोग स्वयं को अनुशासित और नियंत्रित करने के साधन के रूप में किया जा सकता है। इसका प्रयोग दूसरों पर नियंत्रण करने के लिए भी किया जा सकता है, जिन्हें मस्तिष्क के नियमों की समझ नहीं है। सृजनात्मक रूप में यह अद्‌भुत और बेहतरीन है। नकारात्मक रूप में यह मस्तिष्क की प्रतिक्रिया के सभी प्रतिमानों (patterns) में सबसे विध्वंसात्मक है। इसके परिणाम दुख, असफलता, कष्ट, बीमारी और तबाही हो सकते हैं।

क्या आपने इनमें से किसी को स्वीकार किया है?

पैदा होने के बाद से हम पर नकारात्मक सुझावों की बमबारी होने लगती है। चूँकि हम यह नहीं जानते हैं कि उनका विरोध कैसे किया जाए, इसलिए अचेतन रूप से हम उन्हें स्वीकार कर लेते हैं और अपने अनुभव में बदल लेते हैं।

नकारात्मक सुझावों के कुछ उदाहरण हैं :

- तुम कुछ नहीं कर सकते।
- तुम कभी कुछ नहीं बन पाओगे।
- तुम्हें ऐसा नहीं करना चाहिए।
- तुम असफल हो जाओगे।

- तुम्हारी सफलता की बिलकुल संभावना नहीं है।
- तुम बिलकुल ग़लत हो।
- इससे कोई फ़ायदा नहीं होगा।
- महत्त्वपूर्ण यह नहीं है कि तुम क्या जानते हो; महत्त्वपूर्ण तो यह है कि तुम किसे जानते हो।
- दुनिया रसातल को जा रही है।
- क्या फ़ायदा, किसी को कोई फ़र्क़ नहीं पड़ता है।
- इतनी ज़्यादा कोशिश करने से कोई फ़ायदा नहीं है।
- तुम्हारी उम्र अब ज़्यादा हो चुकी है।
- स्थितियाँ बिगड़ती जा रही हैं।
- ज़िंदगी मशीनी चक्की बनकर रह गई है।
- प्रेम सिर्फ़ पक्षियों के लिए है।
- तुम कभी नहीं जीत सकते।
- सावधान रहना, तुम्हें भयंकर बीमारी हो सकती है।
- कोई भी भरोसे के क़ाबिल नहीं है।

इस तरह के बाहरी सुझावों को स्वीकार करके आप उन्हें साकार करने में सहयोग देते हैं। बचपन में आप दूसरों के सुझावों का विरोध नहीं कर सकते थे। आपको इस बारे में ज़्यादा पता नहीं था। आपके लिए आपका मस्तिष्क और इसके चेतन तथा अवचेतन हिस्से ऐसे रहस्य थे, जिनके बारे में आप सोच भी नहीं सकते थे।

बहरहाल, वयस्क होने के बाद आप चयन कर सकते हैं। आप सकारात्मक आत्म-सुझाव का प्रयोग करके अपनी कंडीशनिंग दोबारा कर सकते हैं और अतीत की छापों को बदल सकते हैं। इसका पहला क़दम उन बाहरी सुझावों के प्रति जागरूक बनना है, जो आप पर काम कर रहे हैं। अगर जाँच नहीं की जाए, तो वे व्यवहार के ऐसे संस्कार डाल सकते हैं, जो आपको व्यक्तिगत और सामाजिक जीवन में असफल बना देंगे। सृजनात्मक आत्म-सुझाव आपको नकारात्मक कंडीशनिंग से मुक्त कर सकता है। अगर ऐसा नहीं किया गया, तो नकारात्मक कंडीशनिंग आपके जीवन को विकृत कर देगी और अच्छी आदतों के विकास को मुश्किल या असंभव बना देगी।

आप नकारात्मक सुझावों का विरोध कर सकते हैं

अख़बार उठा लें या टी.वी. पर न्यूज़ देखें। हर दिन आप दर्जनों ऐसी ख़बरें सुनेंगे, जो निरर्थकता, डर, चिंता, तनाव और भावी तबाही के बीज बो सकती हैं। अगर आप उन्हें सच मान लें और अपने भीतर जगह दे दें, तो डर के ये विचार आपकी जीने की इच्छा को ही ख़त्म कर देंगे। बहरहाल, जब आप यह समझ लेते हैं कि आपको इन्हें स्वीकार *करने* की ज़रूरत नहीं है, तो आपके सामने विकल्प खुल जाते हैं। अपने अवचेतन मन को सृजनात्मक आत्म-सुझाव देकर आपमें इन सभी विध्वंसात्मक विचारों का विरोध करने की शक्ति है।

नियमित रूप से दूसरों के थोपे गए नकारात्मक सुझावों की जाँच करते रहें। आपको इन विनाशक आत्म-सुझावों की दया पर रहने की ज़रूरत नहीं है। हम सभी ने अपने बचपन, किशोरावस्था, वयस्क जीवन में इसकी वजह से कष्ट भोगे हैं। अगर आप पीछे मुड़कर देखें, तो आसानी से याद कर सकते हैं कि माता-पिता, दोस्तों, रिश्तेदारों, शिक्षकों और सहयोगियों ने किस तरह आपको नकारात्मक सुझाव दिए थे। उनकी कही गई बातों का विश्लेषण करें और उनमें छिपे अर्थ की ग़ौर से जाँच करें। आप पाएँगे कि उनमें से ज़्यादातर बातें झूठी थीं। उनका छिपा हुआ उद्‌देश्य आपमें डर पैदा करके आपको नियंत्रित करना था - *और है।*

बाहरी सुझाव की यह प्रक्रिया हर घर, ऑफ़िस, फ़ैक्ट्री और क्लब में चलती है। धीरे-धीरे आपको पता चल जाएगा कि जाने-अनजाने में लोगों के सुझावों का उद्‌देश्य यह होता है कि आप वैसा ही सोचें, महसूस करें और काम करें, जैसा चाहते हैं, ताकि उन्हें फ़ायदा पहुँचे, भले ही आपको नुक़सान हो जाए।

किस तरह सुझाव ने एक आदमी की जान ली

मेरे दूर के एक रिश्तेदार ने भारत की एक मशहूर महिला भविष्यवक्ता (crystal gazer) से अपना भविष्य पूछा। ज्योतिषी ने उसे बताया कि उसका दिल बहुत कमज़ोर है और वह अगली अमावस्या को मर जाएगा।

मेरा रिश्तेदार स्तब्ध रह गया। उसने अपने परिवार के हर व्यक्ति को भविष्यवाणी बताई। उसने अपने वकील से मिलकर वसीयत ठीक करवा ली। जब मैंने उसे उसके विश्वास से डिगाने की कोशिश की, तो उसने मुझे बताया

कि उस भविष्यवक्ता में अद्भुत पारलौकिक शक्तियाँ हैं। वह भविष्यवक्ता लोगों का बहुत भला या बुरा कर सकती है। उसे भविष्यवाणी की सच्चाई पर पूरा भरोसा था।

जब अमावस्या क़रीब आने लगी, तो वह खोया-खोया रहने लगा। एक महीने पहले यह आदमी ख़ुश, स्वस्थ, उत्साही और जोशीला था। अब वह बीमार दिखने लगा। अमावस्या के दिन उसे बहुत बुरा हार्ट अटैक आया। वह मर गया, हालाँकि उसे यह पता ही नहीं था कि अपनी मौत का कारण वह ख़ुद था।

हममें से कितनों ने इस तरह की कहानियाँ सुनी हैं और यह सोचकर थोड़े काँपे हैं कि यह दुनिया रहस्यमयी अनियंत्रित शक्तियों से भरी पड़ी है। हाँ, दुनिया शक्तियों से भरी पड़ी है, लेकिन वे ना तो रहस्यमय हैं, ना ही अनियंत्रित। मेरे रिश्तेदार ने ख़ुद अपनी जान ले ली, क्योंकि उसने एक सशक्त सुझाव को अपने अवचेतन मन में दाख़िल होने दिया। उसे भविष्यवक्ता की शक्तियों पर भरोसा था, इसलिए उसने उसकी भविष्यवाणी को पूरा स्वीकार कर लिया।

आइए, अवचेतन मन की कार्यविधि की जानकारी के आधार पर इस घटना को देखें। व्यक्ति का चेतन या तार्किक मस्तिष्क जिस बात पर यक़ीन करता है, अवचेतन मन उसे स्वीकार लेता है और उसके अनुरूप कार्य करता है। मेरा रिश्तेदार जब उस भविष्यवक्ता के पास गया, तो वह सुझाव ग्रहण करने की मनोदशा में था। भविष्यवक्ता ने उसे एक नकारात्मक सुझाव दिया, जिसे *उसने सच मान लिया।* वह दहशत में आ गया। उसे पूरा विश्वास था कि अगली अमावस्या को वह मरने वाला है। उसने इसके बारे में सबको बता दिया और अपनी मौत की तैयारी करने लगा। मौत के बारे में उसके डर और आशंका को उसके अवचेतन मन ने सही मान लिया तथा उसकी मौत को हक़ीक़त में बदल दिया।

जिस महिला ने उसकी मौत की भविष्यवाणी की थी, उसकी शक्ति मैदान के पत्थरों और लकड़ियों से ज़्यादा नहीं थी। उसके सुझाव में जान लेने की शक्ति नहीं थी। अगर वह आदमी मन के नियमों को जानता, तो वह इस नकारात्मक सुझाव को पूरी तरह से अस्वीकार कर देता और भविष्यवक्ता के शब्दों पर ज़रा भी ध्यान नहीं देता। अगर वह जानता कि वह अपने ही विचारों और भावनाओं द्वारा नियंत्रित है, तो वह ज़िंदा रह सकता था। तब

भविष्यवक्ता की भविष्यवाणी बख़्तरबंद टैंक पर फेंकी गई रबड़ की गेंद जैसी होती। वह आसानी से उसके सुझाव को नकार सकता था और हवा में उड़ा सकता था, जिससे उसे कोई नुक़सान नहीं होता। इसके बजाय, जागरूकता और समझ की कमी के कारण उसने अपनी मौत को ख़ुद ही बुला लिया।

दूसरों के सुझावों में अपनी कोई शक्ति नहीं होती है। आप अपने विचारों द्वारा उन्हें शक्ति देते हैं। आपको अपनी मानसिक सहमति देनी होती है। आपको उस विचार को स्वीकार करना होता है। तब वह विचार आपका बन जाता है और आपका अवचेतन उसे साकार करने के लिए काम करता है।

याद रखें, आपके पास चुनने की क्षमता है। ज़िंदगी चुनें! प्रेम चुनें! सेहत चुनें!

माने गए प्रमुख आधार-वाक्यों की शक्ति

प्राचीन यूनान के ज़माने से दार्शनिक और तर्कशास्त्रियों ने *सिलोजिज़्म* (syllogism) नामक तर्क का अध्ययन किया है। सिलोजिज़्म में मस्तिष्क व्यावहारिक संदर्भ में तर्क करता है। इसका मतलब यह है कि आपका चेतन मन जिस प्रमुख आधार-वाक्य को सच मानता है, उसी से वह निष्कर्ष तय होता है, जिस पर आपका अवचेतन मन पहुँचेगा। इस बात से कोई फ़र्क़ नहीं पड़ता है कि वह सवाल या समस्या कौन सी है। अगर आधार-वाक्य सही है, तो निष्कर्ष अवश्य सही होगा।

उदाहरण के लिए :

- हर गुण प्रशंसनीय है;
- दयालुता एक गुण है;
- इसलिए, दयालुता प्रशंसनीय है।

या यह :

- सभी निर्मित चीज़ें बदलती और ख़त्म होती हैं;
- मिस्र के पिरामिड निर्मित चीज़ें हैं;
- इसलिए, पिरामिड बदलेंगे और ख़त्म होंगे।

पहले वाक्य को प्रमुख आधार-वाक्य कहा जाता है और सही आधार-वाक्य से सही निष्कर्ष निकलते हैं।

कॉलेज के एक प्रोफ़ेसर ने न्यू यॉर्क सिटी के टाउन हॉल में मस्तिष्क-विज्ञान पर मेरे कुछ भाषण सुने। वे बाद में मुझसे मिलने आए। उन्होंने मुझसे कहा, "मेरे जीवन में हर चीज़ गड़बड़ है। मैं अपनी सेहत, दौलत और मित्र गँवा चुका हूँ। मैं जिस चीज़ को छूता हूँ, बिगड़ जाती है।"

मैंने उन्हें समझाया कि उनकी समस्याएँ तार्किक रूप से उनके आत्म-विनाशक प्रमुख आधार-वाक्य से उत्पन्न हुई हैं। अपने जीवन को बदलने के लिए उन्हें अपने चिंतन में एक नया प्रमुख आधार-वाक्य स्थापित करना होगा। उन्हें इस विश्वास को सही मानना होगा कि उनके अवचेतन मन की असीमित बुद्धिमत्ता उन्हें आध्यात्मिक, मानसिक और भौतिक मार्गदर्शन दे रही है, निर्देशित कर रही है और समृद्ध बना रही है। जब वे ऐसा कर लेंगे, तो उनका अवचेतन मन अपने आप उन्हें समझदारी से निर्णय लेने के लिए निर्देशित करेगा, उनके शरीर का उपचार कर देगा और उनकी मानसिक शांति लौटा देगा।

प्रोफ़ेसर ने अपने जीवन की मनचाही तसवीर बनाई। उनका प्रमुख आधार-वाक्य यह था :

> **असीमित बुद्धिमत्ता हर तरीक़े से मुझे मार्गदर्शन दे रही है। मैं पूरी तरह स्वस्थ हूँ और मेरे मस्तिष्क तथा शरीर में सामंजस्य का नियम काम करता है। मेरे पास सौंदर्य, प्रेम, शांति और प्रचुरता हैं। सही कर्म और दैवी विधान के सिद्धांत मेरे पूरे जीवन पर शासन करते हैं। मैं जानता हूँ कि मेरा प्रमुख आधार-वाक्य जीवन के शाश्वत नियमों पर आधारित है और मैं जानता, महसूस करता तथा विश्वास करता हूँ कि मेरा अवचेतन मन मेरे चेतन मन की विचार-प्रकृति के अनुरूप प्रतिक्रिया करेगा।**

बाद में उन्होंने मुझे अपनी प्रगति की जानकारी देते हुए लिखा : "मैंने अपने प्रमुख आधार-वाक्य को धीरे-धीरे, शांति से और प्रेम से दिन में कई बार दोहराया। मैं जानता था कि वे मेरे अवचेतन मन की गहराई में उतर रहे हैं। मुझे यक़ीन था कि मुझे मस्तिष्क के नियमों के आधार पर परिणाम मिलेंगे। मैं आपके साथ हुई बातचीत के लिए बहुत कृतज्ञ हूँ और मैं यह

भी कहना चाहूँगा कि मेरे जीवन के सभी क्षेत्रों में बहुत सुधार हो रहा है। यह कारगर है!"

अवचेतन मन बहस नहीं करता है

अवचेतन मन बहुत समझदार है। यह सभी सवालों के जवाब जानता है। बहरहाल, इसे *पता* नहीं होता है कि यह जानता है। यह आपके साथ बहस नहीं करता है या पलटकर जवाब नहीं देता है। यह ऐसा नहीं कहता है, "आप मुझ पर इस तरह के सुझावों की छाप नहीं छोड़ें।"

जब आप कहते हैं, "मैं यह नहीं कर सकता," "मेरी उम्र बहुत ज़्यादा हो गई है," "मैं इस ज़िम्मेदारी को नहीं निभा सकता," "मैं ग़लत जगह, ग़लत घर में पैदा हो गया था," "मैं सही नेताओं को नहीं जानता हूँ," तो आप इन नकारात्मक विचारों को अपने अवचेतन में भर रहे हैं। यह इनके अनुरूप प्रतिक्रिया करता है। आप दरअसल अपनी ही भलाई का रास्ता रोक रहे हैं। आप अपने जीवन में कमी, सीमा और कुंठा उत्पन्न कर रहे हैं।

जब आप अपने चेतन मन में बाधा, अवरोध और विलंब की कल्पना करते हैं, तो आप अपने अवचेतन मन की बुद्धिमत्ता और ज्ञान का लाभ नहीं ले पाते हैं। आपको दरअसल यह विश्वास होता है कि आपका अवचेतन मन आपकी समस्या को नहीं सुलझा सकता। इसका परिणाम होता है मानसिक और भावनात्मक संकुलन (congestion), जिसके बाद बीमारी और न्यूरोटिक प्रवृत्तियाँ आती हैं।

अपनी इच्छाओं को साकार करने और कुंठा से उबरने के लिए दिन में कई बार दृढ़ता से कहें :

> **असीमित बुद्धिमत्ता ने मुझे यह मनोकामना दी है और यही मुझे इसे साकार करने की आदर्श योजना की राह दिखाती है, उस ओर ले जाती है और आवश्यक बातें बताती है। मैं जानता हूँ कि मेरे अवचेतन की अधिक गहरी समझ अब प्रतिक्रिया कर रही है और मैं जो महसूस करता हूँ तथा जिस पर मन में दावा करता हूँ, वह बाहर व्यक्त होती है। संतुलन और समबुद्धि हर ओर है।**

दूसरी तरफ़, अगर आप कहते हैं, "अब कोई रास्ता नहीं बचा है; अब मेरा खेल ख़त्म हो गया; इस उलझन से बाहर निकलने का कोई तरीक़ा नहीं

है; मैं बाधित और अवरुद्ध हूँ," तो आपको आपके अवचेतन मन से कोई जवाब या प्रतिक्रिया नहीं मिलेगी। अगर आप चाहते हैं कि आपका अवचेतन आपके लिए काम करे, तो इसका सहयोग पाने के लिए आपको इससे सही आग्रह करना होगा। यह आपके लिए हमेशा काम कर रहा है। यह इस समय भी आपके हृदय की धड़कन और साँस को नियंत्रित कर रहा है। जब आपकी अँगुली कट जाती है, तो यह उपचार की जटिल प्रक्रिया शुरू कर देता है। इसकी सबसे मूलभूत प्रवृत्ति जीवन की ओर है। यह हमेशा आपकी देखभाल करता है और आपको सुरक्षित रखता है।

आपके अवचेतन के पास अपनी ख़ुद की बुद्धि है, लेकिन यह आपके विचारों और छवियों के पैटर्न को स्वीकार कर लेता है। जब आप किसी समस्या का जवाब तलाशते हैं, तो आपका अवचेतन प्रतिक्रिया करेगा, लेकिन यह आपसे उम्मीद करेगा कि आप अपने चेतन मन में किसी सच्चे निर्णय या फ़ैसले पर पहुँच जाएँ। आपको यह मानना होगा कि आपके अवचेतन मन के पास जवाब है। अगर आप कहते हैं, "मुझे नहीं मालूम कि कोई रास्ता है भी या नहीं; मैं पूरी तरह दुविधा और उलझन में हूँ; मुझे जवाब क्यों नहीं मिलता?" तो आप अपनी प्रार्थना को नकार रहे हैं। समय काटते सैनिक की तरह आप ऊर्जा का प्रयोग तो करते हैं, लेकिन आगे नहीं बढ़ते हैं।

अपने मस्तिष्क के पहियों को विराम दें। आराम से बैठ जाएँ। शिथिल हो जाएँ। शांति से कहें :

> **मेरा अवचेतन मन जवाब जानता है। यह इस समय भी प्रतिक्रिया कर रहा है। मैं धन्यवाद देता हूँ, क्योंकि मैं जानता हूँ कि मेरे अवचेतन की असीमित बुद्धिमत्ता सारी बातें जानती है और मुझे इस वक़्त आदर्श जवाब दे रही है। मेरा सच्चा विश्वास मेरे अवचेतन मन की बुद्धिमत्ता और ज्ञान को मुक्त कर रहा है। मुझे खुशी है कि ऐसा हो रहा है।**

याद रखने लायक़ विचार

1. अच्छा सोचेंगे, तो अच्छा होगा। बुरा सोचेंगे, तो बुरा होगा। आप वही बनेंगे, जो आप दिन भर सोचते हैं।
2. आपका अवचेतन मन आपके साथ बहस नहीं करता है। यह आपके चेतन मन के आदेश को चुपचाप मान लेता है। अगर आप कहते हैं,

"मैं इसका ख़र्च नहीं उठा सकता," तो आपका अवचेतन इसे सच बनाने के लिए काम करने लगता है। कोई ज़्यादा अच्छा विचार चुनें। इसके बजाय इसे यह आदेश दें, "मैं इसे ख़रीदूँगा। मैं इसे अपने मन में स्वीकार करता हूँ।"

3. आपके पास चुनने की शक्ति है। स्वास्थ्य और ख़ुशी को चुनें। आप दोस्ताना या ग़ैर-दोस्ताना होने का चुनाव कर सकते हैं। सहयोगी, ख़ुश, दोस्ताना, प्रेम करने योग्य बनने का चुनाव करेंगे, तो सारा संसार प्रतिक्रिया करेगा। अद्भुत व्यक्तित्त्व विकसित करने का यह सबसे अच्छा तरीक़ा है।
4. आपका चेतन मन "द्वारपाल" है। इसका प्रमुख काम झूठी छापों से आपके अवचेतन मन की रक्षा करना है। यह विश्वास करने का चुनाव करें कि कोई अच्छी चीज़ हो सकती है और अभी हो रही है। चुनाव करने की क्षमता आपकी सबसे बड़ी शक्ति है। ख़ुशी और प्रचुरता का चुनाव करें।
5. दूसरों के सुझावों और बातों में आपको चोट पहुँचाने की ज़रा भी शक्ति नहीं है। एकमात्र शक्ति आपके अपने विचारों में है। आप दूसरों के विचारों या सुझावों को अस्वीकृत करने का चुनाव कर सकते हैं और अच्छे विचारों को दृढ़ता से कह सकते हैं। आपके पास यह चुनाव करने की शक्ति है कि आप कैसी प्रतिक्रिया करेंगे।
6. अपने शब्दों पर ध्यान दें। आपको हर आलसी शब्द का हिसाब देना होगा। कभी यह नहीं कहें, "मैं असफल हो जाऊँगा; मेरी नौकरी छूट जाएगी; मैं किराया नहीं चुका सकता।" आपका अवचेतन मन मज़ाक़ नहीं समझ सकता। यह इन चीज़ों को हक़ीक़त में बदल देगा।
7. आपका मस्तिष्क बुरा नहीं है। प्रकृति की कोई भी शक्ति बुरी नहीं होती है। यह इस बात पर निर्भर करता है कि आप प्रकृति की शक्तियों का कैसा प्रयोग करते हैं। अपने मस्तिष्क का प्रयोग हर जगह सभी लोगों को वरदान देने, उपचार करने और प्रेरित करने के लिए करें।
8. कभी यह नहीं कहें, "मैं नहीं कर सकता।" इस वाक्य की जगह पर आगे दिया वाक्य रखकर इस डर से उबरें : "मैं अपने अवचेतन मन की शक्ति से सारे काम कर सकता हूँ।"

9. डर, अज्ञान और अंधविश्वास के बजाय शाश्वत सत्यों और जीवन के सिद्धांतों के दृष्टिकोण से सोचना शुरू करें। दूसरों को अपने लिए सोचने की अनुमति नहीं दें। अपने विचार ख़ुद चुनें और अपने निर्णय ख़ुद लें।
10. आप अपनी आत्मा (अवचेतन मन) के कप्तान हैं और अपनी तक़दीर के मालिक हैं। याद रखें, आपके पास चुनने की क्षमता है। ज़िंदगी चुनें! प्रेम चुनें! सेहत चुनें! ख़ुशी चुनें!
11. आपका चेतन मन जिसे भी सच मानता है, आपका अवचेतन मन उसे स्वीकार कर लेगा और हक़ीक़त बना देगा। ख़ुशक़िस्मती, दैवी मार्गदर्शन, सही कर्म और जीवन की सभी नियामतों में विश्वास करें।

3 आपके अवचेतन मन की चमत्कारी शक्ति

आपके अवचेतन मन की शक्ति अतुलनीय और असीमित है। आपका अवचेतन मन आपको प्रेरित करता है और मार्गदर्शन देता है। यह यादों के भंडार से तसवीरें और दृश्य निकालकर लाता है। आपका अवचेतन आपके दिल की धड़कन और रक्त संचार को नियंत्रित करता है। यह पाचन और उत्सर्जन को सुचारू बनाता है। यह आपके खाए हुए भोजन को ऊतक, मांसपेशी, हड्डी और ख़ून में रूपांतरित करता है। ये प्रक्रियाएँ दुनिया के सबसे समझदार व्यक्ति की समझ से भी परे होती हैं। आपका अवचेतन मन शरीर की इन सभी अनिवार्य प्रक्रियाओं और कार्यों को नियंत्रित करता है। इसे सभी समस्याओं के जवाब मालूम हैं।

आपका अवचेतन मन कभी नहीं सोता है, ना ही कभी आराम करता है। यह हमेशा काम करता रहता है। आपको अपने अवचेतन मन की चमत्कारी शक्ति का पता चल सकता है, बशर्ते आप सोने से पहले इससे यह कह दें कि आप किसी विशिष्ट चीज़ को हासिल करना चाहते हैं। आपको यह जानकर हैरानी और ख़ुशी होगी कि इसके बाद आपके भीतर ऐसी शक्तियाँ सक्रिय हो जाएँगी, जो आपको मनचाहे परिणाम की ओर ले जाएँगी। यहाँ शक्ति और बुद्धिमानी का ऐसा स्रोत है, जो आपको सीधे सर्वशक्तिमान के संपर्क में रखता है। यह ऐसी शक्ति है, जो दुनिया को चलाती है, ग्रहों को उनकी कक्षा में रखती है और सूरज को चमकाती है।

आपका अवचेतन मन आपके आदर्शों, महत्त्वाकांक्षाओं और परोपकारी इच्छाओं का स्रोत है। अवचेतन मन के ज़रिये ही शेक्सपियर ने उन महान

सच्चाइयों को जाना और व्यक्त किया, जो उनके युग के आम आदमी को पता ही नहीं थीं। अवचेतन मन की बदौलत ही यूनानी मूर्तिकार फ़िडियस ने संगमरमर और काँसे में सुंदरता, व्यवस्था, सुडौलपन और अनुपात उकेरने में इतनी निपुणता और कुशलता हासिल की। दरअसल अवचेतन मन वह गहरा कुआँ है, जिससे महान कलाकारों ने आश्चर्यजनक शक्ति पाई। इसने महान इतालवी कलाकार रेफ़ेल को उनकी अमर कलाकृति *मैडोना* बनाने और महान जर्मन संगीतकार बीथोवन को उनकी सिम्फ़नी की रचना करने में समर्थ बनाया।

कुछ साल पहले मुझे भारत में ऋषिकेश की योगा फ़ॉरेस्ट यूनिवर्सिटी में भाषण देने के लिए आमंत्रित किया गया। वहाँ मुंबई के एक सर्जन से मेरी लंबी बातचीत हुई। उनसे मैंने डॉ. जेम्स एस्डेल की आश्चर्यजनक कहानी सुनी।

एस्डेल एक स्कॉटिश सर्जन थे, जिन्होंने 1840 के दशक में बंगाल में काम किया था। उस ज़माने में बेहोश करने के लिए ईथर या रासायनिक एनेस्थेसिया की अन्य आधुनिक विधियों का इस्तेमाल नहीं होता था। बहरहाल, 1843 और 1846 के बीच डॉ. एस्डेल ने सभी तरह के कुल मिलाकर चार सौ बड़े ऑपरेशन किए। इनमें आँख, कान और गले के ऑपरेशनों के अलावा अंग काटने, ट्यूमर हटाने और कैन्सर की गाँठ हटाने के ऑपरेशन शामिल थे। इन सभी ऑपरेशनों में सिर्फ़ मानसिक एनेस्थेसिया ही दिया गया। मरीज़ों का कहना था कि उन्हें कोई दर्द नहीं हुआ और ऑपरेशन के दौरान उनमें से कोई भी नहीं मरा।

आश्चर्य की बात यह भी थी कि ऑपरेशन के बाद भी एस्डेल के बहुत कम मरीज़ मरे। यह उस वक़्त की बात थी, जब लुई पाश्चर और जोसेफ़ लिस्टर ने यह साबित नहीं किया था कि संक्रमण बैक्टीरिया से फैलता था। किसी को भी यह अहसास नहीं था कि ऑपरेशन के बाद होने वाले संक्रमण दूषित औज़ारों और हानिकारक विषाणुओं के कारण होते हैं। बहरहाल, जब एस्डेल अपने मरीज़ों को सम्मोहन की अवस्था में यह सुझाव देते थे कि उन्हें कोई संक्रमण या सेप्टिक नहीं होगा, तो उनके अवचेतन मन इस सुझाव पर प्रतिक्रिया करते थे। वे संक्रमण के जीवनघाती ख़तरों से लड़ने की प्रक्रिया शुरू कर देते थे।

ज़रा इस बारे में सोचें : डेढ़ सौ साल पहले इस स्कॉटिश सर्जन ने यह खोज लिया था कि अवचेतन मन की चमत्कारी शक्ति का इस्तेमाल कैसे किया जाए। इस बात पर विस्मय और श्रद्धा होना स्वाभाविक है। जिन पराभौतिक शक्तियों ने डॉ. एस्डेल को प्रेरित किया और उनके मरीज़ों को मौत से बचाया, उनका लाभ आप भी ले सकते हैं।

आपका अवचेतन मन आपको समय और स्थान के बंधन से परे कर सकता है। यह आपको हर दर्द और कष्ट से मुक्त कर सकता है। यह आपको सभी समस्याओं के जवाब दे सकता है, चाहे वे जो भी हों। आपके भीतर ऐसी शक्ति और ज्ञान है, जो आपकी बुद्धि से परे है और आप इसके चमत्कार पर हैरान हो सकते हैं। ये सारे अनुभव आपको अवचेतन मन की चमत्कारी शक्तियों में यक़ीन दिलवाएँगे और ख़ुशी से भर देंगे।

आपका अवचेतन आपके जीवन की पुस्तक है

आप अपने अवचेतन मन पर जो भी विचार, विश्वास, राय, सिद्धांत या मत लिखते हैं, उकेरते हैं या छाप छोड़ते हैं, वे परिस्थितियों, स्थितियों और घटनाओं के रूप में प्रकट हो जाते हैं। आप भीतर जो लिखेंगे, बाहर भी आपको वही अनुभव होगा। आपके जीवन के दो पहलू हैं, यथार्थवादी और कल्पनावादी, दृश्य और अदृश्य, विचार और अभिव्यक्ति।

आपका विचार तंत्रिकीय आवेग के रूप में आपके सेरीब्रल कॉरटेक्स में पहुँचता है, जो आपके चेतन तार्किक मन का अंग है। जब आपका चेतन या यथार्थवादी मस्तिष्क विचार को पूरी तरह स्वीकार कर लेता है, तो यह मस्तिष्क के दूसरे हिस्से तक पहुँचता है, जहाँ यह साकार हो जाता है और परिस्थिति का रूप ले लेता है।

जैसा पहले बताया जा चुका है, आपका अवचेतन बहस नहीं कर सकता। यह तो सिर्फ़ उसी पर अमल करता है, जो आपने इस पर लिखा है। यह आपके चेतन मन के निष्कर्षों या आपके फ़ैसले को अंतिम मान लेता है। इसलिए आप हमेशा अपने जीवन की पुस्तक पर लिख रहे हैं, क्योंकि आपके विचार ही अंततः आपके अनुभव बन जाते हैं। अमेरिकी दार्शनिक राल्फ़ वाल्डो एमर्सन ने कहा था, "मनुष्य वही बन जाता है, जो वह दिन भर सोचता रहता है।"

अवचेतन पर जो छाप पड़ती है, वह व्यक्त होती है

अमेरिकी मनोविज्ञान के जनक विलियम जेम्स ने कहा था कि आपके अवचेतन मन में दुनिया को हिलाने की शक्ति है। इसमें असीमित ज्ञान और बुद्धिमत्ता है। इसे छिपे हुए स्रोतों से पोषण मिलता है और इसे जीवन का नियम कहा जाता है। आप अपने अवचेतन मन पर जो भी छाप छोड़ते हैं, यह उसे साकार करने के लिए ज़मीन-आसमान एक कर देगा। इसलिए आपको इस पर सिर्फ़ सही और सृजनात्मक विचारों की छाप ही छोड़नी चाहिए।

दुनिया में इतनी अव्यवस्था और दुख इसलिए है, क्योंकि अधिकतर लोग अपने चेतन और अवचेतन मन के आपसी संबंध को नहीं समझते हैं। जब ये दोनों अनुरूप होते हैं तथा सुखद सामंजस्य में होते हैं, तो आपको सेहत, ख़ुशी, शांति और सुख मिलता है। जब चेतन और अवचेतन मन सामंजस्य और शांति से मिलकर काम करते हैं, तो कोई रोग या मतभेद नहीं होता है।

प्राचीन जगत में हर्मीस ट्रिसमेगिस्टस को दुनिया का सबसे महान और शक्तिशाली जादूगर माना जाता था। उनकी मौत के सदियों बाद जब उनकी क़ब्र खोली गई, तो प्राचीन जगत को जानने वाले लोगों में बहुत उत्सुकता थी। कहा जा रहा था कि क़ब्र के भीतर युगों-युगों का सबसे बड़ा रहस्य मिलेगा। और यह मिला भी। यह रहस्य था :

जैसा भीतर, वैसा बाहर;
जैसा ऊपर, वैसा नीचे।

दूसरे शब्दों में, आप अपने अवचेतन मन पर जो भी छाप छोड़ेंगे, वह बाहर व्यक्त होगी। मोज़ेस, ईसाइया, ईसा मसीह, बुद्ध, ज़रथ्रुष्ट्र, लाओत्से और युगों-युगों की सभी प्रख्यात दूरदर्शी हस्तियों ने भी इसी सत्य की घोषणा की है। आप व्यक्तिगत रूप से जिसे सच मानते हैं, वह स्थितियों, अनुभवों और घटनाओं के रूप में व्यक्त होगा। गति और भावना में संतुलन होना ही है। जैसा स्वर्ग (आपके अपने मस्तिष्क) में है, वैसा ही धरती पर (आपके शरीर और परिवेश में) होगा। यही जीवन का महान नियम है।

क्रिया और प्रतिक्रिया, स्थिरता और गति का यह नियम आपको समूची प्रकृति में मिलेगा। इन दोनों में संतुलन होने पर ही सामंजस्य और

संतुलन बनेगा। आप दुनिया में इसलिए हैं, ताकि जीवन का सिद्धांत आपके भीतर लयबद्ध तरीक़े और सामंजस्य से प्रवाहित हो सके। अंदर जाने और बाहर निकलने वाली चीज़ें बराबर होनी चाहिए। अंदर की और बाहर की अभिव्यक्ति बराबर होनी चाहिए। आपकी सारी कुंठाओं का कारण अपूर्ण इच्छाएँ हैं।

अगर आप नकारात्मक, विनाशक और दुष्ट विचार रखते हैं, तो ये विचार विनाशक भाव पैदा करते हैं। ये भाव बाहर निकलने का कोई न कोई रास्ता खोज लेंगे और किसी न किसी तरह व्यक्त होंगे। चूँकि इन भावों की प्रकृति नकारात्मक है, इसलिए ये प्रायः अल्सर, हृदय रोग, तनाव और चिंता के रूप में व्यक्त होते हैं।

अपने बारे में आपकी क्या सोच या भावना है? आपके अस्तित्त्व का हर हिस्सा उसी सोच की अभिव्यक्ति है। आपकी स्फूर्ति, शरीर, वित्तीय स्थिति, दोस्त और सामाजिक प्रतिष्ठा उन विचारों का प्रतिबिंब हैं, जो आपके अपने बारे में हैं। इस बात का सच्चा अर्थ यह है कि आप अपने अवचेतन मन पर भीतर जो छाप छोड़ते हैं, वह आपके जीवन के सभी क्षेत्रों में बाहर व्यक्त होती है।

हम अपनी नकारात्मक सोच से ख़ुद को नुक़सान पहुँचाते हैं। आपने कितनी बार गुस्सा होकर, डरकर, जलकर या बदले की भावना से ख़ुद को नुक़सान पहुँचाया है? ये ज़हर आपके अवचेतन मन में दाख़िल हो जाते हैं। आप इन नकारात्मक नज़रियों के साथ पैदा नहीं हुए थे। अपने अवचेतन मन को जीवनदायी विचार देंगे, तो इसके भीतर के सभी नकारात्मक विचार मिटने लगेंगे। यह काम लगातार करने पर सारा अतीत मिट जाएगा और अवचेतन मन उसे भुला देगा।

अवचेतन चर्मरोग ठीक करता है

अवचेतन मन की उपचार-शक्ति का सबसे विश्वसनीय प्रमाण व्यक्तिगत उपचार है। चालीस साल पहले मुझे चर्मरोग हुआ। मैं सबसे अच्छे डॉक्टरों के पास गया, जिन्होंने सबसे आधुनिक उपचार आज़माए। किसी से भी फ़ायदा नहीं हुआ। चर्मरोग बिगड़ता गया।

फिर एक दिन वृहद् मनोवैज्ञानिक ज्ञान वाले एक धर्मगुरु ने मुझे 139वें भजन का गूढ़ मतलब समझाया। उन्होंने मेरा ध्यान इस वाक्य की तरफ़ दिलाया :

आपकी पुस्तक में मेरे सभी अंग हैं, जो लगातार बनाए गए हैं, जब उनमें से कोई भी नहीं था।

उन्होंने स्पष्ट किया कि *पुस्तक* का मतलब मेरा अवचेतन मस्तिष्क है, जिसने एक छोटी सी मूल कोशिका से मेरे सभी अंग बनाए हैं। उन्होंने इशारा किया कि चूँकि मेरे अवचेतन मन ने मेरे शरीर को बनाया है, इसलिए यह इसे दोबारा बना सकता है और अंतर्निहित आदर्श रूपरेखा के अनुरूप इसका उपचार कर सकता है।

इस धर्मगुरु ने अपनी घड़ी की तरफ़ इशारा किया। उन्होंने मुझे बताया, "इस घड़ी को देख रहे हो। इसे किसी ने बनाया था। लेकिन इसके मूर्त रूप में आने से पहले घड़ी बनाने वाले के दिमाग़ में इसका स्पष्ट विचार था। अगर किसी कारण घड़ी सही काम नहीं करे, तो इसके मूल विचार की मदद से घड़ी बनाने वाले को वह ज्ञान मिल जाएगा, जिससे वह इसे सुधार सकता है।"

मैं समझ गया कि इस तुलना से वे मुझे क्या समझाने की कोशिश कर रहे थे। मेरे शरीर की रचना करने वाली अवचेतन बुद्धि घड़ी बनाने वाले की तरह है। यह ठीक-ठीक जानती है कि मेरे शरीर की सभी महत्त्वपूर्ण क्रियाओं और प्रक्रियाओं का उपचार कैसे किया जाए, शरीर को दोबारा कैसे बनाया जाए और मार्गदर्शन कैसे दिया जाए। लेकिन इस काम को सही तरीक़े से करवाने के लिए मुझे इसे स्वास्थ्य का आदर्श विचार देना होगा। यह आदर्श विचार वह कारण बन जाएगा, जिसका परिणाम उपचार होगा।

मैंने एक बहुत आसान और सीधी प्रार्थना तैयार की :

मेरा शरीर और इसके सभी अंग मेरे अवचेतन मन की असीमित बुद्धि ने बनाए हैं। यह जानता है कि मेरा उपचार कैसे किया जाए। इसकी बुद्धि ने मेरे सभी अंग, ऊतक, मांसपेशियाँ और हड्डियाँ बनाई हैं। मेरे भीतर की यह असीमित उपचारक शक्ति मेरे अस्तित्त्व की हर कोशिका को रूपांतरित कर रही है और मुझे संपूर्ण बना रही है। मैं उस उपचार के लिए धन्यवाद देता हूँ, जो मैं जानता हूँ कि इस समय हो रहा है। मेरे भीतर की रचनात्मक बुद्धि में अद्भुत शक्तियाँ हैं।

मैंने इस आसान प्रार्थना को पाँच मिनट तक हर रोज़ दो-तीन बार ज़ोर-ज़ोर से दोहराया। लगभग तीन महीने बाद मेरी त्वचा पूरी तरह ठीक हो गई। चर्मरोग ग़ायब हो गया। मेरा डॉक्टर चकरा गया, लेकिन मैं जानता था कि क्या हुआ था। मैंने अपने अवचेतन मन को संपूर्णता, सुंदरता और पूर्णता की जीवनदायी रूपरेखा दे दी थी। इसने मेरे अवचेतन मन से उन नकारात्मक विचारों और छवियों को बाहर निकाल दिया, जो मेरी सारी समस्या का कारण थीं।

आपके शरीर पर कोई चीज़ तब तक प्रकट नहीं होती है, जब तक यह पहले आपके मस्तिष्क में नहीं हो। जब आप लगातार सकारात्मक बातों से अपने मस्तिष्क को बदलते हैं, तो आप अपने शरीर को बदल लेते हैं। यही समस्त उपचार का आधार है।

> आपके काम अद्भुत हैं और मेरी आत्मा (अवचेतन मन) हर चीज़ सही-सही जानती है।
>
> *भजन 139:14*

अवचेतन शरीर के सभी कार्यों को कैसे नियंत्रित करता है

चाहे आप जागे हों या सोए, आपके अवचेतन मन की अथक शक्ति आपके शरीर के सभी महत्त्वपूर्ण कार्यों को नियंत्रित करती है। इसमें आपके चेतन मन के किसी तरह के दख़ल की ज़रूरत नहीं होती है। जब आप सो जाते हैं, तब भी आपका हृदय धड़कता रहता है। आपके सीने और फेफड़े की मांसपेशियाँ फेफड़ों में हवा भरती और निकालती रहती हैं। आपके शरीर की कोशिकाओं के काम के कारण निकली कार्बन डाइऑक्साइड के बदले में ताज़ी ऑक्सीजन भर ली जाती है, जिसकी आपको कार्य करने के लिए ज़रूरत होती है। आपका अवचेतन मन आपकी पाचक प्रक्रियाओं और ग्रंथियों के स्राव के अलावा आपके शरीर के अन्य सभी अद्भुत जटिल कार्यों को नियंत्रित करता है। यह सब लगातार होता रहता है, चाहे आप जाग रहे हों या सोए हुए हों।

अगर आपको अपने शरीर के सभी काम चेतन मन से करने पड़ें, तो आप निश्चित ही असफल हो जाएँगे। आप शायद बहुत जल्दी मर जाएँगे। ये

प्रक्रियाएँ बहुत जटिल हैं और आपस में बुरी तरह गुँथी हुई हैं। "हार्ट-लंग मशीन" (*heart-lung machine*), जिसका इस्तेमाल ओपन हार्ट सर्जरी में किया जाता है, आधुनिक चिकित्सा तकनीक का चमत्कार है। बहरहाल, इसके काम आपके अवचेतन मन की तुलना में बहुत आसान हैं, जो साल में तीन सौ पैंसठ दिन काम करता है और वह भी चौबीसों घंटे।

मान लें, आप किसी सुपरसोनिक जेटलाइनर में बैठकर समुद्र के ऊपर से गुज़र रहे हों और कॉकपिट में घुस जाएँ। निश्चित ही आपको हवाई जहाज़ उड़ाना नहीं आता है, लेकिन आप पायलट का ध्यान भटकाकर परेशानी ज़रूर खड़ी कर सकते हैं। इसी तरह से आपका चेतन मस्तिष्क शरीर को तो नहीं चला सकता, लेकिन यह इसके सही तरह से काम करने के रास्ते में बाधा ज़रूर बन सकता है।

चिंता, तनाव, डर और निराशा हृदय, फेफड़ों, आमाशय और आँतों के सामान्य कार्यों में बाधा डाल सकती हैं। डॉक्टर अब इस बात पर ध्यान देने लगे हैं कि तथाकथित "तनाव संबंधी" बीमारियाँ कितनी गंभीर हैं। कारण यह है कि तनावपूर्ण विचार आपके अवचेतन मन के सामंजस्यपूर्ण काम में बाधा डालते हैं।

जब आप शारीरिक और मानसिक रूप से विचलित महसूस करते हैं, तो आप जो सबसे अच्छा काम कर सकते हैं, वह है शिथिल होना, आराम करना और विचार प्रक्रिया को रोक देना। अपने अवचेतन मन से बात करें। इससे कहें कि यह शांति, सामंजस्य और दैवी विधान को स्थापित करे। ऐसा करने पर आप पाएँगे कि आपके शरीर की समूची कार्यप्रणाली दोबारा सामान्य हो गई है। अपने अवचेतन मन से अधिकार और विश्वास के साथ बोलें। यह आपके आदेश का पालन करके प्रतिक्रिया करेगा।

आप अपने अवचेतन से अपने लिए कैसे काम करवा सकते हैं

पहली बात तो यह अहसास करना है कि आपका अवचेतन मन हमेशा काम करता है। यह रात-दिन सक्रिय रहता है, चाहे आप इस पर काम करें या नहीं करें। आपका अवचेतन आपके शरीर का निर्माता है, लेकिन आप इस ख़ामोश प्रक्रिया को चेतन रूप से देख या सुन नहीं सकते। आपका पाला हर बार अपने अवचेतन मन के बजाय अपने चेतन मन से पड़ता है। बस

अपने चेतन मन से सर्वश्रेष्ठ की आशा करते रहें और यह पक्का करें कि आपके आदतन विचार अच्छी, सुंदर, सच्ची, न्यायपूर्ण और सद्भावनापूर्ण चीज़ों पर केंद्रित हों। अपने चेतन मन का ध्यान रखें और दिल में जान लें कि आपका अवचेतन मन आपके ही आदतन विचारों के अनुरूप परिणाम दे रहा है, व्यक्त कर रहा है और परिस्थितियाँ बना रहा है।

याद रखें, जिस तरह पानी उसी पाइप का आकार ले लेता है, जिसमें से यह बहता है, उसी तरह आपमें जीवन-सिद्धांत आपके विचारों की प्रकृति के अनुरूप प्रवाहित होता है। दावा करें कि आपके अवचेतन की उपचारक शक्ति आपके भीतर सामंजस्य, सेहत, शांति, सुख और प्रचुरता के रूप में प्रवाहित हो रही है। ज्ञानी व्यक्ति या प्यारे मित्र के रूप में इसकी कल्पना करें। दृढ़ता से यक़ीन करें कि यह आपके भीतर लगातार प्रवाहित हो रहा है, आपको सजीव बना रहा है, प्रेरित कर रहा है और समृद्ध बना रहा है। यह इसी तरीक़े से प्रतिक्रिया करेगा। जैसा आप यक़ीन करेंगे, वैसा ही आपको मिलेगा।

अवचेतन का उपचारक सिद्धांत आँखों की रोशनी लौटाता है

दुनिया के सबसे मशहूर उपचारक धर्मस्थलों में से एक दक्षिण पश्चिम फ्रांस का लूर्डेस है। लूर्डेस के चिकित्सा विभाग में बहुत सी फ़ाइलें हैं, जिनमें चमत्कारी उपचारों का विस्तृत विवरण है। इनमें से एक मैडम बायर का उपचार था। मैडम बायर नेत्रहीन थीं। उनकी चक्षु तंत्रिकाएँ क्षीण और बेकार हो चुकी थीं। लूर्डेस आने के बाद उनकी आँखों की रोशनी लौट आई। उनकी जाँच करने वाले कई डॉक्टरों ने प्रमाणित किया कि उनकी चक्षु तंत्रिकाएँ अब भी बेकार थीं, लेकिन इसके बावजूद वे देख सकती थीं! एक महीने बाद दोबारा जाँच में यह पाया गया कि उनका चक्षु तंत्र दोबारा ठीक होकर सामान्य हो गया था।

मुझे पूरा यक़ीन है कि मैडम बायर धर्मस्थल के पानी से ठीक *नहीं* हुई थीं; उनका उपचार तो उनके ही अवचेतन मन ने किया था, जिसने उनके विश्वास पर प्रतिक्रिया की। उनके अवचेतन मन के भीतर के उपचारक सिद्धांत ने उनके विचार की प्रकृति के अनुरूप प्रतिक्रिया की। विश्वास अवचेतन मन तक पहुँचा विचार है। विश्वास का अर्थ है किसी भी चीज़

को सच मानना। जिस चीज़ पर विश्वास हो जाता है, वह अपने आप हो जाती है।

निस्संदेह मैडम बायर इस धर्मस्थल पर बड़ी उम्मीद और आस्था के साथ गई थीं। वे अपने दिल में जानती थीं कि वे ठीक हो जाएँगी। उनके अवचेतन मन ने इसी के अनुरूप प्रतिक्रिया की और हमेशा मौजूद उपचारक शक्तियों को सक्रिय कर दिया। अवचेतन मन, जिसने आँख बनाई थी, निश्चित रूप से एक मृत तंत्रिका को दोबारा सजीव कर सकता था। रचनात्मक सिद्धांत ने जिस अंग की रचना की थी, वह उसकी दोबारा रचना कर सकता था। *आपके विश्वास के अनुरूप ही आपको मिलेगा।*

अपने अवचेतन मन तक पूर्ण स्वास्थ्य का विचार कैसे पहुँचाएँ

मैं जोहान्सबर्ग, दक्षिण अफ़्रीका में एक मेथोडिस्ट पादरी से मिला। उन्होंने मुझे बताया कि वे बुरी तरह फैल चुके फेफड़े के कैन्सर से कैसे उबरे। उन्होंने पूर्ण स्वास्थ्य के विचार को अवचेतन मन तक पहुँचाकर यह चमत्कारी परिणाम पाया। मेरे आग्रह पर उन्होंने मुझे उस प्रक्रिया का जो विस्तृत वर्णन भेजा है, उसे मैं आपके सामने रख रहा हूँ।

> **दिन में कई बार मैं ख़ुद को मानसिक और शारीरिक रूप से पूरी तरह शिथिल कर लेता था। मैं अपने शरीर से यह बोलकर ख़ुद को शिथिल करता था :**
>
> **"मेरे पंजे शिथिल हैं, मेरे टखने शिथिल हैं, मेरे पैर शिथिल हैं, मेरे आमाशय की मांसपेशियाँ शिथिल हैं, मेरा दिल और फेफड़े शिथिल हैं, मेरा सिर शिथिल है, मेरा पूरा अस्तित्त्व बिलकुल शिथिल है।"**
>
> **लगभग पाँच मिनट बाद मैं ख़ुद को उनींदी अवस्था में पाता था। फिर मैं इस सत्य की घोषणा करता था :**
>
> **"ईश्वर की पूर्णता अब मुझमें व्यक्त हो रही है। संपूर्ण स्वास्थ्य का विचार अब मेरे अवचेतन मन में भर रहा है। ईश्वर ने मेरी जो छवि बनाई है, वह आदर्श छवि है और मेरा अवचेतन मन ईश्वर की उसी आदर्श छवि के अनुसार मेरे शरीर को दोबारा बना रहा है।"**

इस पादरी का उल्लेखनीय उपचार हुआ और वे पूरी तरह ठीक हो गए। उन्होंने जिस तकनीक का इस्तेमाल किया था, वह संपूर्ण स्वास्थ्य के विचार को अवचेतन मन तक पहुँचाने का सीधा और सरल तरीक़ा थी।

स्वास्थ्य के विचार को अवचेतन मन तक पहुँचाने का एक और अद्भुत तरीक़ा अनुशासित या वैज्ञानिक कल्पना है। मैंने लक़वे के एक मरीज़ को बताया कि वह कल्पना में स्पष्ट तसवीर देखे कि वह अपने ऑफ़िस में चहलक़दमी कर रहा है, डेस्क छू रहा है, फ़ोन का जवाब दे रहा है और वे सारे काम कर रहा है, जो वह सामान्य स्थिति में करता। मैंने उसे बताया कि उसका अवचेतन मन संपूर्ण स्वास्थ्य की मानसिक तसवीर को स्वीकार कर देगा।

उसने ख़ुद को इस भूमिका में झोंक दिया। उसने सचमुच महसूस किया कि वह अपने ऑफ़िस में लौट चुका है। वह जानता था कि वह अपने अवचेतन मन को एक मूर्त और निश्चित काम दे रहा है। उसका अवचेतन मन वह फ़िल्म थी, जिस पर तसवीर की छाप छोड़ी जा रही थी।

उसने कई सप्ताह तक गहनता से तसवीर देखी। फिर एक दिन टेलीफ़ोन की घंटी उस वक़्त बजी, जब बाक़ी सब लोग बाहर थे। टेलीफ़ोन उसके पलंग से बारह फ़ुट दूर रखा था। बहरहाल, वह जैसे-तैसे इसका जवाब देने में कामयाब हो गया। उसी पल से उसका लक़वा ग़ायब हो गया। उसके अवचेतन मन की उपचारक शक्ति ने उसकी मानसिक तसवीर पर प्रतिक्रिया की और उपचार संभव हो गया।

यह व्यक्ति एक मानसिक अवरोध से पीड़ित था, जिसने मस्तिष्क में उत्पन्न तंत्रिका आवेगों को उसके पैरों तक पहुंचने से रोक दिया था। इसलिए वह चल नहीं पाता था। जब उसने अपना ध्यान अपने भीतर की उपचारक शक्ति पर केंद्रित किया, तो उसके एकाग्र ध्यान से शक्ति प्रवाहित होने लगी और वह दोबारा चलने लगा।

> जो भी आप प्रार्थना में माँगेंगे, विश्वास रखने पर वह आपको मिल जाएगा।
>
> *मैथ्यू 21:22*

याद रखने लायक़ विचार

1. आपका अवचेतन मन आपके शरीर की सभी महत्त्वपूर्ण प्रक्रियाओं को नियंत्रित करता है और सभी समस्याओं के जवाब जानता है।
2. सोने से पहले अपने अवचेतन मन से कोई विशिष्ट आग्रह करें और इसकी चमत्कारी शक्ति देखें।
3. आप अपने अवचेतन मन पर जो भी छाप छोड़ते हैं, वह परिस्थितियों, अनुभवों और घटनाओं के रूप में व्यक्त होती है। इसलिए चेतन मन में मौजूद विचारों के बारे में सतर्क रहें।
4. क्रिया और प्रतिक्रिया का नियम शाश्वत है। आपका विचार क्रिया है और उस विचार पर आपका अवचेतन मन स्वतः प्रतिक्रिया करता है। अपने विचारों पर नज़र रखें!
5. सारी कुंठा अधूरी इच्छाओं के कारण पैदा होती है। अगर आप बाधाओं, विलंब और मुश्किलों पर ध्यान केंद्रित करेंगे, तो आपका अवचेतन मन उसी अनुरूप प्रतिक्रिया करेगा और इस तरह आप अपनी ही भलाई को रोक देंगे।
6. जीवन का सिद्धांत आपके भीतर लयबद्ध और सामंजस्यपूर्ण तरीक़े से प्रवाहित हो सकता है, बशर्ते आप चेतन रूप से दृढ़ता से कहेंगे, "मैं विश्वास करता हूँ कि जिस अवचेतन मन ने मुझे यह इच्छा दी है, वही इसे मेरे द्वारा पूरा कर रहा है।" इससे सारे संघर्ष ख़त्म हो जाते हैं।
7. आप चिंता, तनाव और डर के कारण अपने हृदय, फेफड़ों और अन्य अंगों की सामान्य लय को गड़बड़ कर सकते हैं। अपने अवचेतन में सद्‌भाव, सेहत और शांति के विचार भरें। इससे आपके शरीर की समूची कार्यप्रणाली दोबारा सामान्य हो जाएगी।
8. अपने चेतन मन से सर्वश्रेष्ठ की उम्मीद करते रहें। आपका अवचेतन मन निष्ठा से आपके आदतन विचारों को साकार कर देगा।
9. अपनी समस्या के सुखद अंत या समाधान की कल्पना करें। उपलब्धि के रोमांच को महसूस करें। आप जो भी कल्पना करेंगे या महसूस करेंगे, उसे आपका अवचेतन मन स्वीकार करके परिणाम में बदल देगा।

4 प्राचीन काल में मानसिक उपचार

युगों-युगों से हर महाद्वीप, परिवेश और संस्कृति के लोग जानते थे कि कहीं न कहीं पर एक उपचारक शक्ति है, जो व्यक्ति की शारीरिक क्षमताओं को दोबारा लौटा सकती है और बीमारी ठीक कर सकती है। वे मानते थे कि यह रहस्यमय शक्ति कुछ विशेष स्थितियों में जाग्रत की जा सकती है और इसे सही तरीक़े से जाग्रत करने पर मानवीय कष्ट कम हो जाता है। सभी देशों का इतिहास इस विश्वास की पुष्टि करता है।

दुनिया के शुरुआती इतिहास में मनुष्यों को भले या बुरे के लिए गोपनीय तरीक़े से प्रभावित करने का ज्ञान, जिसमें बीमारी का उपचार भी शामिल था, पुजारियों और धर्मगुरुओं तक ही सीमित था। यह दावा किया जाता था कि ईश्वर ने उन्हें कुछ विशेष शक्तियाँ दी हैं, जिनमें उपचारक शक्ति भी शामिल थी। उपचार के तरीक़े और कर्मकांड दुनिया भर में अलग-अलग थे, लेकिन आम तौर पर उनमें ईश्वर की आराधना और चढ़ावा शामिल होता था। इसके अलावा विभिन्न धार्मिक अनुष्ठान भी किए जाते थे, जैसे हाथ पर हाथ रखना और मंत्रों का प्रयोग। तावीज़ों, जन्तर, अँगूठियों, स्मृति चिह्नों और तसवीरों का प्रयोग भी किया जाता था।

उदाहरण के लिए, प्राचीन मंदिरों में पुजारी रोगियों को नशीले पदार्थ खिलाते थे और उनके मूर्च्छित हो जाने पर सम्मोहन के सुझाव देते थे। मरीज़ों को आश्वासन दिया जाता था कि उन्हें नींद में ईश्वर दिखेगा और उनका उपचार हो जाएगा। इस तरह बहुत से रोगी स्वस्थ भी हुए।

हीकेट के भक्तों से कहा गया कि वे राल, लोबान और गंधरस को छिपकलियों के साथ मिलाकर दूज के चाँद की रोशनी में खुली हवा में

कूटें। इस अजीब और रहस्यमय रस्म के बाद वे देवी की प्रार्थना करते थे, अपना बनाया हुआ काढ़ा पीते थे और सो जाते थे। अगर उनकी आस्था दृढ़ होती थी, तो उन्हें सपने में देवी नज़र आती थी। हालाँकि यह अनुष्ठान हमें अजीब, संभवतः अति-कल्पनाशील भी लगे, लेकिन इसके बावजूद इससे अक्सर रोग ठीक हो जाते थे।

प्राचीन समय के लोगों ने अवचेतन मन की अविश्वसनीय शक्ति के दोहन के कई कारगर तरीक़े खोज लिए थे, जिनसे वे उपचार करते थे। हालाँकि वे जानते थे कि ये तरीक़े कारगर थे, लेकिन वे यह नहीं जानते थे कि वे कैसे या क्यों कारगर थे। आज हम देख सकते हैं कि वे अवचेतन मन को सशक्त सुझाव देकर उपचार कर रहे थे। धार्मिक अनुष्ठान और काढ़े तथा तावीज़ लोगों की कल्पना पर गहरा असर डालते थे। इनके कारण उनका अवचेतन मन उपचारक के प्रबल सुझावों को आसानी से स्वीकार कर लेता था। बहरहाल, उपचार का *काम* मरीज़ का अवचेतन मन ही करता था।

सभी युगों में ऐसा हुआ है कि जहाँ अधिकृत उपचारक असफल हो गए और मरीज़ों ने उम्मीद छोड़ दी, वहाँ अनधिकृत उपचारकों को उल्लेखनीय सफलता मिली है। यह सोचने पर मजबूर करता है। दुनिया के सभी हिस्सों में इन उपचारकों ने ये इलाज कैसे किए? इसका जवाब आसान है। ये उपचार इसलिए हुए, क्योंकि रोगी के अंधविश्वास (blind faith) ने उसके अवचेतन मन में निहित उपचारक शक्ति को मुक्त कर दिया। उपचारकों के इलाज और तरीक़े जितने कल्पनाशील और अजीब होते थे, इस बात की उतनी ही ज़्यादा संभावना होती थी कि रोगी यह यक़ीन कर ले कि इतनी अजीब चीज़ निश्चित रूप से असाधारण शक्तिशाली होगी। उत्तेजित भावनात्मक अवस्था के कारण उनके लिए चेतन और अवचेतन मन में स्वास्थ्य के सुझाव को स्वीकार करना आसान हो जाता था। इस विषय पर हम अगले अध्याय में और विस्तार से बात करेंगे।

अवचेतन शक्तियों के प्रयोग पर बाइबल के प्रसंग

> जिन भी चीज़ों की आप इच्छा करते हैं, प्रार्थना करते समय यह विश्वास करें कि आपको वे मिल रही हैं और वे आपको मिल जाएँगी।
>
> *मार्क 11:24*

इस वाक्य को दोबारा पढ़ें और काल (tense) के फ़र्क़ पर ग़ौर करें। *विश्वास* (believe) और *मिल रही हैं* (receive) वर्तमान काल में हैं, लेकिन *मिल जाएँगी* (shall have) भविष्य काल में है। प्रेरित लेखक हमें व्याकरण के इस छोटे से अंतर से बहुत ही महत्त्वपूर्ण बात बता रहा है। अगर हम इस तथ्य को सच मान लेते हैं और स्वीकार कर लेते हैं कि हमारी इच्छा *वर्तमान* में ही पूरी हो चुकी है, तो यह *भविष्य* में अवश्य पूरी होगी।

इस तकनीक की सफलता इस विश्वास में निहित है कि विचार या तसवीर मन में वास्तविकता का रूप ले चुकी है। मस्तिष्क के क्षेत्र में किसी चीज़ को साकार करने के लिए इसे सचमुच मौजूद मानना होगा।

ये गूढ़ शब्द विचार की रचनात्मक शक्ति के प्रयोग द्वारा अवचेतन पर अपनी मनचाही चीज़ की छाप छोड़ने का संक्षिप्त और विशिष्ट तरीक़ा सुझाते हैं। आपका विचार, योजना या उद्देश्य अपने स्तर पर उतना ही वास्तविक है, जितना कि आपका हाथ या हृदय। बाइबल की इस तकनीक का पालन करने पर आप अपने मन से परिस्थितियों, स्थितियों या किसी भी ऐसी चीज़ के सारे विचार बिलकुल ख़त्म कर देते हैं, जिससे नकारात्मक परिणाम मिल सकता हो। आप अपने मन में एक बीज (अवधारणा) बो रहे हैं, जिसे अगर आप ज्यों का त्यों छोड़ दें, तो यह हमेशा बाहरी फल में अंकुरित होगा।

ईसा मसीह जिस महत्त्वपूर्ण नींव पर ज़ोर देते थे, वह थी आस्था। आप बाइबल में यह बात बार-बार पढ़ते हैं, *आपकी आस्था के अनुसार आपको दिया जाएगा।* अगर आप ज़मीन में निश्चित प्रकार के बीज बोते हैं, तो आप आस्था रखें कि आपको उसी चीज़ का फल मिलेगा, जिसका बीज आपने बोया है। यह बीजों का तरीक़ा है। विकास तथा कृषि के नियमों के आधार पर आप जानते हैं कि आपको बीज का वही फल मिलेगा।

बाइबल में जिस आस्था का वर्णन है, वह सोचने का एक तरीक़ा है, मानसिक नज़रिया है, आंतरिक निश्चय है। आप जानते हैं कि जिस विचार को आप चेतन मन में पूरी तरह स्वीकार कर लेते हैं, वह आपके अवचेतन मन में साकार और प्रकट होगा। आस्था एक तरह से उसे सच मानना है, जिसे आपकी तर्कशक्ति और इंद्रियाँ अस्वीकार करती हैं। यह अपने छोटे, तार्किक, विश्लेषणात्मक, चेतन मन की बात सुनने से इनकार करना है। यह तो अपने अवचेतन मन की आंतरिक शक्ति पर पूरे विश्वास का नज़रिया रखना है।

यहाँ इसी धार्मिक ग्रंथ की उपचार तकनीक का एक बहुत मशहूर उदाहरण है :

> और जब वे घर में आए, तो उनके पास अंधे आदमी आए : और ईसा मसीह ने उनसे पूछा, तुम्हें विश्वास है कि मैं यह करने में सक्षम हूँ? उन्होंने कहा, हाँ, प्रभु। फिर उन्होंने उन अंधों की आँखें छूकर कहा, तुम्हारी आस्था के अनुरूप तुम्हें मिले। और उनकी आँखें खुल गईं और ईसा मसीह ने उन्हें सख़्त हिदायत दी कि यह बात किसी को पता नहीं चलनी चाहिए।
>
> *मैथ्यू 9:28-30*

तुम्हारी आस्था के अनुरूप तुम्हें मिले, यह कहकर ईसा मसीह अंधे व्यक्तियों के अवचेतन मन से सहयोग माँग रहे थे। उनकी आस्था उनकी सबसे बड़ी उम्मीद थी, उनकी आंतरिक भावना थी, उनका आंतरिक विश्वास था कि कोई चमत्कार होगा और उनकी प्रार्थना का जवाब मिलेगा। और ऐसा ही हुआ। यह उपचार की सनातन तकनीक है, जिसका प्रयोग दुनिया भर के सभी उपचारक समूह करते हैं, चाहे वे किसी भी धार्मिक पंथ के हों।

यह बात किसी को पता नहीं चलनी चाहिए, यह कहकर ईसा मसीह ठीक हुए रोगियों को प्रेरित कर रहे थे कि वे अपने उपचार के बारे में किसी को नहीं बताएँ। अगर रोगी लोगों को बताते, तो अविश्वास करने वाले लोग संदेह करते और अपमानजनक आलोचना करके उन्हें सताते। इससे वे लाभ कम भी हो सकते थे, जो ईसा मसीह के हाथ से उन्हें मिले थे, क्योंकि इससे उनके अवचेतन मन में डर, शंका और तनाव के विचार भर जाते।

> ... अधिकार और शक्ति के साथ उन्होंने गंदी आत्माओं को आदेश दिया और वे बाहर आ गईं।
>
> *ल्यूक 4:36*

जब रोगी ईसा मसीह के पास ठीक होने आए, तो उनका उपचार उनकी आस्था और ईसा मसीह की अवचेतन मन की उपचारक शक्ति की समझ से हो गया। ईसा मसीह ने जो भी आदेश दिया, अंदर से उसे सच माना। वे और मदद माँग रहे लोग एक ही शाश्वत कल्पनावादी मस्तिष्क में

थे। ईसा मसीह के अंदरूनी ज्ञान और उपचारक शक्ति के विश्वास ने रोगियों के अवचेतन के नकारात्मक विनाशक स्वरूप को बदल दिया। आंतरिक मानसिक बदलाव के परिणामस्वरूप उपचार अपने आप हो गया। उनका आदेश मरीज़ों के अवचेतन मन से किया गया आग्रह था। साथ ही उन्होंने अधिकार के साथ इसलिए बोला था, क्योंकि वे जानते थे कि अवचेतन मन तभी प्रतिक्रिया करेगा। अवचेतन मन की प्रतिक्रिया के बारे में वे जागरूक थे और उन्हें इस पर पूरा भरोसा था।

दुनिया के विभिन्न धर्मस्थलों में चमत्कार

हर महाद्वीप, हर देश में ऐसे धर्मस्थल हैं, जहाँ रोगियों का उपचार किया जाता है। कुछ दुनिया भर में मशहूर हैं। बाक़ी का पता सिर्फ़ आस-पास के लोगों को है। चाहे वे मशहूर हों या नहीं हों, इन धर्मस्थलों पर जो उपचार होता है, वह अवचेतन मन की शक्तियों से ही होता है।

मैंने जापान के कई मशहूर धर्मस्थलों की यात्रा की है। डायबुत्सू का धर्मस्थल दुनिया भर में मशहूर है। इसका मुख्य आकर्षण बुद्ध की काँसे की विशाल प्रतिमा है, जो बयालीस फ़ुट ऊँची है। इसमें बुद्ध हाथ बाँधे बैठे हैं और उनका सिर गहन चिंतन के आनंद की मुद्रा में झुका है।

यहाँ मैंने देखा कि युवा और प्रौढ़ मूर्ति के पैरों पर चढ़ावा चढ़ा रहे थे। पैसे, फल, चावल और संतरे चढ़ाए जा रहे थे। मोमबत्तियाँ जलाई जा रही थीं, अगरबत्तियाँ जलाई जा रही थीं और मनौतियाँ की जा रही थीं। मैंने एक युवा लड़की की प्रार्थना सुनी, जिसने नीचे झुककर दो संतरे चढ़ा दिए। वह बुद्ध को अपनी आवाज़ लौटाने के लिए धन्यवाद दे रही थी। उसकी आवाज़ चली गई थी, लेकिन धर्मस्थल पर आने के बाद आवाज़ लौट आई। उसके मन में आस्था थी कि बुद्ध उसकी आवाज़ लौटा देंगे, बशर्ते वह निश्चित अनुष्ठान करे, उपवास करे और चढ़ावा चढ़ाए। उसकी उम्मीद और विश्वास प्रबल थे। परिणाम यह हुआ कि उसका मस्तिष्क आस्था के बिंदु तक पहुँच गया। उसके अवचेतन मन ने उसके विश्वास पर प्रतिक्रिया करते हुए उसकी आवाज़ ठीक कर दी।

कल्पना और अंध विश्वास की शक्ति इतनी प्रबल है कि इसे नज़रअंदाज़ नहीं किया जा सकता। इसका एक अद्भुत उदाहरण मेरे एक रिश्तेदार का है, जो पर्थ, पश्चिमी ऑस्ट्रेलिया में रहते थे। उन्हें टी.बी. हो गई

थी और उनके फेफड़े बुरी तरह ख़राब हो गए थे। उनके बेटे ने अपने पिता की मदद करने का फ़ैसला किया। उसने अपने पिता के घर जाकर बताया कि वह हाल ही में अजीब शक्तियों वाले एक घुमंतू संन्यासी से मिला था।

यह संन्यासी यूरोप के एक बहुत मशहूर उपचारक धर्मस्थल पर काफ़ी समय रहने के बाद लौटा था। वहाँ से वह ट्रू क्रॉस के एक छोटे टुकड़े को लाने में कामयाब हो गया था। ट्रू क्रॉस जो एक मध्ययुगीन अँगूठी में जड़ा है और इस अँगूठी या क्रॉस के टुकड़े को छूने भर से सदियों से अनगिनत रोगी ठीक होते आ रहे थे।

जब बेटे ने यह सुना तो उसने संन्यासी को अपने पिता की बीमारी के बारे में बताया और उससे अँगूठी उधार माँगी। संन्यासी तैयार हो गया और बेटे ने स्वेच्छा से 500 डॉलर का सामान संन्यासी को भेंट कर दिया।

जब बेटे ने अपने पिता को अँगूठी दिखाई, तो उन्होंने उसके हाथ से अँगूठी छीन ली। उन्होंने अँगूठी अपने सीने से लगाई, मन ही मन प्रार्थना की और सो गए। सुबह तक वे ठीक हो चुके थे। क्लिनिक के सभी परीक्षणों की रिपोर्ट थी कि उन्हें टी.बी. नहीं है।

इस तरह के चमत्कार हर समय होते हैं। इस चमत्कार के बारे में सबसे महत्त्वपूर्ण बात यह है कि बेटे की अद्‌भुत कहानी बिलकुल मनगढ़ंत थी। सच तो यह था कि उसने फ़ुटपाथ से लकड़ी का एक सामान्य टुकड़ा उठा लिया था और सुनार के यहाँ जाकर पुराने ज़माने की डिज़ाइन वाली एक सोने की अँगूठी में जड़वा लिया था। फिर उसने अपने पिता को यह अँगूठी दे दी।

ज़ाहिर है, आप समझ गए होंगे कि फ़ुटपाथ से उठाए उस लकड़ी के टुकड़े से पिता का उपचार नहीं हुआ था। नहीं, उपचार तो पिता की कल्पनाशक्ति के कारण हुआ था, जो प्रबलता से बढ़ गई थी। इसके साथ ही पूर्ण उपचार की विश्वास भरी उम्मीद भी थी। कल्पनाशक्ति आस्था या व्यक्तिपरक भावना के साथ मिल गई और इन दोनों के मेल से उसके अवचेतन मन की शक्ति ने उपचार कर दिया।

पिता को कभी पता नहीं चल पाया कि उनके साथ यह चाल चली गई थी। अगर उन्हें यह बात पता चल जाती, तो हो सकता है कि उन्हें वह बीमारी दोबारा हो जाती। बहरहाल, उनकी टी.बी. कभी नहीं लौटी। वे

टी.बी. से हमेशा-हमेशा के लिए मुक्त हो गए और पंद्रह साल बाद नवासी साल की उम्र में अन्य कारणों से मरे।

शाश्वत उपचारक सिद्धांत

यह एक मान्य तथ्य है कि उपचार की सभी पद्धतियाँ बहुत आश्चर्यजनक उपचार कर सकती हैं। आप इस निष्कर्ष पर पहुँचेंगे कि यह किसी आंतरिक घटक और प्रक्रिया के कारण होगा, जो सबमें समान हो। सचमुच ऐसा ही है। उपचार का घटक अवचेतन मन है और उपचार की प्रक्रिया आस्था है।

इन आधारभूत सच्चाइयों के बारे में गहराई से सोचें :

- आपके मानसिक कार्यों का विभाजन करके एक कार्य चेतन मन को और दूसरा कार्य अवचेतन मन को सौंपा गया है।
- आपका अवचेतन मन सुझाव की शक्ति का हमेशा पालन करता है।
- आपके शरीर के सभी कार्यों, स्थितियों और अनुभूतियों पर आपके अवचेतन मन का पूरा नियंत्रण होता है।

आप पक्के तौर पर जानते हैं कि सुझाव से सम्मोहित व्यक्तियों में किसी भी बीमारी के लक्षण पैदा किए जा सकते हैं। उदाहरण के लिए, सम्मोहित अवस्था में दिए गए सुझाव की प्रकृति के अनुसार व्यक्ति को बुखार हो सकता है, उसका चेहरा लाल हो सकता है या उसे सर्दी हो सकती है। आप व्यक्ति को सुझाव दे सकते हैं कि उसे लक़वा मार गया है और वह चल नहीं सकता, और ऐसा ही होगा। आप सम्मोहित व्यक्ति की नाक के नीचे ठंडे पानी का एक कप रखकर उसे बता सकते हैं, “इसमें नसवार भरी है; इसे सूँघो!” वह बुरी तरह और बार-बार छींकने लगेगा। आपको क्या लगता है, छींक किस कारण आई? पानी के कारण या सुझाव के कारण?

अगर कोई आपको बताता है कि उसे घास से एलर्जी है, तो आप सम्मोहित अवस्था में उसकी नाक के सामने कोई काग़ज़ का फूल या ख़ाली गिलास रखकर उससे कह सकते हैं कि यह घास है। उसमें एलर्जी के सामान्य लक्षण प्रकट हो जाएँगे। इससे हमें पता चलता है कि शारीरिक लक्षण अवचेतन मन के कारण पैदा हुए थे। इन लक्षणों का इलाज भी अवचेतन मन में ही होता है।

विभिन्न चिकित्सा-पद्धतियाँ, जैसे ऑस्टियोपैथी, कायरोप्रैक्टिस, ची क्वॉन्ग, एक्यूपंचर और नैचुरोपैथी उल्लेखनीय उपचार का दावा करती हैं। यही दावा दुनिया भर के विभिन्न धर्मों के अनुष्ठान और कर्मकांड करते हैं। यह स्पष्ट है कि ये सभी उपचार अवचेतन मन द्वारा किए जाते हैं - जो एकमात्र उपचारक है।

ध्यान दें कि अवचेतन मन आपकी अँगुली के घाव को किस तरह भरता है। यह जानता है कि इसे कैसे करना है। डॉक्टर घाव पर पट्टी बाँधकर कहता है, "प्रकृति इसे ठीक कर देगी!" लेकिन "प्रकृति" और कुछ नहीं, बल्कि प्राकृतिक नियम का दूसरा नाम है, जो अवचेतन मन का नियम है। आत्मरक्षा की सहज भावना प्रकृति का पहला नियम है और आत्मरक्षा अवचेतन मन का सबसे प्रमुख काम है। आपकी सबसे प्रबल सहज भावना सबसे सशक्त आत्म-सुझाव है।

बहुत अलग सिद्धांत

विभिन्न धार्मिक पंथों और प्रार्थना उपचार-समूहों ने उपचार के कई अलग-अलग सिद्धांत दिए हैं। बहुत से लोग यह दावा करते हैं कि उनका सिद्धांत ही सही है, क्योंकि उनके तरीक़े से अच्छे परिणाम मिलते हैं। जैसा हम इस अध्याय में पढ़ चुके हैं, यह सही नहीं हो सकता।

जैसा आप जानते हैं, उपचार के बहुत से तरीक़े हैं। फ़्रैंज एंटन मेस्मर (1734-1815) एक ऑस्ट्रियन चिकित्सक थे, जो पेरिस में इलाज करते थे। उन्होंने पाया कि वे बीमार के शरीर पर चुंबक लगाकर उसे चमत्कारी तरीक़े से ठीक कर सकते हैं। उन्होंने काँच और कई धातुओं के टुकड़ों से भी इलाज करके दिखाया। बाद में उन्होंने इन सभी वस्तुओं का प्रयोग छोड़ दिया और रोगी के शरीर पर हाथ फेरकर इलाज करने लगे। उनका दावा था कि उनके उपचार का असली स्रोत "प्राणी चुंबकीयता" (animal magnetism) था। उनका सिद्धांत था कि उपचारक के हाथ से रहस्यमयी चुंबकीय ऊर्जा प्रवाहित होकर रोगी के शरीर में पहुँच जाती है।

मेस्मर ने उपचार के इस तरीक़े को मेस्मेरिज़्म नाम दिया। आज हम इसे सम्मोहन के नाम से जानते हैं। मेस्मर की सफलता से जलने वाले दूसरे डॉक्टरों का दावा था कि सिर्फ़ सुझाव देकर ही उन्होंने अपने सभी उपचार किए थे। बहरहाल, जब दबाव देकर पूछा गया, तो डॉक्टरों को मानना पड़ा

कि वे यह नहीं जानते थे कि सुझाव की शक्ति से इतने अद्भुत परिणाम कैसे मिले।

ये सभी समूह - मनोविश्लेषक, मनोवैज्ञानिक, ऑस्टियोपैथ्स, कायरोप्रैक्टर्स, उपचारक और हर तरह के धार्मिक समूह - एक ही शाश्वत सिद्धांत का प्रयोग कर रहे हैं, जो अवचेतन मन में मौजूद है। हर व्यक्ति यह दावा कर सकता है कि उपचार उनके सिद्धांत के कारण हुआ है, लेकिन सच्चाई कोसों दूर है। सभी प्रकार की उपचार की प्रक्रिया एक निश्चित, सकारात्मक, मानसिक नज़रिया है, एक अंदरूनी नज़रिया या सोचने का तरीक़ा है, जिसे आस्था कहा जाता है। उपचार विश्वासपूर्ण उम्मीद के कारण होता है, जो अवचेतन मन को सशक्त सुझाव देती है। इसी से उपचारक शक्ति मुक्त होती है।

एक व्यक्ति जिस तरीक़े से ठीक होता है, दूसरा भी उसी तरीक़े से ठीक होता है। हाँ, यह हो सकता है कि दोनों के सिद्धांत या तरीक़े भिन्न हों, लेकिन उपचार की प्रक्रिया एक ही है और वह है विश्वास। सिर्फ़ एक ही उपचारक शक्ति है - आपका अवचेतन मन। आप अपना मनपसंद सिद्धांत, विश्वास और तरीक़ा चुन लें। आप विश्वास रखें। अगर आपको विश्वास है, तो आपको परिणाम अवश्य मिलेंगे।

पैरासेल्सस के विचार

फ़िलिप्पस पैरासेल्सस (1493-1541) एक मशहूर स्विस अलकेमिस्ट (कीमियागर) और चिकित्सक थे। वे अपने ज़माने के मशहूर उपचारक थे। उन्होंने एक बात कही थी, जो आज वैज्ञानिक रूप से प्रमाणित तथ्य है :

> **आपकी आस्था की वस्तु सच्ची हो या झूठी, आपको परिणाम समान ही मिलेंगे। अगर मैं सेंट पीटर की प्रतिमा पर उतना ही विश्वास करता हूँ, जितना कि स्वयं सेंट पीटर में करता, तो मुझे वही परिणाम मिलेंगे, जो मुझे सेंट पीटर से मिलते। यह अंधविश्वास है। बहरहाल, आस्था चमत्कार करती है और आस्था सच्ची हो या झूठी, यह हमेशा वही चमत्कार करेगी।**

पैरासेल्सस के विचारों को सोलहवीं सदी में इतालवी दार्शनिक पियेत्रो पॉम्पोनैज़ी ने दोहराया। उन्होंने लिखा था :

> **हम आसानी से उन अद्भुत परिस्थितियों की कल्पना कर सकते हैं, जो आत्मविश्वास और कल्पना से उत्पन्न हो सकती हैं, ख़ासकर जब ये दोनों ही चीज़ें रोगी और उसे प्रभावित करने वाले के बीच प्रवाहित हों। निश्चित स्मृतिचिह्नों के प्रभाव से होने वाले उपचार उनकी कल्पना और आत्मविश्वास के प्रभाव हैं। नीमहक़ीम और दार्शनिक जानते हैं कि अगर किसी संत की अस्थियों की जगह किसी सामान्य इंसान की अस्थियों को रख दिया जाए, तब भी बीमारों को उतने ही लाभकारी परिणाम मिलेंगे, बशर्ते उन्हें यह यक़ीन हो कि यही सच्चे स्मृतिचिह्न हैं।**

ज़रा सोचें कि इसका क्या मतलब है। अगर आप संत की अस्थियों की शक्तियों या किसी जगह के पानी के उपचारक गुणों या मेरे ऑस्ट्रेलियाई रिश्तेदार की तरह लकड़ी के टुकड़े के चमत्कारी परिणामों में यक़ीन करते हैं, *तो आपको परिणाम ज़रूर मिलेंगे,* क्योंकि आपके अवचेतन मन को सुझाव दिया गया है। आख़िर उपचार तो अवचेतन मन ही करता है।

बर्नहीम के प्रयोग

हिप्पोलाइट बर्नहीम बीसवीं सदी की शुरुआत में फ़्रांस के नैन्सी में प्रोफ़ेसर ऑफ़ मेडिसिन थे। वे उन शुरुआती लोगों में थे, जिन्होंने यह स्पष्ट किया कि चिकित्सक द्वारा रोगी को दिए गए सुझाव अवचेतन मन की शक्ति के कारण परिणाम देते हैं।

बर्नहीम ने एक आदमी की कहानी बताई, जिसकी जीभ को लक़वा मार गया था। हर तरह का इलाज किया, लेकिन कोई फ़ायदा नहीं हुआ। फिर एक दिन उस आदमी के डॉक्टर ने उसे बताया कि उसे एक नया यंत्र मिल गया है, जो उसकी समस्या को बिलकुल ठीक कर देगा। इसके बाद डॉक्टर ने उसके मुँह में एक जेबी थर्मामीटर लगा दिया। मरीज़ को लगा कि यही वह यंत्र है, जो उसे ठीक कर देगा। कुछ ही पलों में वह ख़ुशी से चिल्लाने लगा कि अब वह फिर से अपनी जीभ घुमा सकता है।

बर्नहीम आगे कहते हैं :

> **हमारे प्रकरणों में इसी तरह के कुछ तथ्य मिलेंगे। एक युवती मेरे ऑफ़िस में आई। चार हफ़्तों से उसकी आवाज़ पूरी तरह चली गई थी। जाँच-पड़ताल के बाद मैंने अपने विद्यार्थियों को बताया कि कई बार**

बोलने की क्षमता बिजली के प्रयोग से तत्काल लौट आती है, क्योंकि इससे सुझाव दिया जा सकता है। मैंने अपना इंडक्शन एपरेटस बुलवाया। मैंने उसके स्वरयंत्र (larynx) को थोड़ा हिलाया और कहा, "अब तुम बोल सकती हो।" एक ही पल में मैंने उससे "ए" बुलवा लिया, फिर "बी" और फिर "मारिया।" वह स्पष्टता से बोलती रही। उसकी आवाज़ दोबारा लौट आई।

यहाँ बर्नहीम आस्था की शक्ति और रोगी की आशा के बारे में बता रहे हैं, जिसने अवचेतन मन को सशक्त सुझाव दिया।

सुझाव से फोड़े उत्पन्न करना

बर्नहीम बताते हैं कि उन्होंने एक मरीज़ की पीठ पर डाक टिकट चिपकाकर उसे सुझाव दिया कि उसे फोड़ा हो गया है। इस तरह के प्रदर्शनों की पुष्टि दुनिया के कई हिस्सों में कई डॉक्टरों के प्रयोगों और अनुभवों में हुई है। प्रमाणों को देखते हुए शंका की कोई गुंजाइश नहीं है कि मौखिक सुझाव देकर रोगियों के शरीर में संरचनात्मक परिवर्तन किए जा सकते हैं।

ख़ून निकलने का कारण

सुझाव से ख़ून भी निकलवाया जा सकता है।

इसे प्रदर्शित करते हुए डॉ. एम. बूरू ने एक व्यक्ति पर सम्मोहन करके उसे यह सुझाव दिया :

आज दोपहर चार बजे तुम मेरे ऑफ़िस में आओगे, इस कुर्सी पर बैठोगे और सीने पर हाथ बाँध लोगे। इसके बाद तुम्हारी नाक से ख़ून बहने लगेगा।

दोपहर को उस युवक ने ठीक वही किया, जैसा उसे सुझाव दिया गया था। जब उसने अपने हाथ बाँध लिए, तो उसके बाएँ नथुने से ख़ून की कुछ बूँदें टपक गईं।

एक और मौक़े पर बूरू ने एक रोगी को सम्मोहित करके उसका नाम उसकी बाँह पर एक औज़ार की भोथरी नोक से लिख दिया। फिर बूरू ने कहा :

आज दोपहर चार बजे तुम सो जाओगे। मेरी खींची लाइनों पर तुम्हारे हाथ से ख़ून निकलेगा, जिससे तुम्हारा नाम हाथ पर उभर आएगा।

उस दोपहर रोगी पर नज़र रखी गई। चार बजे वह सो गया। उसकी बाईं बाँह पर अक्षर चमकने लगे और कई जगहों पर ख़ून की बूँदें भी दिखने लगीं। हालाँकि अक्षर धीरे-धीरे मिट गए, लेकिन तीन महीने बाद भी वे धुँधले दिख रहे थे।

ये तथ्य पहले बताई गई दो आधारभूत मान्यताओं को सही साबित करते हैं; अवचेतन मन हमेशा सुझाव की शक्ति का पालन करता है और शरीर के कार्यों, अनुभूतियों और स्थितियों पर पूरा नियंत्रण करता है।

पूर्व में बताए गए सभी उदाहरण बताते हैं कि नाटकीय तरीक़े से दिए गए सुझाव बहुत असामान्य स्थितियों को प्रेरित कर सकते हैं। ये इस बात का सबूत हैं कि *व्यक्ति अपने दिल* (अवचेतन मन) *में जैसा सोचता है, वह वैसा ही बन जाता है।*

याद रखने लायक़ विचार

1. ख़ुद को बार-बार याद दिलाएँ कि उपचारक शक्ति आपके अवचेतन मन में है।
2. जान लें कि आस्था ज़मीन में बोए बीज की तरह है; यह अपनी तरह के फल देती है। अपने मन में विचार का बीज बो लें, इसे उम्मीद का पानी और खाद दें; यह वास्तविकता में बदल जाएगा।
3. किसी पुस्तक, नए आविष्कार या नाटक का विचार आपके मस्तिष्क में हक़ीक़त है। इसीलिए आप इस बात पर यक़ीन कर सकते हैं कि यह इस समय आपके पास है। अपने विचार, योजना या आविष्कार की वास्तविकता पर यक़ीन करें। जब आप ऐसा करेंगे, तो यह प्रकट हो जाएगा।
4. किसी और के लिए प्रार्थना करते समय यह जान लें कि पूर्णता, सुंदरता और आदर्श का आपका आंतरिक ज्ञान किसी दूसरे के अवचेतन मन के नकारात्मक स्वरूप को बदल सकता है तथा अद्‌भुत परिणाम दे सकता है।

5. आप विभिन्न धर्मस्थलों पर जिन चमत्कारी उपचारों के बारे में सुनते हैं, वे कल्पनाशक्ति और अंधी आस्था के कारण होते हैं, जो अवचेतन मन पर कार्य करके उपचारक शक्ति को मुक्त करती हैं।
6. सारे रोग मस्तिष्क में पैदा होते हैं। कोई भी चीज़ शरीर पर तब तक प्रकट नहीं होती है, जब तक कि उसके अनुरूप मानसिक संरचना नहीं हो।
7. सम्मोहन के सुझाव से लगभग हर रोग के लक्षण उत्पन्न किए जा सकते हैं। इससे पता चलता है कि आपके विचार कितने शक्तिशाली हैं।
8. उपचार की सिर्फ़ एक ही प्रक्रिया है और वह है आस्था। सिर्फ़ एक ही उपचारक शक्ति है और वह है आपका अवचेतन मन।
9. चाहे आपकी आस्था की वस्तु सच्ची हो या झूठी, आपको परिणाम मिलेंगे। आपका अवचेतन मन आपके मस्तिष्क के विचार पर प्रतिक्रिया करता है। आस्था को अपने मस्तिष्क के विचार के रूप में देखें; इतना ही काफ़ी है।

5 आधुनिक युग में मानसिक उपचार

वह कौन सी चीज़ है जो उपचार करती है? यह उपचारक शक्ति कहाँ रहती है और इसका लाभ कैसे लिया जा सकता है? ये सभी सवाल हमारे लिए बहुत अहम हैं। इन सभी का एक ही जवाब है : उपचारक शक्ति हर व्यक्ति के अवचेतन मन में निवास करती है और रोगी के बदले हुए मानसिक नज़रिए से यह सक्रिय हो जाती है।

किसी भी मानसिक या धार्मिक-वैज्ञानिक उपचारक, मनोवैज्ञानिक, मनोविश्लेषक या डॉक्टर ने कभी किसी मरीज़ को ठीक नहीं किया है। एक पुरानी कहावत है, "डॉक्टर घाव पर पट्टी बाँधता है, ईश्वर उसे ठीक करता है।" मनोवैज्ञानिक या मनोविश्लेषक मरीज़ के मानसिक अवरोध हटाकर प्रभावी परिवर्तन लाता है, ताकि उपचारक सिद्धांत सक्रिय हो सके और रोगी दोबारा स्वस्थ हो सके। इसी तरह सर्जन शारीरिक अवरोध हटाता है, ताकि उपचारक प्रवाह सामान्य ढंग से काम कर सके। कोई भी डॉक्टर या सर्जन या मानसिक-विज्ञान का प्रयोग करने वाला पूरी तरह से यह दावा नहीं कर सकता कि उसने "मरीज़ को ठीक कर दिया।" उपचारक शक्ति एक ही है, हालाँकि इसे अलग-अलग नामों से पुकारा जाता है - प्रकृति, जीवन, ईश्वर, रचनात्मक ज्ञान - लेकिन वास्तविकता में ये सभी अवचेतन शक्ति की ओर इशारा करने के भिन्न-भिन्न तरीक़े हैं।

जैसा हम पहले ही देख चुके हैं, हम स्वयं में मौजूद उपचारक जीवन-सिद्धांत के प्रवाह के मानसिक, भावनात्मक और शारीरिक अवरोधों को कई तरीक़ों से हटा सकते हैं। आपके अवचेतन मन में रहने वाला यह

उपचारक सिद्धांत आपको सभी मानसिक तथा शारीरिक रोगों से मुक्त कर सकता है और करेगा, बशर्ते आप या कोई दूसरा व्यक्ति इसे सही दिशा दे। यह उपचारक सिद्धांत सभी लोगों में काम करता है, भले ही उनका पंथ, रंग या जाति कोई भी हो। इसका प्रयोग करने और इस उपचारक प्रक्रिया का लाभ लेने के लिए आपको किसी विशेष चर्च का सदस्य बनने की ज़रूरत नहीं है। आपका अवचेतन आपके हाथ के जले हुए या कटे हुए हिस्से को ठीक कर देगा, भले ही आप नास्तिक या संशयवादी हों।

आधुनिक मानसिक चिकित्सा इस सच्चाई पर आधारित है कि जैसी आपकी आस्था होगी, आपके अवचेतन मन की असीमित बुद्धिमत्ता और शक्ति की प्रतिक्रिया भी वैसी ही होगी। मानसिक-विज्ञान का प्रयोग करने वाले या पुजारी धर्मग्रंथ के आदेश का पालन करते हैं। यानी वे अपने कमरे में जाकर दरवाज़ा बंद कर लेते हैं, जिसका मतलब है कि वे अपने मस्तिष्क को स्थिर कर लेते हैं, शिथिल कर लेते हैं और असीमित उपचारक शक्ति के बारे में सोचने लगते हैं। अपने भीतर मौजूद वे अपने मस्तिष्क का द्वार सभी बाहरी व्यवधानों तथा वस्तुओं के लिए बंद कर लेते हैं। फिर वे अपना आग्रह या इच्छा अपने अवचेतन मन को इस विश्वास के साथ बताते हैं कि उनके मस्तिष्क का ज्ञान उन्हें सही जवाब देगा।

जानने की सबसे अद्‌भुत बात यह है : इच्छित परिणाम की कल्पना करें और इसकी वास्तविकता को महसूस करें; असीमित जीवन-सिद्धांत आपके चेतन चुनाव और आपके चेतन आग्रह पर प्रतिक्रिया करेगा। यही इस वाक्य का अर्थ है कि *विश्वास रखें कि आपको मिल गया है और आपको मिल जाएगा।* प्रार्थना चिकित्सा का प्रयोग करते समय आधुनिक मानसिक वैज्ञानिक यही काम करता है।

उपचार की एक प्रक्रिया

दुनिया की हर चीज़ में सिर्फ़ एक ही शाश्वत उपचारक सिद्धांत काम कर रहा है, चाहे वह बिल्ली, कुत्ता, पेड़, घास, हवा, धरती हो- क्योंकि हर चीज़ सजीव है। यह जीवन-सिद्धांत प्राणी, वनस्पति और खनिज साम्राज्यों में सहज-बोध और विकास के नियम के रूप में काम करता है। चूँकि मनुष्य इस जीवन-सिद्धांत के बारे में चेतन रूप से जागरूक होता है, इसलिए हम

ख़ुद को अनगिनत तरीक़ों से लाभ पहुँचाने के लिए इसका सचेतन प्रयोग कर सकते हैं।

इस शाश्वत सिद्धांत का प्रयोग करने के कई भिन्न तरीक़े, तकनीकें और विधियाँ हैं, लेकिन उपचार की सिर्फ़ एक ही प्रक्रिया है, वह है आस्था, क्योंकि आपकी आस्था के अनुरूप ही आपको परिणाम मिलेगा।

विश्वास का नियम

दुनिया के सभी धर्म विश्वास के रूप हैं और ये विश्वास कई तरीक़ों से स्पष्ट किए जाते हैं। जीवन का नियम विश्वास है। अपने, जीवन और ब्रह्मांड के बारे में आपके विश्वास क्या हैं? जैसा आपको विश्वास होगा, वैसा ही आपको मिलेगा।

विश्वास आपके मस्तिष्क का एक विचार है, जिस कारण अवचेतन की शक्ति आदतन सोच के अनुसार जीवन के सभी क्षेत्रों में उतरती है। आपको अहसास करना चाहिए कि जब बाइबल आस्था का ज़िक्र करती है, तो यह किसी अनुष्ठान, समारोह, रूप, संस्था या फ़ॉर्मूले में विश्वास के बारे में नहीं बोल रही है। यह तो स्वयं विश्वास के बारे में बोल रही है। आपके मस्तिष्क का विश्वास आपके मस्तिष्क का विचार है।

> अगर आप विश्वास कर सकें, तो उसके लिए हर चीज़ संभव है, जो विश्वास करता है।
>
> *मार्क 9:23*

किसी ऐसी चीज़ में विश्वास करना मूर्खता है, जो चोट या नुक़सान पहुँचाए। याद रखें, जिस चीज़ में आप विश्वास करते हैं, वह आपको नुक़सान या चोट नहीं पहुँचाती है। यह तो आपके मस्तिष्क का विश्वास या विचार है, जो परिणाम उत्पन्न करता है। आपके सभी अनुभव, सभी कार्य तथा जीवन की सभी घटनाएँ व परिस्थितियाँ आपके ही विचार की प्रतिक्रियाएँ और प्रतिबिंब हैं।

प्रार्थना चिकित्सा चेतन और अवचेतन मन का संयुक्त कार्य है जिसे वैज्ञानिक तरीक़े से निर्देशित किया जाता है

प्रार्थना चिकित्सा (prayer therapy) मस्तिष्क के चेतन और अवचेतन स्तरों का क्रमबद्ध, सामंजस्यपूर्ण और बुद्धिमत्तापूर्ण कार्य है, जिसे किसी निश्चित उद्‌देश्य के लिए विशेष रूप से निर्देशित किया जाता है। वैज्ञानिक प्रार्थना या प्रार्थना चिकित्सा के लिए आपको पता होना चाहिए कि आप क्या कर रहे हैं और क्यों कर रहे हैं। आप उपचार के नियम में विश्वास करते हैं। प्रार्थना चिकित्सा को कई बार मानसिक उपचार या *वैज्ञानिक प्रार्थना* भी कहा जाता है।

प्रार्थना चिकित्सा में आप किसी निश्चित विचार, मानसिक तसवीर या योजना को चुनते हैं, जिसे आप अनुभव करना चाहते हैं। आप इस विचार या मानसिक छवि को अपने अवचेतन तक पहुँचा देते हैं और काल्पनिक अवस्था की वास्तविकता अनुभव करते हैं। जब आप अपने मानसिक नज़रिए में पूर्ण आस्था रखेंगे, तो आपको अपनी प्रार्थना का जवाब मिल जाएगा। प्रार्थना चिकित्सा किसी विशिष्ट उद्‌देश्य के लिए मानसिक कर्म है।

मान लें, आप प्रार्थना चिकित्सा से किसी समस्या के उपचार का फ़ैसला करते हैं। आप जानते हैं कि आपकी समस्या या बीमारी, चाहे वह जो भी हो, आपके अवचेतन मन में रहने वाले भयाक्रांत नकारात्मक विचारों के कारण उत्पन्न हुई है। आपको अहसास है कि अगर आप अपने मस्तिष्क से इन विचारों की सफ़ाई कर दें, तो आप ठीक हो जाएँगे।

इसलिए आप अपने अवचेतन मन की उपचारक शक्ति की ओर मुड़ते हैं। आप ख़ुद को इसकी असीमित शक्ति और बुद्धिमत्ता याद दिलाते हैं। आप ख़ुद को यह भी याद दिलाते हैं कि यह हर बीमारी का उपचार करने में सक्षम है। जब आप इन सच्चाइयों पर लगातार सोचते हैं, तो आपका डर धीरे-धीरे कम होने लगता है। इन सच्चाइयों की याद ग़लत विश्वासों से जूझती है और अंततः उन्हें परास्त कर देती है।

आप उस उपचार के लिए धन्यवाद देते हैं, जो आप जानते हैं कि अवश्य होगा। फिर आप अपने मस्तिष्क को उस समस्या से तब तक दूर रखते हैं, जब तक कि कुछ समय बाद आपके मन में दोबारा प्रार्थना करने की इच्छा प्रबलता से महसूस नहीं होती है। प्रार्थना करते समय आप नकारात्मक

स्थितियों को ज़रा सी भी शक्ति नहीं देते हैं या पल भर के लिए भी यह नहीं सोचते हैं कि उपचार नहीं होगा। इस तरह के मानसिक नज़रिए से चेतन और अवचेतन मन का सामंजस्यपूर्ण मेल बनता है, जो उपचारक शक्ति को सक्रिय कर देता है।

आस्था-उपचार का क्या मतलब है और अंधी आस्था किस तरह काम करती है

जिसे लोग आस्था-उपचार (faith healing) के नाम से जानते हैं, वह दरअसल बाइबल में बताई गई आस्था *नहीं* है, जिसका मतलब चेतन और अवचेतन मन के आपसी संबंधों का ज्ञान होता है। आस्था-उपचारक वह व्यक्ति होता है, जो उपचार में शामिल शक्तियों की वैज्ञानिक समझ के बिना उपचार करता है। हो सकता है कि वह उपचार की विशेष क्षमता का दावा करे और उसमें या उसकी शक्तियों में रोगी की अंधी आस्था (blind faith) उसे ठीक कर दे।

दुनिया के कई हिस्सों में पारंपरिक उपचारक अपने रोगियों को नृत्य, मंत्रों और आत्माओं को बुलाकर ठीक करते हैं। हो सकता है, कोई व्यक्ति किसी संत के स्मृति चिह्न छूकर, ख़ास गंडा बाँधकर, अगरबत्ती या धूप जलाकर या विशेष जड़ियों के काढ़े को पीकर स्वस्थ हो गया हो। जो भी चीज़ रोगी को उस तरीक़े या प्रक्रिया में सच्चा विश्वास दिलाएगी, वह उपचार को अधिक संभव बना देगी।

जो भी चीज़ आपको डर और चिंता से हटाकर आस्था और आशा की ओर ले जाएगी, आपका इलाज कर देगी। कई लोग दावा करते हैं कि चूँकि उनके सिद्धांत परिणाम देते हैं, इसलिए वे सही और सच हैं। जैसा हम पहले देख चुके हैं, यह सच नहीं हो सकता।

अंधी आस्था किस तरह काम करती है, इसके लिए स्विस उपचारक फ्रैंज़ एंटन मेस्मर के बारे में सोचें, जिनका ज़िक्र हम पहले कर चुके हैं। 1776 में उन्होंने अपने मरीज़ों के शरीर से चुंबक छूकर इलाज करने का दावा किया था। बाद में उन्होंने चुंबक छोड़कर मरीज़ से कुछ दूरी पर अपने हाथ घुमाकर इलाज किया। यह तरीक़ा भी कारगर हुआ। इस नई तकनीक की सफलता को समझाने के लिए मेस्मर ने प्राणी चुंबकीयता का सिद्धांत दिया। उनका मानना था कि यह द्रव वैसे तो पूरे ब्रह्मांड में फैला

हुआ है, लेकिन इंसान के शरीर में सबसे सक्रिय है। उनका दावा था कि यह चुंबकीय द्रव उनके हाथों से बीमार शरीर की ओर संप्रेषित होता है और प्राणी चुंबकीयता का यह स्थानांतरण उनका उपचार कर देता है। इसके बाद हज़ारों-लाखों लोग उनके पास आने लगे और कई अद्भुत उपचारों का दावा किया गया।

मेस्मर पेरिस आ गए। वहाँ की सरकार ने उनके इलाजों की जाँच के लिए एक आयोग गठित किया। इस आयोग में प्रख्यात चिकित्सक और अकेडमी ऑफ़ साइंस के सदस्य थे, जिनमें बेंजामिन फ्रैंकलिन भी शामिल थे। सघन जाँच-पड़ताल के बाद आयोग ने स्वीकार किया कि मेस्मर ने बीमारों को सचमुच ठीक किया था। हालाँकि यह भी कहा गया कि उनके चुंबकीय द्रव सिद्धांत को सही साबित करने वाला एक भी प्रमाण नहीं है। यह अनुमान लगाया गया कि इलाज मरीज़ों की कल्पना की वजह से हुआ था।

इसके ठीक बाद मेस्मर को निर्वासित कर दिया गया। 1815 में उनकी मृत्यु हो गई। इसके कुछ समय बाद इंग्लैंड में मैनचेस्टर के डॉ. जेम्स ब्रैड ने यह साबित करने का बीड़ा उठाया कि चुंबकीय द्रव का डॉ. मेस्मर के उपचारों से कोई लेना-देना नहीं था। डॉ. ब्रैड ने पाया कि रोगी को सुझाव देकर सम्मोहित तंद्रा या निद्रा में भेजा जा सकता था। रोगियों के सम्मोहित तंद्रा में रहते समय वे कई अद्भुत परिणाम उत्पन्न करने में सफल हुए, जिनका श्रेय मेस्मर ने प्राणी चुंबकीयता को दिया था।

आप देख सकते हैं कि ये सभी उपचार निस्संदेह रोगियों की सक्रिय कल्पना और अवचेतन मन को दिए गए स्वास्थ्य के सशक्त सुझावों द्वारा संभव हुए थे। इसे अंधी आस्था कहना अनुचित नहीं होगा, क्योंकि ना तो मरीज़, ना ही उपचारक को यह समझ थी कि ये उपचार कैसे हुए।

कल्पनावादी आस्था और इसका अर्थ

किसी व्यक्ति का कल्पनावादी (subjective) अवचेतन मन उसके चेतन या यथार्थवादी (objective) मन के नियंत्रण के अधीन रहता है। यह दूसरों के सुझावों के प्रति भी अति संवेदनशील होता है। इसका मतलब यह है कि जो भी आपका यथार्थवादी विश्वास है, अगर आप उसमें सक्रियता या निष्क्रियता से आस्था रखेंगे, तो आपका अवचेतन मन उस सुझाव द्वारा नियंत्रित होगा और आपकी इच्छा पूरी हो जाएगी।

मानसिक उपचारों के लिए विशुद्ध कल्पनावादी आस्था की ज़रूरत होती है। इसे हासिल करने का तरीक़ा यथार्थवादी या चेतन मन के सक्रिय विरोध का अंत करना है।

ज़ाहिर है, शरीर के प्रभावी उपचार के लिए सबसे अच्छा तो यह रहेगा कि चेतन और अवचेतन दोनों ही मन आस्था को पूरी तरह स्वीकार करने की अवस्था में हों। बहरहाल, यह हमेशा ज़रूरी नहीं होता है। आप अपने मन और शरीर को शिथिल करके उनींदी अवस्था में पहुँच सकते हैं और निष्क्रियता तथा ग्रहणशीलता की स्थिति में दाख़िल हो सकते हैं। इस उनींदी अवस्था में आपकी निष्क्रियता कल्पनावादी छाप के प्रति ग्रहणशील बन जाती है।

एक व्यक्ति ने मुझसे एक बार पूछा, "ऐसा कैसे हो गया कि उस पादरी ने मुझे ठीक कर दिया? जब उसने मुझे बताया कि रोग जैसी कोई चीज़ नहीं होती है और इसका कोई अस्तित्त्व ही नहीं होता है, तो मैंने उसके एक भी शब्द पर यक़ीन नहीं किया। मुझे लगा कि वह मेरी बुद्धि का अपमान कर रहा है। लेकिन इसके बावजूद मैं ठीक हो गया। ऐसा कैसे हो सकता है?"

जैसा मैंने इस व्यक्ति को बताया, इसका स्पष्टीकरण आसान है। वह पादरी के शांतिदायक शब्दों से शांत हो गया। फिर पादरी ने उसे कुछ समय के लिए पूर्णतः निष्क्रिय अवस्था में जाने, कुछ नहीं बोलने या सोचने की सलाह दी। पादरी भी निष्क्रिय बन गए। उन्होंने आधे घंटे तक शांति से, धीरे-धीरे तथा दृढ़ता से लगातार कहा कि इस व्यक्ति को संपूर्ण स्वास्थ्य, शांति, सद्भाव और पूर्णता मिल जाए।

आधे घंटे बाद उस व्यक्ति को असीम राहत महसूस हुई और वह दोबारा स्वस्थ हो गया।

यह देखना आसान है कि उपचार के समय निष्क्रियता के कारण उसकी कल्पनावादी आस्था प्रकट हो गई थी और पादरी द्वारा दिए गए संपूर्ण स्वास्थ्य के सुझाव उसके अवचेतन मन तक पहुँच गए थे। दोनों कल्पनावादी मन तालमेल में थे।

अगर इस व्यक्ति ने उपचारक की शक्ति और उसके सिद्धांत के सही होने के बारे में अपनी शंकाओं को उस वक़्त उभरने दिया होता, तो यह विरोधी आत्म-सुझाव के रूप में काम करता। उस स्थिति में पादरी के सुझाव

बहुत कम असर दिखाते या बिलकुल असफल हो जाते। बहरहाल, उनींदी, निष्क्रिय अवस्था में चेतन मन का विरोध न्यूनतम हो गया था। रोगी का अवचेतन मन पादरी के सुझावों के प्रति ग्रहणशील था। इसने उन सुझावों के अनुरूप कार्य किया और उपचार हो गया।

अनुपस्थित उपचार का अर्थ

मान लें, आप लॉस एंजेलिस में रहते हैं और आपको यह ख़बर मिलती है कि आपकी माँ न्यू यॉर्क सिटी में बहुत बीमार हैं। आपकी पहली इच्छा तो यह होती है कि आप घर-परिवार और नौकरी छोड़कर उनके पास पहुँच जाएँ। लेकिन अगर यह संभव नहीं हो तो? क्या आप अपनी माँ के ठीक होने की प्रक्रिया में अपनी आस्था की शक्ति का प्रयोग नहीं कर पाएँगे?

ऐसा नहीं है। भले ही आप शारीरिक रूप से मौजूद नहीं हों, लेकिन आपकी प्रार्थनाएँ उन तक अवश्य पहुँच सकती हैं। परमपिता सबके भीतर रहते हैं।

रचनात्मक मस्तिष्क एक ही है। मस्तिष्क का रचनात्मक नियम आपको लाभ पहुँचाता है। आपको तो बस अपने मन में स्वास्थ्य और सामंजस्य का आंतरिक अहसास भरना है। इसकी प्रतिक्रिया स्वतः होती है। आपके अवचेतन मन का यह आंतरिक अहसास आपकी माँ के अवचेतन मन पर काम करता है। सेहत, स्फूर्ति और पूर्णता के आपके विचार एक ही शाश्वत कल्पनावादी मन में काम करते हैं। वे जीवन के कल्पनावादी पहलू के नियम को गतिमान कर देते हैं, जो उनके शरीर में उपचार के रूप में प्रकट होता है।

मस्तिष्क सिद्धांत में समय या स्थान का कोई महत्त्व नहीं होता है। वही मस्तिष्क आपकी माँ और आपमें काम करता है - चाहे आप कहीं भी रहें। वास्तव में कोई भी अनुपस्थित उपचार नहीं होता है, जो उपस्थित उपचार का विरोधी हो, क्योंकि शाश्वत मस्तिष्क हर जगह है। आप विचार भेजने या पकड़ने की कोशिश नहीं करते हैं। आपका उपचार विचार की चेतन गति है। जब आप स्वास्थ्य, कल्याण और आराम के लक्षणों के प्रति जागरूक बन जाते हैं, तो ये लक्षण आपकी माँ में प्रकट होंगे। उसके बाद परिणाम अवश्य मिलेंगे।

यहाँ असल ज़िंदगी का एक उदाहरण दिया जा रहा है, जिसे ग़लती से अनुपस्थित उपचार (absent treatment) मान लिया गया। लॉस एंजेलिस की एक महिला को पता चला कि न्यू यॉर्क में रहने वाली उसकी माँ को कोरोनरी थ्रॉम्बोसिस हो गया है। वह अपनी माँ के पास नहीं जा सकती थी, इसलिए उसने यह प्रार्थना की :

> **उपचारक शक्ति मेरी माँ के पास है। उनके शरीर की स्थिति उनके विचार-जीवन का वैसा ही प्रतिबिंब है, जिस तरह छायाएँ पर्दे पर पड़ती हैं। मैं जानती हूँ कि उस पर्दे की छवियों को बदलने के लिए मुझे उन चीज़ों को बदलना होगा, जिनका वे प्रतिबिंब दिखाती हैं। मैं अब अपने मस्तिष्क में अपनी माँ के लिए पूर्णता, सामंजस्य और संपूर्ण स्वास्थ्य की छवि बना रही हूँ।**
>
> **जिस असीमित उपचारक शक्ति ने मेरी माँ का शरीर और उनके सभी अंग बनाए हैं, वह उनके अस्तित्त्व के हर परमाणु में भर रही है और उनके शरीर की हर कोशिका से शांति की धारा प्रवाहित हो रही है। डॉक्टरों को दैवी मार्गदर्शन मिल रहा है। जो भी मेरी माँ को छू रहा है, उसे सही काम करने का मार्गदर्शन मिल रहा है।**
>
> **मैं जानती हूँ कि रोग अंतिम सच नहीं है; अगर ऐसा होता, तो किसी का उपचार नहीं हो पाता। मैं प्रेम और जीवन के असीमित सिद्धांत की समर्थक हूँ। मैं जानती हूँ और यह आदेश देती हूँ कि मेरी माँ के शरीर में सामंजस्य, सेहत और शांति व्यक्त हो रही है।**

उसने दिन में कई बार यह प्रार्थना दोहराई। कुछ दिन बाद उसकी माँ की हालत में उल्लेखनीय सुधार हुआ। उनका हृदयरोग चिकित्सक हैरान था और उसने ईश्वर में प्रबल आस्था के लिए उन्हें बधाई दी।

बेटी के मस्तिष्क के पूर्ण आस्था के साथ स्वीकार किए गए निष्कर्ष ने शाश्वत अवचेतन मन में व्याप्त रचनात्मक ऊर्जा को सक्रिय कर दिया। यह उसकी माँ के शरीर में संपूर्ण स्वास्थ्य और सामंजस्य के रूप में प्रकट हुई। बेटी ने अपनी माँ के बारे में जो सोचा, वह उसकी माँ के अनुभव में अभिव्यक्त हुआ।

अवचेतन मन के गतिशील कर्म को सक्रिय करना

मेरी एक मनोवैज्ञानिक मित्र ने मुझे बताया कि एक महत्त्वपूर्ण अंग की बायोप्सी में कैन्सर की कोशिकाएँ मिलीं। डॉक्टर ने पीड़ादायक और ख़तरनाक उपचार का सुझाव दिया। इसके लिए हाँ करने से पहले मेरी मित्र ने एक और तकनीक आज़माई। हर रात में सोने से पहले वह शांति से यह विश्वास जताती थी, "हर कोशिका, नस, तंत्रिका और अंग अब पूर्ण, दोषरहित और आदर्श बन रहा है। मेरे पूरे शरीर में स्वास्थ्य और सामंजस्य दोबारा लौट रहा है।"

लगभग एक महीने में पूर्ण उपचार हो गया। बाद के परीक्षणों में पता चला कि कैन्सर की कोशिकाएँ अब नहीं बची थीं।

मैं इससे बहुत प्रभावित हुआ, लेकिन मेरी जिज्ञासा जाग गई। मैंने उससे पूछा कि वह सोने से पहले अपना निश्चय क्यों दोहराती थी। उसने बताया, "एक बार किसी दिशा में सक्रिय होने पर अवचेतन मन का काम नींद के दौरान भी चलता रहता है। इसीलिए यह बहुत ज़रूरी है कि आप सोने से पहले अवचेतन मन को कोई लाभकारी काम सौंप दें।"

यह बहुत समझदारी भरा जवाब था। यह भी ध्यान दें कि सामंजस्य और पूर्ण स्वास्थ्य के बारे में सोचते समय उसने एक बार भी अपनी बीमारी का नाम नहीं लिया।

मैं प्रबलता से सुझाव देता हूँ कि आप अपनी बीमारियों के बारे में बोलना बंद कर दें या उनका नाम नहीं लें, ख़ास तौर पर सोने से ठीक पहले के घंटों में। उन्हें जिस एकमात्र स्रोत से जीवन मिलता है, वह है आपका ध्यान और डर। ऊपर जिस मनोवैज्ञानिक का ज़िक्र किया गया है, उसकी तरह मानसिक सर्जन बनें। फिर आपकी मुश्किलें भी उसी तरह दूर हो जाएँगी, जिस तरह निर्जीव शाखाएँ किसी पेड़ से टूट जाती हैं।

इसके विपरीत, यदि आप लगातार अपने दर्द और लक्षणों की रट लगाए रहते हैं तथा उनके बारे में बात करते हैं, तो आप उनकी शक्ति बढ़ा देते हैं। आप उस गतिशील कर्म को रोकते हैं, जो आपके अवचेतन मन की उपचारक शक्ति और ऊर्जा को सक्रिय करता है। यही नहीं, आपके ही मस्तिष्क के नियम द्वारा ये कल्पनाएँ आकार लेने लगती हैं : *वही चीज़ हो*

गई जिसका मुझे बड़ा डर था। अपने मस्तिष्क में जीवन की महान सच्चाइयाँ भरें और प्रेम की रोशनी की ओर बढ़ें।

आपकी सेहत बढ़ाने के सूत्र

1. पता लगाएँ कि वह कौन सी चीज़ है, जो आपका उपचार करती है। विश्वास करें कि अवचेतन मन को दिए गए सही निर्देश आपके मस्तिष्क और शरीर का उपचार कर देंगे।
2. अवचेतन मन को अपने आग्रह या इच्छाएँ बताने की एक निश्चित योजना बना लें।
3. इच्छित परिणाम की कल्पना करें और इसकी वास्तविकता महसूस करें। इसे लगातार करें; आपको निश्चित रूप से परिणाम मिलेंगे।
4. फ़ैसला करें कि विश्वास क्या है। जान लें कि विश्वास आपके मन का एक विचार है और आप जो सोचते हैं, आप उसकी रचना करते हैं।
5. बीमारी या नुक़सान या चोट पहुँचाने वाली किसी चीज़ में विश्वास करना मूर्खता है। संपूर्ण स्वास्थ्य, समृद्धि, शांति, दौलत और दैवी मार्गदर्शन में विश्वास करें।
6. आप जिन महान और उदात्त विचारों के बारे में आदतन सोचते हैं, वे महान कर्म बन जाते हैं।
7. अपने जीवन में प्रार्थना उपचार की शक्ति लागू करें। निश्चित योजना, विचार या मानसिक तसवीर चुन लें। उस विचार के साथ मानसिक और भावनात्मक तालमेल बनाएँ। जब आप अपने मानसिक नज़रिए के प्रति आस्थावान रहेंगे, तो आपकी प्रार्थना का जवाब मिल जाएगा।
8. हमेशा याद रखें, अगर आप सचमुच उपचार की शक्ति पाना चाहते हैं, तो आप इसे आस्था के ज़रिये पा सकते हैं, जिसका मतलब है अपने चेतन और अवचेतन मन की कार्यविधि का ज्ञान। आस्था समझ से आती है।
9. अंधी आस्था का मतलब है कि उपचारक शक्तियों की वैज्ञानिक समझ के बिना भी सफल उपचार हो सकता है।

10. अपने बीमार प्रियजनों के लिए प्रार्थना करना सीखें। अपने मन को शांत कर लें। सेहत, स्फूर्ति और पूर्णता के आपके विचार शाश्वत कल्पनावादी मस्तिष्क के माध्यम से आपके प्रियजन के मस्तिष्क में महसूस किए जाएँगे और प्रकट होंगे।

6 मानसिक उपचार की व्यावहारिक तकनीकें

जब कोई इंजीनियर पुल या अंतरिक्ष यान बनाता है, तो वह किसी जानी-पहचानी तकनीक तथा आज़माई हुई योग्यताओं व तरीक़ों से समस्या को हल करता है। ये तकनीकें, योग्यताएँ और तरीक़े सीखने पड़ते हैं। इसी तरह, आपके जीवन को नियंत्रित और निर्देशित करने की भी जानी-पहचानी तकनीकें, योग्यताएँ और तरीक़े हैं। ये तरीक़े और तकनीकें मूलभूत हैं।

गोल्डन गेट ब्रिज बनाने से पहले इंजीनियरों को गणित के सिद्धांत, दबाव और तनाव को समझना था। दूसरे, उन्हें अपने मस्तिष्क में खाड़ी पर उत्कृष्ट पुल की मानसिक तसवीर बनानी थी। तीसरा क़दम उस तसवीर को साकार करने के लिए आज़माए हुए और समय सिद्ध तरीक़ों का इस्तेमाल करना था। जब ये तीनों क़दम पूरे हो गए, तो पुल बन गया और कार चलाने वालों की कई पीढ़ियाँ इसके पार जाने लगीं।

अगर आप चाहते हैं कि आपकी प्रार्थनाओं का जवाब मिले, तो आपको सही तकनीकों और विधियों से शुरुआत करनी होगी। प्रार्थना का जवाब वैज्ञानिक तरीक़े से मिलता है। कुछ भी संयोग से नहीं होता है। यह व्यवस्था और नियम-क़ायदे की दुनिया है। इस अध्याय में आप अपने आध्यात्मिक जीवन के प्रकटीकरण और पोषण की व्यावहारिक तकनीक पाएँगे। आपकी प्रार्थनाओं को गुब्बारे की तरह हवा में लटके रहने की ज़रूरत नहीं है। उन्हें कहीं पहुँचना चाहिए और आपके जीवन में कुछ लाभ पहुँचाना चाहिए।

प्रार्थना का विश्लेषण करने पर पता चलता है कि इसकी कई अलग-अलग विधियाँ और तरीक़े हैं। हम इस पुस्तक में धार्मिक पूजा-पाठ की औपचारिक प्रार्थनाओं को शामिल नहीं करेंगे। समूह आराधना का अपना महत्त्व है, लेकिन यहाँ हम उन पर ध्यान केंद्रित नहीं करेंगे। हमारा मूल ध्यान तो व्यक्तिगत प्रार्थना के उन प्रभावी तरीक़ों पर है, जो आपकी रोज़मर्रा की ज़िंदगी में शामिल किए जा सकें, ताकि आपको या दूसरों को मदद मिल सके।

प्रार्थना किसी मनचाही चीज़ से जुड़े विचार का सूत्रीकरण है। प्रार्थना आत्मा की सच्ची मनोकामना है। आपकी मनोकामना ही आपकी प्रार्थना है। यह आपकी सबसे गहरी ज़रूरतों से निकलती है और उन चीज़ों को साकार करती है, जिन्हें आप अपने जीवन में पाना चाहते हैं। *वे लोग धन्य हैं, जो धर्मपरायणता के भूखे और प्यासे हैं : क्योंकि उन्हें भरपेट मिलेगा।* यही प्रार्थना की सच्ची प्रकृति है, जीवन की भूख और शांति, सद्भाव, स्वास्थ्य, ख़ुशी और जीवन की बाक़ी अन्य नियामतों को पाने की कारगर अभिव्यक्ति।

चेतन से अवचेतन तक विचार पहुँचाने की तकनीक

जैसा हम देख चुके हैं, प्रभावी प्रार्थना का रहस्य अवचेतन मन को इच्छित परिणाम से सराबोर करना है। ऐसा करने का एक बहुत आसान तरीक़ा चेतन से अवचेतन मन तक *विचार पहुँचाने की तकनीक* है। इसमें मूलतः अवचेतन मन को प्रेरित किया जाता है, ताकि यह चेतन मन के आग्रह को उसी रूप में ग्रहण कर ले। यह तकनीक सपने जैसी स्थिति में सबसे अच्छी तरह काम करती है।

जान लें कि आपके इस ज़्यादा गहरे अवचेतन मन में असीमित बुद्धिमत्ता और असीम शक्ति है। बस शांति से अपनी मनोकामना के बारे में सोचें। इसके साकार होने की तसवीर इसी पल से देखना शुरू कर दें। उस छोटी लड़की की तरह बनें, जिसे बहुत बुरी खाँसी थी और गला ख़राब था। उसने दृढ़ता से बार-बार घोषणा की, "खाँसी अब जा रही है। यह अब जा रही है।" चमत्कार यह हुआ कि खाँसी एक घंटे में सचमुच ग़ायब हो गई। इस तकनीक का इस्तेमाल पूरी ईमानदारी और सहजता से करें।

आपका अवचेतन आपके ब्लूप्रिंट को स्वीकार कर लेगा

अगर आप अपने और परिवार के लिए नया घर बनवा रहे हैं, तो आप उसके ब्लूप्रिंट में गहरी रुचि लेंगे। आप यह सुनिश्चित करना चाहेंगे कि भवन निर्माता आपके ब्लूप्रिंट का अक्षरशः पालन करे। आप उसके द्वारा लगाई जाने वाली निर्माण सामग्री पर भी नज़र रखेंगे। आप जानते हैं कि आपके भावी मकान का जीवन इस सामग्री की गुणवत्ता पर निर्भर करता है, इसलिए आप सर्वश्रेष्ठ सीमेंट, बिजली के तार, छत की सामग्री आदि चुनेंगे।

क्या इसमें समझदारी नहीं होगी कि आप इतना ही ध्यान अपने मानसिक घर का रखें? क्या इसमें समझदारी नहीं होगी कि आप इतनी ही चिंता ख़ुशी और समृद्धि के अपने मानसिक ब्लूप्रिंट की करें?

आपके सभी अनुभव और जीवन में दाख़िल होने वाली हर चीज़ उन मानसिक ईंटों की प्रकृति पर निर्भर करती है, जिनका प्रयोग आप अपने मानसिक घर को बनाने में करते हैं। अगर आपका मानसिक ब्लूप्रिंट डर, चिंता, तनाव या कमी से बना हो, अगर आप निराश, शंकालु और दोषदर्शी हों, तो आपकी इस मानसिक सामग्री के कारण आपके जीवन में अधिक थकान, शंका, तनाव, चिंता और सभी तरह की सीमाएँ प्रकट हो जाएँगी।

जीवन में सबसे मूलभूत और दूरगामी चीज़ वह है, जो आप हर घंटे अपनी मानसिकता में बनाते हैं। आपके शब्द ख़ामोश और अदृश्य, लेकिन वास्तविक होते हैं।

आप हर समय अपना मानसिक घर बना रहे हैं और आपके विचार तथा मानसिक तसवीरें आपके ब्लूप्रिंट को दर्शाती हैं। हर घंटे, हर पल आप बेहतरीन सेहत, सफलता और ख़ुशी का निर्माण कर सकते हैं, उन विचारों से जो आप सोचते या रखते हैं, उन विश्वासों से जिन्हें आप स्वीकार करते हैं और उन दृश्यों से, जिनकी आप अपने मस्तिष्क के छिपे हुए स्टूडियो में रिहर्सल करते हैं। जिस राजसी महल के निर्माण में आप लगातार जुटे रहते हैं, वह आपका व्यक्तित्त्व है, इस धरती पर आपकी पहचान है, इस दुनिया में आपके जीवन की पूरी कहानी है।

एक नया ब्लूप्रिंट बनाएँ; वर्तमान पल में शांति, ख़ुशी और सद्भावना के अहसास द्वारा इसे ख़ामोशी से बनाएँ। इन चीज़ों का दावा करने पर

आपका अवचेतन आपके ब्लूप्रिंट को स्वीकार कर लेगा और इन सभी चीज़ों को उत्पन्न कर देगा : *उनके परिणामों से आप उन्हें पहचान जाएँगे।*

सच्ची प्रार्थना का विज्ञान और कला

विज्ञान का अर्थ संयोजित, व्यवस्थित और क्रमबद्ध ज्ञान है। आइए, सच्ची प्रार्थना के विज्ञान और कला के बारे में ज़्यादा ग़ौर से सोचें। यह ज्ञान जीवन के बुनियादी सिद्धांतों के बारे में है। इसमें उन तकनीकों और प्रक्रियाओं का वर्णन है, जो आपके या अन्य किसी व्यक्ति के जीवन में प्रदर्शित की जा सकती हैं, जो पूरे विश्वास से उन्हें लागू करता है। आपकी तकनीक या प्रक्रिया और इसके पीछे का विज्ञान आपकी मानसिक तसवीर या विचार पर आपके रचनात्मक मन की निश्चित प्रतिक्रिया है।

> माँगो और तुम्हें मिल जाएगा; खोजो और तुम पा लोगे; खटखटाओ और तुम्हारे लिए दरवाज़ा खुल जाएगा।
>
> *मैथ्यू 7:7*

यह बेहतरीन पंक्ति हमें क्या बताती है? इसका स्पष्ट अर्थ है कि आप जो चीज़ माँगेंगे, वह आपको मिल जाएगी। जब आप खटखटाएँगे, तो आपके लिए दरवाज़ा खुल जाएगा और आप जिसे खोज रहे हैं, उसे पा लेंगे। इस सबक़ में मानसिक और आध्यात्मिक नियमों की निश्चितता निहित है। आपके चेतन चिंतन पर आपके अवचेतन मन की असीमित बुद्धिमत्ता हमेशा सीधी प्रतिक्रिया करती है। अगर आप रोटी माँगेंगे, तो आपको पत्थर नहीं मिलेगा।

आपको *पूरे विश्वास* से माँगना होगा, तभी आपको मिलेगा। आपका मन विचार से वस्तु की ओर चलता है। जब तक मन में तसवीर नहीं होगी, तब तक मन नहीं चल सकता, क्योंकि आगे बढ़ने के लिए कुछ नहीं होगा। आपकी प्रार्थना, जो आपका मानसिक कर्म है, को पहले आपकी मानसिक तसवीर को बनाना होगा। तभी आपके अवचेतन की शक्ति इस पर काम कर सकती है और इसे साकार कर सकती है। आपको अपने मस्तिष्क में स्वीकृति के बिंदु पर पहुँचना होगा, अविवादित और पूर्ण स्वीकृति।

इसके अलावा, अपनी मनोकामना की पूर्ति को पहले से देखने की ख़ुशी तथा सुख की भावना होनी चाहिए। सच्ची प्रार्थना की कला और विज्ञान का दमदार आधार आपका यह ज्ञान तथा पूर्ण विश्वास है कि आपके चेतन मन

की गतिविधि पर आपका अवचेतन मन निश्चित प्रतिक्रिया करेगा, जिसमें असीमित ज्ञान और असीम शक्ति है। इस तरीक़े से आपको अपनी प्रार्थनाओं का जवाब मिल जाएगा।

तसवीर की तकनीक

किसी विचार के सूत्रीकरण का सबसे सरल और स्पष्ट तरीक़ा है इसकी तसवीर देखना; अपने मन की आँख से इसे उतनी ही स्पष्टता से देखना, जैसे यह साकार हो। आप आँख से सिर्फ़ वही देख सकते हैं, जो बाहरी जगत में पहले से मौजूद है। इसी तरह, आप मन की आँख से जो तसवीर देख सकते हैं, वह पहले ही आपके मन के अदृश्य क्षेत्रों में मौजूद होती है। जो भी तसवीर आपके मन में है, वह चाही गई अदृश्य चीज़ों का प्रमाण है। आप अपनी कल्पना में जो गढ़ते हैं, वह आपके शरीर के किसी अंग जितना ही वास्तविक होता है। विचार वास्तविक होते हैं और वे एक दिन आपकी यथार्थवादी दुनिया में अवश्य प्रकट होंगे, शर्त सिर्फ़ इतनी है कि आपको अपनी मानसिक तसवीर के प्रति निष्ठावान रहना होगा।

चिंतन की यह प्रक्रिया आपके दिमाग़ पर छाप छोड़ देती है। यह छाप बाद में आपके जीवन में तथ्य और अनुभव के रूप में सामने आती है। आर्किटेक्ट जिस तरह की इमारत बनाना चाहते हैं, पहले उसकी तसवीर देखते हैं। वे उसे इस तरह देखते हैं, जिस तरह वे उसे पूरा देखना चाहते हैं। उनकी कल्पना और विचार-प्रक्रिया एक प्लास्टिक का साँचा बन जाती है, जिससे इमारत उभरेगी। यह सुंदर या बदसूरत हो सकती है, गगनचुंबी अट्टालिका या एक मंज़िला मकान हो सकती है, लेकिन यह सब तसवीर की कल्पना से शुरू होता है। आर्किटेक्ट की मानसिक तसवीर काग़ज़ पर आकार लेती है। अंततः कॉन्ट्रैक्टर और भवन-निर्माता आवश्यक सामग्री इकट्ठी करते हैं और इमारत बनने लगती है। पूरी होने पर यह आर्किटेक्ट के मानसिक ढाँचे के अनुरूप होती है। मैं श्रोताओं के सामने भाषण देने से पहले हमेशा तसवीर की तकनीक आज़माता हूँ। मैं अपने मस्तिष्क को शांत कर लेता हूँ, ताकि विचार की तसवीर अवचेतन मन तक पहुँचा सकूँ। फिर मैं पूरे सभागृह की तसवीर देखता हूँ। इसकी कुर्सियाँ पुरुषों और महिलाओं से भरी हैं। वे अपने भीतर की असीमित उपचार शक्ति से उत्साहित हैं। मैं उन्हें स्वस्थ, ख़ुश और स्वतंत्र देखता हूँ।

अपनी कल्पना में यह विचार लाने के बाद मैं इस मानसिक तसवीर को बनाए रखता हूँ और कल्पना करता हूँ कि लोग कह रहे हैं, "मैं ठीक हो गया," "मुझे बहुत अच्छा लग रहा है," "मेरी कायापलट हो गई।" मैं लगभग दस मिनट तक ऐसा करता हूँ। मैं ख़ुद को यह अहसास दिलाता हूँ कि हर व्यक्ति का मन और शरीर प्रेम, पूर्णता, सुंदरता से भरा है। मेरा अहसास उस बिंदु पर पहुँच जाता है, जहाँ मैं मन में जनता की आवाज़ें सुन सकता हूँ, जो उनकी सेहत और ख़ुशी की घोषणा करती हैं। फिर मैं पूरी तसवीर को मुक्त कर देता हूँ और मंच पर पहुँच जाता हूँ।

इस तकनीक का प्रयोग करने के बाद मैं जब भी बोलता हूँ, तो हर बार कुछ लोग बाद तक रुककर मुझे बताते हैं कि उन्हें उनकी प्रार्थनाओं का जवाब मिल गया।

मानसिक फ़िल्म विधि

जैसा पुरानी कहावत दावा करती है, "एक तसवीर हज़ार शब्दों के बराबर है।" इस तथ्य पर ज़ोर दिया जाना चाहिए कि अवचेतन मन किसी भी तसवीर को साकार कर देगा, बशर्ते उसके पीछे आस्था हो : *इस तरह काम करो, जैसे मैं हूँ और मैं सचमुच मौजूद रहूँगा।*

कुछ साल पहले मैं मिडवेस्ट में एक लेक्चर टूर पर था। इस सिलसिले में मुझे कुछ राज्यों में जाना पड़ा। मैं उस इलाक़े में एक स्थायी जगह चाहता था, ताकि मैं ज़रूरतमंद लोगों की सेवा कर सकूँ। मैंने काफ़ी दूर-दूर तक यात्रा की, लेकिन स्थायी जगह के विचार को नहीं भूला। एक रात को स्पोकेन, वॉशिंगटन में मैं अपने होटल के कमरे में पलंग पर आराम कर रहा था। मैंने अपने ध्यान को स्थिर कर लिया। शांत और निष्क्रिय तरीक़े से मैंने कल्पना की कि मैं बहुत बड़े जनसमुदाय के सामने भाषण दे रहा था। मैंने सुनने वाले लोगों से कहा, "मुझे यहाँ आकर ख़ुशी हुई; मैंने इस आदर्श अवसर के लिए प्रार्थना की है।"

मैंने अपने मन की आँख से काल्पनिक भीड़ को देखा और मुझे यह वास्तविक लगी। मैंने किसी अभिनेता की तरह इस मानसिक फ़िल्म का नाटकीयकरण किया। मैंने संतुष्टि महसूस की कि यह तसवीर मेरे अवचेतन मन तक पहुँच रही है, जो अपने तरीक़े से इसे वास्तविकता में बदल देगा। अगली सुबह जागने पर मुझे काफ़ी शांति और संतुष्टि का अहसास हुआ।

कुछ दिन बाद मेरे पास मिडवेस्ट के एक संस्थान का फ़ोन आया। वे मुझे अपना डायरेक्टर बनाना चाहते थे। मैंने प्रस्ताव स्वीकार कर लिया और कई साल तक वहाँ पर बहुत ही संतुष्टिदायक काम करने का आनंद लिया।

जिस तरीक़े का वर्णन मैंने किया है, उसे अक्सर "मानसिक फ़िल्म विधि" (mental-movie method) कहा जाता है। मुझे बहुत से लोगों के पत्र मिलते हैं, जिन्होंने मेरी पुस्तकें पढ़ी हैं या मेरे भाषण सुने हैं। वे मुझे इस तकनीक से हासिल हुए आश्चर्यजनक परिणामों के बारे में बताते हैं।

मानसिक फ़िल्म विधि एक क्षेत्र में ख़ास उपयोगी लगती है - जायदाद बेचना। अगर आप कोई मकान या जायदाद बेचना चाहते हैं, तो मेरा सुझाव है कि आप पहले तो अपने मन में यह संतुष्टि कर लें कि आपके द्वारा तय क़ीमत सही है और आपके तथा ख़रीदार दोनों के हिसाब से न्यायपूर्ण है। इसके बाद अपने मस्तिष्क को शांत कर लें, शिथिल हो जाएँ, विश्राम करें और उनींदी, निष्क्रिय अवस्था गें चले जाएँ, ताकि समस्त मानसिक प्रयास न्यूनतम हो जाएँ। अब अपने हाथों में चेक की तसवीर देखें, चेक पाने पर ख़ुशी मनाएँ, चेक के लिए धन्यवाद दें और अपने मस्तिष्क में बनी पूरी मानसिक फ़िल्म की सहजता अनुभव करते हुए सो जाएँ।

आपको इस तरह काम करना है, जैसे यह सच हो चुका हो। ऐसा करने से अवचेतन मन पर इसकी छाप बन जाएगी। फिर असीमित बुद्धिमत्ता उस ख़रीदार को आपकी ओर आकर्षित करेगी, जो उस जायदाद को सचमुच चाहता है और जो इसे प्रेम करेगा तथा इसमें समृद्ध होगा। मस्तिष्क के अधिक गहरे प्रवाह से ख़रीदने और बेचने वाले एक साथ आ जाते हैं। आस्था होने पर मन में रखी मानसिक तसवीर हक़ीक़त बन जाएगी।

बॉडोइन तकनीक

चार्ल्स बॉडोइन फ़्रांस के रूसो इंस्टीट्यूट में प्रोफ़ेसर थे। वे न्यू नैन्सी स्कूल ऑफ़ हीलिंग के कुशल साइकोथेरेपिस्ट और शोध निदेशक थे। उन्होंने पाया कि अवचेतन मन को प्रभावित करने का सबसे अच्छा तरीक़ा उनींदी, निष्क्रिय या नींद जैसी अवस्था में पहुँचना है, जहाँ सारे प्रयास कम से कम हो जाएँ। फिर चिंतन द्वारा यह विचार शांत, निष्क्रिय, ग्रहणशील तरीक़े से अवचेतन तक पहुँचाया जाता है।

जैसा बॉडोइन ने स्पष्ट किया :

ऐसा करने (अवचेतन मन को भरने) का एक आसान तरीक़ा सुझाई वस्तु के विचार को सघन करना है, इसे तत्काल याद होने वाले संक्षिप्त वाक्यांश में व्यक्त करना है और लोरी की तरह बार-बार दोहराना है।

कुछ साल पहले लॉस एंजेलिस की एक युवा विधवा लंबे और कटु पारिवारिक विवाद में उलझ गई थी। उसके स्वर्गीय पति ने पूरी जायदाद उसके नाम कर दी थी, लेकिन पहली शादी से उसके बेटे-बेटियों ने वसीयत को ग़ैर-क़ानूनी ठहराने के लिए मुकदमा दायर कर दिया था। उन्होंने विधवा के समझौते के प्रस्तावों को ठुकरा दिया था।

जब इस विधवा ने मेरी मदद माँगी, तो मैंने उसे बॉडोइन तकनीक बनाई। मैंने उससे कहा कि वह अपनी आवश्यकता को कुछ शब्दों में भर ले, ताकि यह उसकी याद पर आसानी से अंकित हो सके। उसने जो वाक्यांश चुना, वह था, "यह दैवी इच्छा के अनुरूप पूर्ण हुआ।" इन शब्दों से उसका मतलब था कि असीमित बुद्धि, जो उसके अवचेतन मन के नियमों द्वारा काम कर रही थी, सामंजस्य के सिद्धांत द्वारा सामंजस्यपूर्ण निष्कर्ष निकालेगी।

दस रातों तक हर रात वह एक कुर्सी पर बैठी और अपने शरीर को सुनियोजित तरीक़े से शिथिल करके उनींदी अवस्था में पहुँची। फिर उसने धीरे-धीरे, शांति और भावना से यह वाक्य बार-बार दृढ़ता से कहा, "यह दैवी इच्छा के अनुरूप पूर्ण हुआ।" उसे आंतरिक शांति का अहसास हुआ; फिर वह गहरी, सामान्य नींद में सो गई।

ग्यारहवें दिन सुबह जागने पर उसे सुखद अहसास हुआ। उसे विश्वास था कि यह सचमुच पूर्ण हो गया था। उसी दिन उसके वकील ने उसे फ़ोन किया। विपक्षी वकील और उसके मुवक्क़िल समझौते के लिए तैयार हो गए थे। सामंजस्यपूर्ण समझौता हो गया और मुकदमा वापस ले लिया गया।

नींद की तकनीक

उनींदी, निष्क्रिय अवस्था में प्रयास न्यूनतम हो जाते हैं। उनींदी अवस्था में चेतन मन काफ़ी हद तक निष्क्रिय हो जाता है। इसका कारण यह है कि अवचेतन सोने से ठीक पहले और जागने के ठीक बाद ही सबसे शक्तिशाली

होता है। इस अवस्था में आपकी इच्छा को अवचेतन मन तक पहुँचने से रोकने वाले नकारात्मक विचार मौजूद नहीं होते हैं।

मान लें, आप किसी विनाशक आदत से छुटकारा पाना चाहते हैं। इसके लिए आरामदेह मुद्रा अपना लें, अपने शरीर को शिथिल कर दें और स्थिर हो जाएँ। उनींदी अवस्था में जाएँ और बार-बार किसी लोरी की तरह दोहराते रहें, "मैं इस आदत से पूरी तरह से आज़ाद हूँ; मैं सद्भाव और पूर्ण मानसिक शांति महसूस कर रहा हूँ।" इन शब्दों को रात और सुबह पाँच-दस मिनट तक धीरे-धीरे, शांति और प्रेम से दोहराएँ। बार-बार दोहराने से शब्दों का भावनात्मक महत्त्व बढ़ जाता है। जब नकारात्मक आदत ज़ोर मारे, तो इस फ़ॉर्मूले को दोहरा लें। इस तकनीक से आप अवचेतन को विचार स्वीकार करने के लिए प्रेरित करते हैं और उपचार हो जाता है।

"धन्यवाद" तकनीक

बाइबल में पॉल सुझाव देते हैं कि हम अपने आग्रहों के साथ प्रशंसा करें और धन्यवाद दें। प्रार्थना के इस आसान तरीक़े से असाधारण परिणाम मिलते हैं। कृतज्ञ हृदय ब्रह्मांड की रचनात्मक शक्तियों के हमेशा क़रीब होता है, जिससे साझे संबंध के नियम तथा क्रिया और प्रतिक्रिया के ब्रह्मांडीय नियम के आधार पर इसकी ओर असंख्य नियामतें प्रवाहित होती हैं।

हाल ही में एक युवा माँ ने मुझे इस तकनीक के बारे में अपना अनुभव बताया। उन्होंने कहा, "मेरी नौकरी छूट गई थी और मैं दिवालिया थी। मेरे तीन बच्चे थे, जिनका मुझे पेट पालना था। मैं नहीं जानती थी कि मदद के लिए किधर जाऊँ। फिर मैंने आपकी यह बात सुनी कि हमारी प्रार्थनाओं का जवाब मिलने से पहले ही हमें कृतज्ञ होकर धन्यवाद देना चाहिए। ऐसा लगा, जैसे मेरे दिमाग़ की बत्ती जल गई हो। मैं समझ गई कि मुझे इसे आज़माना ही होगा।"

हर रात और सुबह तीन हफ़्ते तक वह महिला ये शब्द दोहराती रही, "परमपिता, मेरी दौलत के लिए धन्यवाद।" उसने यह काम शिथिल, शांत अवस्था में किया और तब तक करती रही, जब तक कि कृतज्ञता की भावना उसके दिमाग़ पर हावी नहीं हो गई। उसने कल्पना की कि वह अपने भीतर की असीमित शक्ति और बुद्धिमत्ता का आह्वान कर रही है, हालाँकि ज़ाहिर है, वह रचनात्मक बुद्धिमत्ता या असीमित मस्तिष्क को देख नहीं सकती थी।

वह आध्यात्मिक अनुभूति की अंदरूनी आँख से देख रही थी और उसे यह अहसास था कि दौलत की उसकी विचार-छवि पहला कारण था, जिससे उसे धन, प्रतिष्ठा और भोजन मिलेगा। उसकी विचार-भावना दौलत से ओत-प्रोत थी, जिस पर किसी तरह की परिस्थिति का प्रभाव नहीं पड़ा था।

बार-बार "धन्यवाद, परमपिता" दोहराकर महिला का दिलोदिमाग़ स्वीकृति के बिंदु तक पहुँच गया। जब उसके मन में कमी, ग़रीबी और रोग के विचार आते थे, तो वह आवश्यकतानुसार बार-बार कहती थी, "धन्यवाद, परमपिता।" वह जानती थी कि अगर वह कृतज्ञ नज़रिया रखेगी, तो उसका दिमाग़ दौलत के विचार को ग्रहण कर लेगा। यही हुआ।

उस महिला की प्रार्थना का एक रोचक परिणाम मिला। प्रार्थना शुरू करने के कुछ समय बाद उसे रास्ते में एक पूर्व नियोक्ता मिला, जिससे वह पाँच साल से नहीं मिली थी। पूर्व नियोक्ता ने उसके सामने अच्छी तनख़्वाह वाली नौकरी देने का प्रस्ताव रखा। उसने उसे क़र्ज़ भी दिया, ताकि वह पहली तनख़्वाह मिलने तक काम चला सके। उस महिला ने मुझसे कहा, "मैं 'धन्यवाद, परम पिता' की अद्‌भुत शक्ति को कभी नहीं भूल पाऊँगी। इसने मेरे लिए चमत्कार किया है।"

सकारात्मक घोषणा का तरीक़ा

सकारात्मक घोषणा का प्रभाव काफ़ी हद तक इसके शब्दों में निहित सत्य और अर्थ की आपकी समझ से तय होता है। प्रार्थना में निरर्थक दोहराव नहीं करें। सकारात्मक घोषणा की शक्ति निश्चित और स्पष्ट सकारात्मक बातों के बुद्धिमत्तापूर्ण अमल में है। मान लें, स्कूल का कोई बच्चा तीन और तीन को जोड़कर ब्लैकबोर्ड पर सात लिख देता है। टीचर गणित की निश्चितता से घोषणा करता है कि तीन और तीन छह होते हैं; इसके बाद बच्चा अंकों को बदल देता है। टीचर की घोषणा से तीन और तीन छह नहीं हुए। यह तो पहले से ही गणित की सच्चाई थी। इसी सच्चाई के कारण बच्चे ने ब्लैकबोर्ड के अंक बदल दिए।

बीमार होना असामान्य है; स्वस्थ होना सामान्य है। स्वास्थ्य आपके अस्तित्त्व की सच्चाई है। जब आप स्वास्थ्य, सामंजस्य और ख़ुद के लिए या किसी दूसरे के लिए शांति की सकारात्मक घोषणा करते हैं तथा जब आपको यह अहसास होता है कि आपके अस्तित्त्व के शाश्वत सिद्धांत हैं, तो आप

अवचेतन मन के नकारात्मक ढाँचे को अपनी आस्था और घोषणा के अनुरूप दोबारा व्यवस्थित कर लेते हैं।

प्रार्थना की सकारात्मक घोषणा का परिणाम जीवन के सिद्धांतों पर बल देने पर निर्भर करता है, चाहे स्थिति कैसी भी दिखे। एक पल के लिए विचार करें : गणित का एक सिद्धांत होता है, लेकिन ग़लती का कोई सिद्धांत नहीं होता। सच्चाई का एक सिद्धांत होता है, लेकिन बेईमानी का नहीं होता। बुद्धि का एक सिद्धांत होता है, लेकिन अज्ञान का नहीं होता। सद्‌भाव का एक सिद्धांत होता है, लेकिन मनमुटाव का नहीं होता। स्वास्थ्य का एक सिद्धांत होता है, लेकिन बीमारी का नहीं होता और समृद्धि का एक सिद्धांत होता है, लेकिन ग़रीबी का नहीं होता।

जब इंग्लैंड के एक अस्पताल में गॉलस्टोन्स हटाने का मेरी बहन का ऑपरेशन होने वाला था, तो मैंने सकारात्मक घोषणा के तरीक़े का प्रयोग किया। अस्पताल की जाँचों और एक्सरे में उसके रोग की पुष्टि हो चुकी थी। उसने मुझसे अपनी सेहत के लिए प्रार्थना करने को कहा। मैं छह हज़ार मील से ज़्यादा दूर था, लेकिन इससे मैं विचलित नहीं हुआ। मस्तिष्क-सिद्धांत में समय और दूरी का कोई महत्त्व नहीं होता है। असीमित मन या बुद्धिमत्ता एक ही समय में हर बिंदु पर पूरी तरह मौजूद रहती है।

दिन में कई बार मैंने अपनी बहन के रोग के लक्षणों और उसके शारीरिक व्यक्तित्त्व के विचार को दूर किया। शांति और विश्वास से मैंने इस बात की सकारात्मक घोषणा की :

> **यह प्रार्थना मैं अपनी बहन कैथरीन के लिए कर रहा हूँ। वह आराम और चैन से है, संतुलित और पूरी तरह शांत। अवचेतन मन की जिस उपचारक बुद्धि ने उसके शरीर को बनाया है, वह अब उसके अस्तित्त्व की हर कोशिका, स्नायु, ऊतक, मांसपेशी और अस्थि को बदल रही है। यह बदलाव उसके अवचेतन मन में समाहित सभी अंगों के आदर्श ब्लूप्रिंट के अनुरूप हो रहा है। शांति और ख़ामोशी से उसके अवचेतन मन के सभी विकृत विचार तंत्र हट रहे हैं और घुल रहे हैं। उसके अस्तित्त्व के हर अणु में जीवन सिद्धांत की जीवंतता, पूर्णता और सुंदरता प्रकट हो रही है। वह अब उन उपचारक तरंगों को ग्रहण कर रही है, जो उसमें नदी की तरह प्रवाहित हो रही हैं तथा उसे पूर्ण स्वास्थ्य,**

> **सामंजस्य और शांति दे रहे हैं। सारी विकृतियाँ और कुरूप छवियाँ अब उसमें प्रवाहित हो रहे प्रेम तथा शांति के असीमित समुद्र से धुल रही हैं। यही हो रहा है।**

दो सप्ताह बाद मेरी बहन की एक बार फिर जाँच हुई। आश्चर्यजनक बात यह थी कि इस बार उसके एक्सरे में कोई गड़बड़ नहीं निकली। उसके डॉक्टर ने कहा कि उसकी हालत में उल्लेखनीय सुधार हुआ था और अब ऑपरेशन की कोई ज़रूरत नहीं थी।

सकारात्मक घोषणा का मतलब यह कहना है कि ऐसा ही है। जब आप सारे विपरीत प्रमाणों के बावजूद इस मानसिक नज़रिए को सच मानते हैं, तो आपको अपनी प्रार्थना का जवाब ज़रूर मिलेगा। ध्यान दें, आपका विचार नकारात्मक नहीं, सिर्फ़ सकारात्मक घोषणा करता है, क्योंकि अगर आप किसी चीज़ से इनकार करते हैं, तब भी आप दरअसल उस चीज़ की उपस्थिति को स्वीकार तो कर ही रहे हैं। सकारात्मक घोषणा को दोहराना, यह जानना कि आप क्या कह रहे हैं और क्यों कह रहे हैं, मस्तिष्क को चेतना की उस अवस्था की ओर ले जाता है, जहाँ यह आपकी कही बात को सच मान लेती है। जीवन की सच्चाइयों की तब तक सकारात्मक घोषणा करते रहें, जब तक कि आपको संतुष्टिदायक अवचेतन प्रतिक्रिया नहीं मिल जाए।

तर्कपूर्ण विधि

यह तकनीक इसके नाम के अनुरूप है। यह डॉ. फ़िनीज़ पार्कहर्स्ट क्विम्बी के अद्भुत कार्य से विकसित हुई है। डॉ. क्विम्बी मानसिक और आध्यात्मिक उपचार के क्षेत्र में अग्रणी थे और एक सदी से भी पहले बेलफ़ास्ट, मैन में इलाज करते थे। वे दरअसल मनोदैहिक (psychosomatic) चिकित्सा के जनक और प्रथम मनोविश्लेषक थे। उनमें मरीज़ के कष्ट और दर्द के कारण को अतींद्रिय तरीक़े से भाँपने की उल्लेखनीय क्षमता थी।

संक्षेप में कहा जाए तो तर्कपूर्ण विधि, जिसका प्रयोग क्विम्बी ने इतनी सफलता से किया था, आध्यात्मिक तर्क पर आधारित है। आप मरीज़ और ख़ुद को यह विश्वास दिलाते हैं कि रोग आपके अवचेतन मन के झूठे विश्वासों, निराधार डरों और नकारात्मक ढाँचों के कारण है। आप अपने मस्तिष्क में स्पष्टता से इस पर तर्क करते हैं और रोगी को विश्वास दिला

देते हैं कि बीमारी विचार के एक विकृत, ऐंठन भरे ढाँचे के कारण है, जो शरीर में प्रकट हो गया है। किसी बाहरी शक्ति या कारणों में ग़लत विश्वास अब रोग के रूप में बाहर आ गया है, लेकिन विचारों को बदलकर रोग का उपचार किया जा सकता है।

आप रोगी के सामने स्पष्ट करते हैं कि विश्वास का परिवर्तन ही हर उपचार का आधार है। आप यह भी बताते हैं कि अवचेतन मन ने शरीर और इसके सभी अंगों की रचना की है, इसलिए यह जानता है कि इसका कैसे उपचार होता है। इसीलिए यह इसका उपचार कर सकता है और यह आपके बोलते समय भी ऐसा ही कर रहा है। अपने मन की अदालत में आप बहस करते हैं कि रोग मस्तिष्क की विकृत विचार-छवि की छाया है। आप अंदरूनी उपचारक शक्ति के समर्थन में जितने भी तर्क और प्रमाण जुटा सकते हैं, उतने जुटाते हैं। आख़िर इसी शक्ति ने ही तो सभी अंगों की रचना की है और इसमें ही हर कोशिका, स्नायु और ऊतक का आदर्श तंत्र है।

फिर आप अपने मस्तिष्क की अदालत में अपने तथा अपने रोगी के पक्ष में फ़ैसला सुनाते हैं। आप आस्था और आध्यात्मिक समझ द्वारा रोगी को मुक्त करते हैं। आपका मानसिक और आध्यात्मिक प्रमाण अजेय है। चूँकि सिर्फ़ एक ही मस्तिष्क है, इसलिए आप जिसे सच मानते हैं, वह रोगी के अनुभव में प्रकट हो जाता है और उपचार हो जाता है।

परम विधि आधुनिक अल्ट्रासाउंड उपचार की तरह है

दुनिया भर में कई लोग इस विधि से प्रार्थना उपचार करते हैं और उन्हें अद्भुत परिणाम मिलते हैं। परम विधि (absolute method) का प्रयोग करने वाला व्यक्ति रोगी का नाम लेता है। फिर वह ईश्वर और उसके गुणों के बारे में ख़ामोशी से सोचता है, जैसे : ईश्वर परम आनंद है, असीमित प्रेम है, असीमित बुद्धिमत्ता है, सर्वशक्तिमान है, असीमित ज्ञान है, पूर्ण सद्भाव है, अवर्णनीय सौंदर्य और पूर्णता है। जब वह इस तरह की बातें सोचता है, तो उसकी चेतना ऊपर उठकर एक नए आध्यात्मिक धरातल पर पहुँच जाती है। वह महसूस करता है कि ईश्वरीय प्रेम का महासागर रोगी के मन और शरीर में मौजूद हर गड़बड़ चीज़ को डुबा रहा है, जिसे दूर करने के लिए वह प्रार्थना कर रहा है। वह महसूस करता है कि ईश्वर की सारी शक्ति और प्रेम अब रोगी पर केंद्रित हो रहा है। जो भी कष्टकारी या परेशानी

भरा है, वह जीवन और प्रेम के असीम महासागर की मौजूदगी में अब पूरी तरह ग़ायब हो चुका है।

प्रार्थना की परम विधि की तुलना अल्ट्रासाउंड चिकित्सा में हुए नवीनतम शोधों से की जा सकती है। लॉस एंजेलिस की एक विख्यात डॉक्टर ने मुझे हाल ही में इसके बारे में बताया। यह महिला डॉक्टर अपने काम में जिस विधि का प्रयोग करती है, वह हाई-फ़्रीक्वेन्सी की सशक्त स्वर-लहरें उत्पन्न करती है। जब इन्हें शरीर के असामान्य ऊतक वाले हिस्सों पर केंद्रित किया जाता है, तो प्रभावित कोशिकाएँ अल्ट्रासाउंड के प्रति गूँज व्यक्त करती हैं।

ईश्वर के गुणों पर विचार करके हम चेतना में जितना ऊपर उठते हैं, सद्‌भाव, सेहत और शांति की उतनी ही आध्यात्मिक लहरें उत्पन्न करते हैं। जिन पर ये लहरें केंद्रित हैं, वे उन पर गूँज के रूप में प्रतिक्रिया करते हैं। प्रार्थना की इस तकनीक से कई उल्लेखनीय उपचार हुए हैं।

एक अपंग व्यक्ति चलता है

डॉ. क्विम्बी अपने उपचारक करियर में परम विधि का अक्सर प्रयोग करते थे।

उनकी एक पांडुलिपि बताती है कि उन्होंने किस तरह एक अपंग औरत को ठीक किया। वे उस महिला को देखने गए, जो अपाहिज थी, बूढ़ी थी और बिस्तर पर पड़ी थी। वे बताते हैं कि उसकी बीमारी का कारण स्पष्ट था। वह इतने छोटे धर्ममत में क़ैद थी कि खड़ी नहीं हो सकती थी और चल नहीं सकती थी। वह डर और अज्ञान की क़ब्र में रह रही थी। चूँकि उसने बाइबल को शब्दशः लिया, इसलिए इससे डर गई।

क्विम्बी ने कहा, "इस क़ब्र में वह ईश्वर की मौजूदगी और शक्ति बंधनों को तोड़ने तथा मृत्यु से लौटने की कोशिश कर रही थी।"

जब महिला ने दूसरों से बाइबल के एक प्रसंग का अर्थ पूछा, तो जवाब बेहद सख़्त मिला। फिर वह जीवन जीने की चाहत महसूस करने लगी। डॉ. क्विम्बी ने उसके मामले का निदान करते हुए कहा कि उसका दिमाग़ रोमांच और डर के कारण अवरुद्ध हो गया है, इसलिए वह बाइबल के उस प्रसंग का अर्थ स्पष्ट नहीं समझ पाई है। इससे उसके शरीर में भारी और मंद भाव आ गया, जो लक़वे में बदल गया।

इस मोड़ पर क्विम्बी ने उससे पूछा कि बाइबल की इन पंक्तियों का क्या मतलब है :

> थोड़े समय के लिए मैं तुम्हारे साथ हूँ और फिर मैं उस परमपिता के पास चला जाऊँगा, जिसने मुझे भेजा है। तुम मुझे खोजोगे, लेकिन मैं तुम्हें नहीं मिलूँगा : और जहाँ मैं हूँ, वहाँ तुम आ नहीं सकते।
>
> *जॉन 7:33:34*

उसने जवाब दिया कि इसका मतलब यह है कि ईसा मसीह स्वर्ग चले गए। क्विम्बी ने उसे इसका वास्तविक अर्थ समझाया। उन्होंने बताया कि *उसके साथ थोड़े समय रहने* का मतलब उसके लक्षणों, भावनाओं और कारणों का स्पष्टीकरण है। उसे उस महिला की हालत पर करुणा और सहानुभूति होती है, लेकिन वह इस मानसिक अवस्था में नहीं रह सकता। अगला क़दम *उसके पास जाना है, जिसने हमें भेजा है।* क्विम्बी ने बताया कि इसका इशारा हम सभी में मौजूद ईश्वर की रचनात्मक शक्ति की ओर है।

क्विम्बी ने तत्काल अपने मन की यात्रा की और दैवी संपूर्णता पर मनन किया : यानी, ईश्वर की जीवंतता, बुद्धिमत्ता, सद्भाव और शक्ति बीमार व्यक्ति में काम कर रही है। उन्होंने महिला से कहा, "इसलिए जहाँ मैं हूँ, वहाँ तुम नहीं आ सकतीं, क्योंकि तुम अपने सँकरे, संकुचित विश्वास में रोगग्रस्त मौजूद हो, जबकि मैं स्वस्थ हूँ।"

इस प्रार्थना और स्पष्टीकरण का तत्काल परिणाम मिला और उस महिला के दिमाग़ का कायापलट हो गया। वह बिना बैसाखियों के चलने लगी! क्विम्बी ने कहा कि यह उनके सभी उपचारों में सबसे अनूठा था। वह बिलकुल ग़लत थी और उसे सजीव करना या सत्य समझाना मुर्दे को जीवित करने जैसा था। क्विम्बी ने ईसा मसीह के पुनर्जीवन (resurrection) को उस महिला के ख़ुद के स्वास्थ्य पर लागू किया। इसका उस महिला पर सशक्त प्रभाव पड़ा। क्विम्बी ने यह भी स्पष्ट किया कि उसने जो सच स्वीकार किया था, वह ऐसा देवदूत या विचार था, जो डर, अज्ञान और अंधविश्वास के पत्थर को लुढ़का देता था। इससे ईश्वर की उपचारक शक्ति मुक्त हुई, जिसने उसे स्वस्थ कर दिया।

आदेश विधि

हमारे शब्दों में शक्ति उनके पीछे की भावना और विश्वास के अनुरूप आती है। जब हमें यह अहसास होता है कि हमारे शब्दों के पीछे दुनिया को हमारे पक्ष में चलाने वाली शक्ति है, तो हमारा आत्मविश्वास बढ़ जाता है। आप इसमें और ज़्यादा शक्ति जोड़ने की कोशिश नहीं करते हैं। इसमें किसी तरह का मानसिक दबाव, बलप्रयोग या मानसिक कुश्ती नहीं होनी चाहिए।

एक युवती ने आदेश विधि (decree method) का इस्तेमाल एक युवक पर किया, जो लगातार उसे फ़ोन करके तंग कर रहा था और डेटिंग पर चलने के लिए दबाव डाल रहा था। उससे छुटकारा पाना युवती को बहुत मुश्किल लग रहा था। जब वह उसके ऑफ़िस में भी आने लगा, तो युवती समझ गई कि अब उसे तत्काल कोई प्रभावी क़दम उठाना होगा।

दिन में कई बार वह ख़ुद को शांत अवस्था में लाकर बार-बार यह आदेश देने लगी :

> **मैं जे... आर... को ईश्वर के लिए मुक्त करती हूँ। वह हर समय अपनी सही जगह पर है। मैं स्वतंत्र हूँ और वह स्वतंत्र है। मैं अब आदेश देती हूँ कि मेरे शब्द असीमित मस्तिष्क में पहुँचकर इसे वास्तविक बना दें। ऐसा ही हो।**

उसने बताया कि युवक उसकी ज़िंदगी से तत्काल ग़ायब हो गया। वह उस युवती को दोबारा नहीं दिखा। वह कहती है, "ऐसा लगा, जैसे उसे ज़मीन निगल गई हो।"

> "तुम किसी चीज़ का आदेश दोगे, तो यह तुम्हारे सामने रख दी जाएगी और तुम्हारे रास्ते पर रोशनी जल जाएगी।"
>
> *जॉब 22:28*

वैज्ञानिक सच्चाई से लाभ लें

1. मानसिक इंजीनियर बनें और अधिक व्यापक तथा महान जीवन बनाने के लिए आज़माई हुई और सामयिक तकनीकों का प्रयोग करें।
2. आपकी मनोकामना आपकी प्रार्थना है। इसी समय अपनी मनोकामना

पूरी होने की तसवीर बनाएँ और इसकी वास्तविकता महसूस करें। आपकी मनोकामना सचमुच पूरी हो जाएगी।

3. चीज़ों को आसान तरीक़े से हासिल करने की इच्छा करें - मानसिक विज्ञान की अचूक मदद से।
4. आप अपने मन के स्टूडियो में सोचे गए विचारों से अच्छी सेहत, सफलता और ख़ुशी की तसवीरें बना सकते हैं।
5. वैज्ञानिक रूप से प्रयोग करते रहें, जब तक कि आप ख़ुद के सामने यह साबित नहीं कर दें कि आपकी चेतन सोच पर आपके अवचेतन मन की असीमित बुद्धिमत्ता की हमेशा सीधी प्रतिक्रिया होती है।
6. अपनी मनोकामना की निश्चित उपलब्धि के पूर्वानुमान में ख़ुशी और आराम अनुभव करें। आप अपने मस्तिष्क में जो तसवीर रखें, वह उन चीज़ों की होनी चाहिए, जिनकी उम्मीद तो हो, लेकिन प्रमाण नहीं हो।
7. एक मानसिक तसवीर हज़ार शब्दों के बराबर है। आप आस्था से अपने मन में जिस तसवीर को रखेंगे, आपका अवचेतन उसे हक़ीक़त में बदल देगा।
8. प्रार्थना में किसी तरह की जबरन कोशिश या मानसिक दबाव का प्रयोग नहीं करें। उनींदी, निष्क्रिय अवस्था में पहुँच जाएँ और इस अहसास के साथ सोने जाएँ कि आपकी प्रार्थना का जवाब मिल रहा है।
9. याद रखें, कृतज्ञ हृदय हमेशा ब्रह्मांड की समृद्धि के क़रीब होता है।
10. सकारात्मक घोषणा करने का मतलब यह कहना है कि ऐसा ही है और विपरीत प्रमाणों के बावजूद जब आप इस मानसिक नज़रिए को सच मानते हैं, तो आपको प्रार्थना का जवाब मिलेगा।
11. ईश्वर के प्रेम और महिमा के बारे में सोचकर सद्भाव, सेहत और शांति की लहरें उत्पन्न करें।
12. आप जो आदेश देते हैं और जिसे सच महसूस करते हैं, वह सच हो जाएगा। सद्भाव, सेहत, शांति और समृद्धि के आदेश दें।

7 अवचेतन का झुकाव जीवन की तरफ़ है

आपका नब्बे प्रतिशत से अधिक मानसिक जीवन अवचेतन है। अगर आप इस अद्भुत शक्ति का प्रयोग नहीं करेंगे, तो आप बहुत संकीर्ण सीमाओं में जीने के लिए अभिशप्त होंगे।

आपके अवचेतन की प्रक्रियाएँ हमेशा सृजनात्मक जीवन की तरफ़ होती हैं। आपका अवचेतन आपके शरीर का निर्माता है और इसके सभी महत्त्वपूर्ण कार्य करता है। यह हर दिन चौबीसों घंटे काम करता है और कभी नहीं सोता है। यह हमेशा आपकी मदद करने और आपको नुक़सान से बचाने की कोशिश करता है।

आपका अवचेतन मन असीम जीवन और असीम बुद्धिमत्ता के संपर्क में रहता है। इसके आवेग और विचार का रुख़ हमेशा जीवन की ओर होता है। अधिक व्यापक व उदात्त जीवन की महत्वाकांक्षाएँ, प्रेरणाएँ और सपने अवचेतन से ही उत्पन्न होते हैं। आपके सबसे गहन विश्वास वे होते हैं, जिनके बारे में आप तर्क-वितर्क नहीं कर सकते, क्योंकि वे आपके चेतन मन से नहीं, बल्कि आपके अवचेतन मन से आते हैं।

आपका अवचेतन आपसे अंतर्ज्ञान, आवेगों, अनुभूतियों, संकेतों, मनोकामनाओं और विचारों के ज़रिये बात करता है। यह हमेशा आपको प्रेरित करता है कि उठो, बाधाएँ पार करो, विकास करो, आगे बढ़ो, रोमांच हासिल करो और ज़्यादा ऊँचाई पर पहुँचो। प्रेम करने या दूसरों का जीवन बचाने की इच्छा आपके अवचेतन की गहराइयों से आती है। उदाहरण के लिए, 18 अप्रैल 1906 को सैन फ्रांसिस्को में भीषण भूकंप आया तथा

अग्निकांड हुआ। जो बीमार और अपाहिज लोग लंबे समय से बिस्तर पर पड़े थे, वे भी संकट की इस घड़ी में उठ बैठे और उन्होंने बहादुरी तथा शक्ति के कई आश्चर्यजनक काम कर दिखाए। उनमें दूसरों को हर क़ीमत पर बचाने की प्रबल इच्छा जाग्रत हुई और उनके अवचेतन ने उसके अनुरूप प्रतिक्रिया की।

महान कलाकार, संगीतकार, कवि, वक्ता और लेखक अपनी अवचेतन शक्तियों के साथ सामंजस्य बना लेते हैं और प्रेरित हो जाते हैं। रॉबर्ट लुई स्टीवेंसन सोने से पहले अपने अवचेतन को प्रेरित करते थे कि नींद के दौरान वह उनके लिए कहानियाँ खोजे। जब भी उनके बैंक ख़ाते में पैसे कम हो जाते थे, तो वे हमेशा अपने अवचेतन को एक अच्छा, बिकने वाला उपन्यास देने को कहते थे। स्टीवेंसन ने बताया है कि उनके अवचेतन मन की बुद्धिमत्ता ने उन्हें कहानी सीरियल की तरह टुकड़ों में दी। इससे पता चलता है कि आपका अवचेतन आपके माध्यम से कितनी महान और समझदारी भरी बातें व्यक्त करता है, जिनके बारे में आपका चेतन मन ज़रा भी नहीं जानता है।

मार्क ट्वेन ने कई बार बताया था कि उन्होंने जीवन में कभी काम नहीं किया। उनका सारा हास्य और महान लेखन अवचेतन मन के अथाह भंडार का लाभ उठाने की योग्यता का परिणाम था।

किस तरह शरीर मस्तिष्क की कार्यविधि को चित्रित करता है

आपके चेतन और अवचेतन मन की अंतर्क्रिया के लिए तंत्रिकाओं के सामंजस्यपूर्ण सिस्टम्स के बीच भी उसी तरह की अंतर्क्रिया की ज़रूरत होती है। सेरिब्रोस्पाइनल या स्वैच्छिक तंत्र चेतन मन का अंग है। स्वंतत्र तंत्र (autonomic system) अवचेतन मन का अंग है। स्वैच्छिक तंत्र द्वारा आप अपनी शारीरिक इंद्रियों से अनुभूति पाते हैं और शरीर की गतिविधियों पर स्वैच्छिक नियंत्रण करते हैं। इस सिस्टम का नियंत्रण केंद्र मस्तिष्क के सेरीब्रल कॉर्टेक्स में है।

स्वतंत्र तंत्रिका तंत्र को कई बार अनैच्छिक तंत्रिका तंत्र भी कहा जाता है। इसकी गतिविधि के केंद्र मस्तिष्क के दूसरे हिस्सों में होते हैं, जिनमें सेरिबलम, ब्रेन स्टैम और एमिगडेला शामिल हैं। इन अंगों के शरीर के

महत्त्वपूर्ण तंत्रों के साथ अपने संबंध होते हैं और वे उनके महत्त्वपूर्ण कार्यों में मदद करते हैं, चाहे सचेतन जागरूकता नहीं हो।

ये तंत्र अलग-अलग या एक साथ काम कर सकते हैं। उदाहरण के लिए, जब ख़तरे की अनुभूति सेरिबलम के स्विचिंग केंद्र पर पहुँचती है, तो संदेश चेतन कॉर्टेक्स और अवचेतन एमिगडेला दोनों को भेजे जाते हैं। हो सकता है कि चेतन रूप से ख़तरे को पहचानने और उसका मूल्यांकन करने से पहले ही व्यक्ति का रक्षात्मक तंत्र दोनों ख़तरे पर प्रतिक्रिया करने लगे।

मानसिक और शारीरिक अंतर्संबंध को देखने का एक आसान तरीक़ा यह अहसास करना है कि आपका चेतन मन किसी विचार को पकड़ लेता है, जो आपकी तंत्रिकाओं के स्वैच्छिक तंत्र के संवेगों के अनुरूप शृंखला है। आपकी तंत्रिका के अनैच्छिक तंत्र में इसी तरह का एक प्रवाह उत्पन्न होता है, जिससे विचार आपके अवचेतन मन तक पहुँच जाता है, जो आपका रचनात्मक साधन है। इसी तरह आपके विचार वस्तुओं में बदल जाते हैं।

आपके चेतन मन द्वारा सोचा और सच माना गया हर विचार आपके कॉर्टेक्स द्वारा मस्तिष्क के अन्य अंगों तक भेजा जाता है, जो आपके अवचेतन मन का साथ देते हैं। फिर अवचेतन मन इसे आपके शरीर में बनाता है और वास्तविकता के रूप में आपके संसार में लाता है।

एक बुद्धि है, जो शरीर की देखभाल करती है

जब आप कोशिकाओं और अंगों की संरचना का अध्ययन करते हैं, जैसे आँखें, कान, दिल, लिवर, ब्लैडर आदि, तो आप पाते हैं कि उनमें कोशिकाओं का समूह सामूहिक बुद्धि का निर्माण करता है, ताकि सामंजस्य में काम हो सके। वे आदेश लेने और मास्टर माइंड (चेतन मस्तिष्क) के सुझावों का पालन करने में सक्षम होते हैं।

एक कोशीय जीव के अध्ययन से यह पता चलता है कि आपके जटिल शरीर में क्या चलता रहता है। हालाँकि एक कोशीय जीव में कोई अंग नहीं होते हैं, लेकिन इसके बावजूद यह गति, पाचन, पोषण, उत्सर्जन के मूलभूत कार्य करके मस्तिष्क की क्रिया और प्रतिक्रिया के प्रमाण देता है।

कई लोग कहते हैं कि एक बुद्धि आपके शरीर की देखभाल करती है, बशर्ते आप इसे काम करने दें। यह एक तरह से सच है। मुश्किल यह है

कि चेतन मन हमेशा बाहरी अनुभूति और इंद्रियगत प्रमाण के कारण इसमें हस्तक्षेप करता है। इससे झूठे विश्वास, डर और राय बलवान हो जाते हैं। जब आपके अवचेतन मन में मनोवैज्ञानिक, भावनात्मक कंडीशनिंग द्वारा डर, झूठे विश्वास और नकारात्मक ढाँचे दर्ज होते हैं, तो अवचेतन मन के पास इसे दिए जा रहे ब्लूप्रिंट पर काम करने के अलावा कोई रास्ता नहीं बचता है।

अवचेतन मन निरंतर सामान्य हित में काम करता है

आपका कल्पनावादी मन निरंतर सामान्य हित में काम करता है और सभी चीज़ों के पीछे सामंजस्य के निहित सिद्धांत को प्रदर्शित करता है। आपके अवचेतन मन की अपनी ख़ुद की इच्छा है और यह अपने आप में बहुत वास्तविक है। आप चाहें या नहीं चाहें, यह दिन-रात काम करता है। यह आपके शरीर का निर्माता है, लेकिन आप इसके निर्माण को देख, सुन या महसूस नहीं कर सकते। यह बिलकुल ख़ामोश प्रक्रिया है। आपके अवचेतन का अपना ख़ुद का जीवन है, जो हमेशा सामंजस्य, सेहत और शांति की ओर होता है। इसके भीतर दैवी मानदंड है, जो आपके माध्यम से हर समय अभिव्यक्ति चाहता है।

इंसान सद्भाव के निहित सिद्धांत के साथ कैसे हस्तक्षेप करते हैं

सही या वैज्ञानिक तरीक़े से सोचने के लिए हमें “सत्य” मालूम होना चाहिए। जैसा प्राचीन कहावत कहती है, “आपको सच्चाई जाननी होगी; सत्य आपको मुक्त कर देगा।” सच्चाई जानना अवचेतन मन की असीमित बुद्धि और शक्ति के सामंजस्य में रहना है, क्योंकि अवचेतन का झुकाव हमेशा जीवन की दिशा में रहता है।

जाने-अनजाने में किया गया हर असामंजस्यपूर्ण विचार या कर्म हर तरह के विवाद और सीमाएँ पैदा कर देगा। वैज्ञानिक बताते हैं कि हर ग्यारह महीनों में आपका शरीर नया बन जाता है। इसका मतलब है कि शारीरिक दृष्टि से आप सिर्फ़ ग्यारह महीने बूढ़े हैं। अगर आप डर, क्रोध, ईर्ष्या और दुर्भावना के विचारों से अपने शरीर में दोबारा दोष आने देते हैं, तो इसमें आपके सिवा और कोई दोषी नहीं है।

आप अपने कुल विचारों का योग हैं। आप नकारात्मक विचार और छवियाँ रखने से इनकार कर सकते हैं। अँधेरे से छुटकारा पाने का तरीक़ा रोशनी है। ठंड से उबरने का तरीक़ा गर्मी है। नकारात्मक सोच से उबरने का तरीक़ा सकारात्मक विचार रखना है। अच्छाई की घोषणा करें, बुराई अपने आप ग़ायब हो जाएगी।

सेहतमंद, जीवंत और शक्तिशाली बनना स्वाभाविक क्यों है; बीमार होना अस्वाभाविक क्यों है

औसत बच्चा दुनिया में बिलकुल स्वस्थ आता है और इसके सभी अंग सटीकता से काम करते हैं। यही सामान्य अवस्था है। हमें स्वस्थ, जीवंत और शक्तिशाली होना चाहिए। आत्म-रक्षा की अनुभूति मानव स्वभाव की सबसे प्रबल अनुभूति है। यह आपके स्वभाव में निहित सबसे शक्तिशाली, हमेशा मौजूद और लगातार काम करने वाली सच्चाई है। जब आपके विचार और विश्वास हमेशा आपकी रक्षा करने वाले जीवन-सिद्धांत के सामंजस्य में होंगे, तो वे अधिक क्षमता से कार्य करेंगे। इससे यह निष्कर्ष निकलता है कि असामान्य परिस्थितियों के बजाय सामान्य परिस्थितियाँ ज़्यादा आसानी और निश्चितता से वापस पाई जा सकती हैं।

बीमार होना असामान्य है। बीमारी का यह अर्थ है कि आप जीवन की धारा के विपरीत जा रहे हैं और नकारात्मक सोच रहे हैं। जीवन का नियम विकास का नियम है। पूरी प्रकृति ख़ामोशी से लगातार धीरे-धीरे विकास करके इस नियम के प्रमाण देती है। जहाँ भी विकास और अभिव्यक्ति है, वहाँ जीवन है। जहाँ जीवन है, वहाँ सामंजस्य है। और जहाँ सामंजस्य है, वहाँ आदर्श स्वास्थ्य है।

अगर आपकी सोच आपके अवचेतन मन के रचनात्मक सिद्धांत के सामंजस्य में है, तो आप सामंजस्य के निहित सिद्धांत का लाभ उठा रहे हैं। अगर आपके विचार सामंजस्य के सिद्धांत के अनुरूप नहीं हैं, तो ये आपसे चिपक जाएँगे, आपको सताएँगे, आपको चिंतित करेंगे और अंततः बीमारी उत्पन्न कर देंगे। अगर इसके बाद भी इन विचारों को नहीं छोड़ा गया, तो शायद मृत्यु भी उत्पन्न कर देंगे।

बीमारी के उपचार में आपको अपने पूरे तंत्र में अवचेतन मन की महत्त्वपूर्ण शक्तियों का प्रवाह और फैलाव बढ़ाना होगा। डर, चिंता, तनाव,

ईर्ष्या, नफ़रत और अन्य हर विनाशक विचार को हटाकर ऐसा किया जा सकता है। ये विचार आपकी तंत्रिकाओं और ग्रंथियों को कमज़ोर तथा नष्ट कर देते हैं - बॉडी टिशू को भी, जो सारे अवशिष्ट पदार्थों के उत्सर्जन को नियंत्रित करता है और शरीर को साफ़ रखता है।

रीढ़ की टी.बी. ठीक हुई

पॉट्स डिसीज़ (Pott's disease) या रीढ़ की टी.बी. बच्चों की भयंकर बीमारी होती है। इंडियाना के इंडियानापोलिस में रहने वाले फ्रेडरिक एंड्रूज़ को यह बीमारी हो गई। इससे वह अपाहिज हो गया। वह पैरों से नहीं चल सकता था और उसे हाथों तथा घुटनों के बल चलना पड़ता था। डॉक्टर ने इस बीमारी को लाइलाज घोषित कर दिया।

एंड्रूज़ को यह फ़ैसला मंजूर नहीं था। वह प्रार्थना करने लगा। उसने अपनी सकारात्मक घोषणा तैयार की। इसे उसने दिन में कई बार दोहराया और मानसिक रूप से आवश्यक गुणों को ग्रहण किया :

> **मैं पूर्ण, आदर्श, सशक्त, शक्तिशाली, प्रेमपूर्ण, सामंजस्यपूर्ण और ख़ुश हूँ।**

सोते-जागते यही प्रार्थना उसके होंठों पर रहती थी। वह दूसरों के लिए भी प्रार्थना करता था और प्रेम तथा सेहत के विचार भेजता था। मानसिक नज़रिया और प्रार्थना का यह तरीक़ा कई गुना होकर उसके पास लौटा। आस्था और लगन से उसे काफ़ी फ़ायदा हुआ। मन में डर, क्रोध, ईर्ष्या या जलन के विचार आने पर वह तत्काल सकारात्मक घोषणा करने लगता था। उसके अवचेतन मन ने उसकी आदतन सोच की प्रकृति के अनुरूप प्रतिक्रिया की। वह सशक्त और स्वस्थ बन गया।

पवित्र ग्रंथ के इस कथन का यही अर्थ है :

> अपने रास्ते जाओ, तुम्हारी आस्था ने तुम्हें पूर्ण बना दिया है।
>
> *मार्क 10:52*

अवचेतन शक्तियों में आस्था आपका इलाज करती है

एक युवक अवचेतन मन की उपचारक शक्ति पर मेरे भाषण सुनने आता था। उसकी आँखों में गंभीर समस्या थी। नेत्र विशेषज्ञ ने उससे कहा कि उसे एक नाज़ुक और ख़तरनाक ऑपरेशन कराना होगा। प्रार्थना के वैज्ञानिक आधार के बारे में सीखने के बाद इस युवक ने ख़ुद से कहा, "मेरे अवचेतन ने मेरी आँखें बनाई हैं, इसलिए यह मेरा उपचार कर सकता है।"

हर रात को सोने से पहले वह निष्क्रिय, ध्यान की अवस्था यानी नींद जैसी अवस्था में जाता था। उसका ध्यान नेत्र विशेषज्ञ पर केंद्रित था। उसने कल्पना में डॉक्टर को साफ़ देखा और यह कहते सुना, "चमत्कार हो गया है!" उसने हर रात सोने से पहले पाँच मिनट तक यह बार-बार सुना। तीन सप्ताह बाद वह एक बार फिर नेत्र विशेषज्ञ के पास गया, जिसने उसकी आँखों की जाँच की। डॉक्टर को जब यक़ीन नहीं हुआ, तो उसने उसकी दोबारा जाँच की और हैरानी से बोला, "यह तो चमत्कार हो गया!"

क्या हुआ था? इस व्यक्ति ने नेत्र विशेषज्ञ के काल्पनिक शब्दों के माध्यम से अपने अवचेतन मन पर छाप छोड़ी थी, ताकि इसे विश्वास दिलाया जा सके और विचार पहुँचाया जा सके। दोहराव, आस्था और उम्मीद से उसने अपने अवचेतन मन में यह विचार भरा। उसके अवचेतन मन ने उसकी आँखें ठीक कर दीं। अवचेतन मन में आँख की सामान्य, स्वस्थ अवस्था का आदर्श ब्लूप्रिंट था। जब यह आँख को स्वस्थ करने के विचार से भर गया, तो तत्काल आँख का उपचार करने लगा। यह उदाहरण इस बात का प्रमाण है कि अवचेतन की उपचारक शक्ति में आस्था आपका इलाज कर सकती है।

समीक्षा के बिंदु

1. आपका अवचेतन आपके शरीर का निर्माता है और हर दिन चौबीसों घंटे काम करता है। आप नकारात्मक सोच द्वारा इसके जीवनदायी ब्लूप्रिंट में हस्तक्षेप करते हैं।
2. सोने से पहले अपने अवचेतन को किसी समस्या का जवाब खोजने का काम सौंपें; यह उसे कर देगा।
3. अपने विचारों पर नज़र रखें। जिस विचार को सच मान लिया जाता

है, उसे आपका चेतन कॉर्टेक्स अवचेतन मस्तिष्क तंत्र तक भेज देता है और फिर यह वास्तविकता बनकर आपकी दुनिया में प्रकट हो जाता है।

4. जान लें कि आप अपने अवचेतन मन को नया ब्लूप्रिंट देकर ख़ुद को दोबारा बना सकते हैं।
5. आपके अवचेतन का झुकाव हमेशा जीवन की तरफ़ होता है। अपने अवचेतन मन में वही आधार-वाक्य भरें, जिसे आप सच करना चाहते हों। आपका अवचेतन हमेशा आपके आदतन मानसिक विचारतंत्र के अनुरूप परिणाम देगा।
6. आपका शरीर हर ग्यारह महीने में नया बन जाता है। अपने विचार बदलकर अपने शरीर को बदल दें।
7. स्वस्थ होना सामान्य है; बीमार होना असामान्य है। यही सामंजस्य का निहित सिद्धांत है।
8. ईर्ष्या, डर, चिंता और तनाव आपकी तंत्रिकाओं तथा ग्रंथियों को कमज़ोर या नष्ट कर देते हैं, जिससे सभी तरह की मानसिक और शारीरिक बीमारियाँ उत्पन्न होती हैं।
9. आप चेतन रूप से जिसमें विश्वास करेंगे और जिसे सच मानेंगे, वह आपके मस्तिष्क, शरीर और परिस्थितियों में प्रकट हो जाएगा। अच्छाई की घोषणा करें और जीवन की ख़ुशी पाएँ।

8 मनचाहे परिणाम कैसे पाएँ

सभी प्रार्थनाएँ सफल नहीं होती हैं। हर व्यक्ति यह बात जानता है। संदेहवादी इससे यह निष्कर्ष निकालते हैं कि प्रार्थना काम नहीं करती है। वे इस बात को नज़रअंदाज़ कर देते हैं कि सफल प्रार्थना के लिए इसका कारगर प्रयोग होना चाहिए और इसके वैज्ञानिक आधार की स्पष्ट समझ होनी चाहिए। सिर्फ़ तभी हम जान सकते हैं कि कोई ख़ास प्रार्थना कारगर क्यों नहीं हुई और इसे ज़्यादा असरदार बनाने के लिए हमें कौन सा व्यावहारिक तरीक़ा अपनाना चाहिए।

अगर आप पाएँ कि आपकी प्रार्थनाओं का अपेक्षित परिणाम नहीं मिल रहा है, तो क्या करें? आपको इस असफलता के प्रमुख कारणों को समझ लेना चाहिए। ये हैं : विश्वास की कमी और बहुत ज़्यादा कोशिश। कई लोग अपने अवचेतन मन की कार्यविधि को पूरी तरह नहीं समझ पाने के कारण अपनी प्रार्थनाओं को ख़ुद असफल कर लेते हैं। जब आप जान जाते हैं कि आपका मस्तिष्क कैसे काम करता है, तो आपमें आत्मविश्वास आ जाता है।

आपको याद रखना होगा कि आपका अवचेतन मन किसी विचार को स्वीकार करते ही उस पर तत्काल अमल करने लगता है। यह उस लक्ष्य को पाने में एड़ी-चोटी का ज़ोर लगा देता है। यह आपके अधिक गहरे मन के सभी मानसिक और आध्यात्मिक नियमों को सक्रिय कर देता है। यह नियम अच्छे विचारों के साथ-साथ बुरे विचारों पर भी लागू होता है। अगर आप अपने अवचेतन मन का नकारात्मक प्रयोग करते हैं, तो यह मुश्किल,

असफलता और दुविधा पैदा करता है। जब आप इसका सृजनात्मक प्रयोग करते हैं, तो यह मार्गदर्शन, स्वतंत्रता और मानसिक शांति प्रदान करता है।

अगर आपके विचार सकारात्मक, सृजनात्मक और प्रेमपूर्ण हैं, तो सही जवाब ज़रूर मिलेगा। इससे यह स्पष्ट हो जाता है कि आपको असफलता से उबरने के लिए बस एक ही काम करना है। वह काम है अपने विचार या आग्रह को अपने अवचेतन से स्वीकृत करवाना। इसकी वास्तविकता को महसूस करें, बाक़ी का काम आपके मस्तिष्क का नियम कर देगा। अपने आग्रह को आस्था और विश्वास से सौंपें। तभी आपका अवचेतन उस पर काम करेगा और आपकी इच्छा को हक़ीक़त में बदल देगा।

जब भी आप अपने अवचेतन मन पर किसी काम को करने का दबाव डालेंगे, तो आप असफल हो जाएंगे। जो परिणाम आप चाहते हैं, वे क़रीब आने के बजाय ज़्यादा दूर हो जाएँगे। आपका अवचेतन मन मानसिक दबाव पर प्रतिक्रिया नहीं करता है। यह तो आपकी आस्था या चेतन मन की स्वीकृति पर प्रतिक्रिया करता है।

परिणाम पाने में असफल होने का कारण यह भी हो सकता है कि आप मानसिक रूप से ऐसी बातें कह रहे हों :

- स्थिति बिगड़ती जा रही है।
- मेरी इच्छा कभी पूरी नहीं होगी।
- मुझे कोई रास्ता नहीं दिख रहा है।
- कोई उम्मीद नहीं है।
- मुझे नहीं पता कि क्या करना है।
- मैं उलझन में हूँ।

जब आप इस तरह की बातें सोचते हैं, तो आपको अवचेतन मन की ओर से कोई प्रतिक्रिया या सहयोग नहीं मिलता है। समय काटते सैनिक की तरह ना तो आप आगे बढ़ते हैं, ना ही पीछे हटते हैं। दूसरे शब्दों में, आप कहीं नहीं पहुँच पाते हैं।

मान लीजिए आप किसी टैक्सी में बैठें और ड्राइवर को आधा दर्जन अलग-अलग जगहें बता दें। वह बुरी तरह बौखला जाएगा। हो सकता है, वह आपको कहीं भी ले जाने से इनकार कर दे। अगर वह आपके निर्देशों

का पालन करने की कोशिश भी करे, तो संभवतः वह ऐसा नहीं कर पाएगा। कोई नहीं जानता कि आप कहाँ पहुँचेंगे।

ऐसा ही तब होता है, जब आप अपने अवचेतन मन की विशाल शक्तियों के साथ काम करते हैं। आपके मन में एक स्पष्ट विचार होना चाहिए। आपको एक निश्चित निर्णय पर पहुँचना चाहिए कि कोई रास्ता है, बीमारी या परेशान करने वाली समस्या का कोई समाधान है। सिर्फ़ आपके अवचेतन के भीतर की असीमित बुद्धिमत्ता जवाब जानती है। जब आप अपने चेतन मन में इस स्पष्ट निष्कर्ष पर पहुँचते हैं, तो आपका मस्तिष्क फ़ैसला कर लेता है और आपको अपने विश्वास के अनुरूप फल मिलता है।

आराम से काम अच्छी तरह होता है

एक व्यक्ति की अँगीठी कड़ाके की ठंड में ख़राब हो गई। उसने मैकेनिक को बुलाया, जो फ़ौरन आ गया। उसने आधे घंटे में अँगीठी ठीक कर दी और मालिक को 200 डॉलर का बिल थमा दिया।

"क्या!" बिल देखकर मालिक गुस्से से चिल्लाया। "इसमें तुम्हें ज़रा भी समय नहीं लगा। तुमने किया क्या है, बस एक छोटा सा पुर्ज़ा ही तो बदला है? इस छोटे से पुर्ज़े के 200 डॉलर माँगने की तुम्हारी हिम्मत कैसे हुई? इसकी क़ीमत तो पाँच डॉलर भी नहीं होगी!

मैकेनिक कंधे उचकाकर बोला, "मैंने उस टूटे पुर्ज़े के तो आपसे सिर्फ़ दो डॉलर ही लिए हैं। मैंने इसे इतने में ही ख़रीदा था।"

मकान मालिक ने उसके चेहरे के सामने बिल लहराया। "दो डॉलर!" वह चिल्लाया। "इसमें तो 200 डॉलर लिखे हैं!"

"सही है," मैकेनिक बोला। "बाक़ी 198 डॉलर तो यह जानने के हैं कि गड़बड़ी क्या थी और उसे कैसे ठीक किया जाए।"

आपका अवचेतन मन मास्टर मैकेनिक है। वह सबसे समझदार है। वह आपके शरीर के किसी भी अंग को ठीक करने के रास्ते और तरीक़े जानता है। सेहत का आदेश दें; आपका अवचेतन सेहत का निर्माण कर देगा, लेकिन इस काम को आराम से करना ज़रूरी है। "आराम से अच्छी तरह होता है।"

विस्तृत विवरण और साधनों के बारे में सोच-सोचकर हताश होने की ज़रूरत नहीं है। बस इतना जान लें कि अंतिम परिणाम क्या होगा।

अपनी समस्या के सुखद समाधान को महसूस करें, चाहे यह सेहत, पैसे या लोक-व्यवहार से संबंधित हो। याद रखें कि गंभीर बीमारी से ठीक होने पर आपको कैसा महसूस हुआ था। यह कभी नहीं भूलें कि आपकी भावना अवचेतन प्रदर्शन का पैमाना है। आपको नए विचार को साकार रूप में पूरी निष्ठा से महसूस करना चाहिए, भविष्य में होने वाली घटना की तरह नहीं, बल्कि इस तरह, जैसे यह दरअसल इसी समय हो रही हो।

इच्छाशक्ति नहीं, कल्पनाशक्ति का इस्तेमाल करें

अवचेतन मन की शक्तियों की मदद लेना किसी बाधा के ख़िलाफ़ संघर्ष करने की तरह नहीं है। ज़्यादा कड़ी मेहनत करने से ज़्यादा अच्छे परिणाम नहीं मिलते हैं। इच्छाशक्ति का ज़रा भी प्रयोग नहीं करें। इसके बजाय इसके कारण मिलने वाले परिणाम और स्वतंत्रता की साकार तसवीर देखें। आप पाएँगे कि आपकी बुद्धि टाँग अड़ाने, समस्या को सुलझाने के तरीक़े खोजने और आपके अवचेतन पर उन तरीक़ों को थोपने की कोशिश करेगी।

इसका प्रतिरोध करें। समस्या सुलझाने के अपने बौद्धिक प्रयासों को दूर हटा दें। बच्चे जैसी, चमत्कार करने वाली, सरल आस्था रखने में जुटे रहें। यह तसवीर देखें कि आपको कोई रोग या समस्या नहीं है। अपनी मनचाही स्थिति की भावनात्मक संतुष्टि की कल्पना करें। इस प्रक्रिया से सारी जटिलताएँ हटा दें। सरल तरीक़ा सबसे अच्छा होता है।

अनुशासित कल्पना कैसे चमत्कार करती है

अपने अवचेतन मन से प्रतिक्रिया पाने का एक अद्‌भुत तरीक़ा अनुशासित या वैज्ञानिक कल्पनाशक्ति का प्रयोग करना है। जैसा हम देख चुके हैं, अवचेतन मन शरीर का आर्किटेक्ट और निर्माता है। यह आपकी सभी महत्त्वपूर्ण कार्यप्रणालियों को नियंत्रित करता है।

एक पवित्र ग्रंथ कहता है, *आप प्रार्थना में जो भी माँगेंगे, विश्वास करने पर आपको मिलेगा।* विश्वास करना किसी चीज़ को सच मानना है, इसके होने की उम्मीद में जीना है। जब आप इस अवस्था में रहते हैं, तो आपकी प्रार्थना पूरी हो जाएगी।

प्रार्थना में सफलता पाने के तीन क़दम

सफल प्रार्थना के लिए तीन मूलभूत क़दमों की ज़रूरत होती है :

1. समस्या को स्वीकार करें या मानें।
2. समस्या को अवचेतन मन के हवाले कर दें। सिर्फ़ वही इसे सुलझाने का सबसे प्रभावी समाधान जानता है।
3. गहन विश्वास की शांत अनुभूति रखें कि यह काम हो चुका है।

झिझक और शंकाएँ आपकी प्रार्थना को सिर्फ़ कमज़ोर करती हैं। ख़ुद से यह नहीं कहें, "काश! मैं ठीक हो जाता" या "मुझे उम्मीद है कि यह कारगर होगा।" जो काम होना है, उसके बारे में आपकी भावना से ही परिणाम तय होता है। मान लें कि आपको सामंजस्य अवश्य मिलेगा। आपको सेहत अवश्य मिलेगी।

अवचेतन मन की असीमित उपचारक शक्ति का ज़रिया बनकर आप प्रभावी बनते हैं। सेहत के विचार को अवचेतन मन तक पूरे विश्वास के साथ पहुँचाएँ; फिर आराम से बैठ जाएँ। ख़ुद को इसकी शक्ति के भरोसे छोड़ दें। हर स्थिति और परिस्थिति में कहें, "यह भी गुज़र जाएगा।" आराम और विश्वास के साथ आप अवचेतन मन में विचार भरते हैं। इससे विचार के पीछे की गतिमान ऊर्जा को क्रियाशील होने और विचार को साकार करने की सामर्थ्य मिलती है।

आपको प्रार्थना के विपरीत परिणाम क्यों मिल सकते हैं

एमाइल कूए मशहूर फ़्रांसीसी मनोवैज्ञानिक हैं, जिनके अमेरिका में बहुत से प्रशंसक हैं। उन्होंने एक महत्त्वपूर्ण बात कही थी :

> **जब आपकी इच्छाओं और कल्पना में संघर्ष होगा, तो हर बार आपकी कल्पना की जीत होगी।**

वे इसे विपरीत प्रयास का नियम कहते हैं।

मान लें, आपसे ज़मीन पर रखे एक सँकरे पटिए पर चलने को कहा जाए। आप बिना कोई सवाल किए ऐसा आसानी से कर लेंगे। लेकिन मान

लें, वही पटिया बीस फ़ुट ऊँची दो दीवारों के बीच रखा हो। क्या आप उस पर चलेंगे? क्या आप ऐसा कर पाएँगे?

शायद नहीं। पटिए को पार करने की आपकी इच्छा आपकी कल्पना से संघर्ष करेगी। आप कल्पना करने लगेंगे कि आप पटिए पर लड़खड़ा रहे हैं और उतनी ऊँचाई से ज़मीन पर गिर रहे हैं। हो सकता है पटिए पर चलने का आपका बहुत मन हो, लेकिन गिरने का डर आपको रोक देगा। आप अपनी कल्पना पर विजय हासिल करने या इसे दबाने की जितनी कोशिश करेंगे, गिरने का विचार उतना ही मज़बूत होगा।

"मैं अपनी असफलता से उबरने के लिए इच्छाशक्ति का प्रयोग करूँगा" का विचार असफलता के विचार को प्रबल बनाता है। मानसिक प्रयास अक्सर आत्म-पराजय की ओर ले जाता है और चाहे गए परिणाम का विपरीत परिणाम उत्पन्न कर देता है। इच्छाशक्ति लगाने पर ध्यान केंद्रित करना इस बात पर ज़ोर देना है कि आपमें शक्ति की कमी है। यह तो इस तरह का फ़ैसला करना है कि आप हरे हिप्पोपोटेमस के बारे में बिलकुल नहीं सोचेंगे। इस निर्णय से हरा हिप्पोपोटेमस आपके दिमाग़ पर हावी हो जाता है और अवचेतन हमेशा सबसे प्रबल विचार पर प्रतिक्रिया करता है। आपका अवचेतन दो विरोधी विचारों में से अधिक प्रबल विचार को स्वीकार कर लेगा।

शायद आप यह सोच रहे हों :

- मैं सेहत चाहता हूँ; मुझे यह क्यों नहीं मिलती है?
- मैं बहुत ज़्यादा कोशिश कर रहा हूँ, मुझे परिणाम क्यों नहीं मिल रहा है?
- मुझे जमकर प्रार्थना करने के लिए ख़ुद को विवश करना होगा।
- मुझे अपनी सारी इच्छाशक्ति का प्रयोग करना होगा।

आपको यह अहसास करना होगा कि आपसे कहाँ ग़लती हो रही है। देखिए, आप बहुत ज़्यादा कोशिश कर रहे हैं! कभी भी अपने अवचेतन को मजबूर करने की कोशिश नहीं करें। कभी भी अपनी इच्छाशक्ति द्वारा उससे अपना विचार स्वीकृत करवाने की कोशिश नहीं करें। इस तरह की कोशिशों का नाकामयाब होना तय है। इस तरह अक्सर आपको उस चीज़

की विपरीत चीज़ मिलती है, जिसके लिए आपने प्रार्थना की है। प्रयासहीन तरीक़ा ज़्यादा अच्छा है।

क्या आपके साथ ऐसी कोई घटना हुई है? मान लें आप किसी तरह की परीक्षा में बैठे हैं। आपने पढ़ाई और सामग्री की समीक्षा में बहुत समय लगाया है। आपको लगता है कि आप बहुत कुछ जानते हैं। लेकिन परीक्षा में कोरी कॉपी को देखने पर आप पाते हैं कि आपका दिमाग़ तो उससे भी ज़्यादा कोरा है। विषय का सारा ज्ञान अचानक आपका साथ छोड़ गया है। आपको एक भी प्रासंगिक विचार याद नहीं आता है। आप अपने दाँत भींचते हैं और अपनी सारी इच्छाशक्ति का आह्वान करते हैं, लेकिन आप जितनी ज़्यादा कोशिश करते हैं, ज्ञान उतना ही ज़्यादा दूर पहुँच जाता है।

कुंठित होकर आप परीक्षा कक्ष से बाहर निकल आते हैं। मानसिक दबाव कम हो जाता है। जिन जवाबों की आप कुछ मिनट पहले तक इतनी बेताबी से तलाश कर रहे थे, अचानक वे अपने आप आपके दिमाग़ में प्रवाहित होने लगते हैं। आप उस विषय को जानते थे... लेकिन तब नहीं, जब आपको उसकी ज़रूरत थी। आपकी ग़लती यह थी कि आपने याद रखने के लिए ख़ुद को मजबूर करने की कोशिश की। विपरीत प्रयास के नियम के अनुसार इससे सफलता नहीं, बल्कि असफलता मिली। आपको उसका ठीक विपरीत परिणाग मिला, जो आपको चाहिए था या जिसके लिए आपने प्रार्थना की थी।

इच्छा और कल्पनाशक्ति के संघर्ष को हल करना चाहिए

मानसिक शक्ति या इच्छाशक्ति का प्रयोग करना यह मान लेना है कि कहीं न कहीं विरोध है। बहरहाल, विरोध की कल्पना करने से विरोध उत्पन्न हो जाता है। अगर आपका ध्यान मनचाही वस्तु को हासिल करने की बाधाओं पर केंद्रित है, तो इसका मतलब है कि यह आपके मनचाहे परिणाम को हासिल करने के साधन पर केंद्रित नहीं है।

एक धर्म ग्रंथ में कहा गया है :

> अगर आपमें से दो लोग दुनिया में किसी भी बात पर सहमत हो जाएँ और माँगें, तो स्वर्ग में बैठे मेरे पिता उन्हें दे देंगे।
>
> *मैथ्यू 18:19*

ये दो कौन हैं, जिनके बारे में बोला गया है? ये किसी विचार, इच्छा या मानसिक छवि पर आपके चेतन और अवचेतन के बीच के सामंजस्यपूर्ण मेल या सहमति के प्रतीक हैं। जब आपके मस्तिष्क के अलग-अलग हिस्सों में कोई संघर्ष नहीं होगा, तो आपकी प्रार्थना का परिणाम मिलेगा। जो दो लोग सहमत हैं, वे हो सकता है आप और आपकी इच्छा हों, आपका विचार और भावना या भाव हों, आपकी इच्छा और कल्पना हों।

अपनी इच्छाओं और कल्पना में सारे संघर्ष से बचने का तरीक़ा निष्क्रिय उनींदी अवस्था में पहुँचना है, जो सारे प्रयास को न्यूनतम कर देती है। चेतन मन उनींदी अवस्था में काफ़ी हद तक डूब जाता है। आपके अवचेतन को सराबोर करने का सबसे अच्छा समय सोने से ठीक पहले का है। ऐसा इस कारण है, क्योंकि अवचेतन सोने से ठीक पहले और जागने के ठीक बाद सबसे ज़्यादा सशक्त होता है। इस अवस्था में वे नकारात्मक विचार और तसवीरें नहीं रहती हैं, जो आपकी इच्छा को नकारती हैं और आपके अवचेतन मन द्वारा उनकी स्वीकृति को रोकती हैं। जब आप मनोकामना पूरी होने की वास्तविकता की कल्पना करते हैं और उपलब्धि का रोमांच महसूस करते हैं, तो आपका अवचेतन आपकी मनोकामना पूरी कर देता है।

बहुत से लोग अपनी सारी दुविधाओं और समस्याओं को अपनी नियंत्रित, निर्देशित तथा अनुशासित कल्पना से सुलझा लेते हैं। वे जानते हैं कि वे जो कल्पना करते हैं और जिसे सच महसूस करते हैं, वह होगा और अवश्य होगा।

शारा जी. नामक एक युवा महिला बड़ी हताशा में मेरे पास आई। वह एक लंबे, जटिल मुकदमे में उलझी थी, जिसकी तारीख़ें बढ़ती जा रही थीं और कोई अंत नज़र नहीं आ रहा था। उसकी सबसे गहन इच्छा मुकदमे का सामंजस्यपूर्ण समाधान थी। बहरहाल, उसकी मानसिक तसवीरें असफलता, हानि, दिवालिएपन और ग़रीबी से भरी थीं। परिणाम वैसा ही मिला, जैसी कूए ने भविष्यवाणी की थी। उसकी कल्पनाशक्ति उसकी इच्छा पर हावी हो गई और मुकदमा टलता रहा।

मेरे सुझाव पर शारा हर रात सोते समय ख़ुद को उनींदी, निष्क्रिय अवस्था में ले आती थी और अपनी समस्या के सबसे अच्छे संभावित अंत की कल्पना करने लगती थी। वह इसकी भरसक कोशिश करती थी। वह

जानती थी कि उसके दिमाग़ की छवि अंततः उसके दिल की इच्छा के अनुरूप बन जाएगी।

निष्क्रिय होने पर वह बहुत चित्रात्मक तरीक़े से यह कल्पना करने लगी कि मुकदमा ख़त्म होने के बाद वह अपने वकील से मिल रही है, परिणाम के बारे में सवाल पूछ रही थी और उसके स्पष्टीकरण सुन रही थी। उसने सुना कि वकील उससे बार-बार कह रहा था, "मुकदमे का कोर्ट से बाहर समझौता हो गया है। यह बिलकुल उचित समाधान है।"

दिन में जब डर के विचार उसके दिमाग़ में आते थे, तो शारा वकील से मुलाक़ात का मानसिक वीडियोटेप चला देती थी, जिसमें शब्द और हाव-भाव भी थे। उसने वकील की मुस्कराहट, उसके अंदाज़, उसकी आवाज़, उसके विशिष्ट शब्दों की कल्पना की। उसने यह इतनी ज़्यादा बार और इतनी निष्ठा से किया कि डर दिमाग़ में घुसने से पहले ही ख़त्म हो गया।

कुछ सप्ताह बाद उसके वकील ने उसे फ़ोन किया। उसने वही कहा, जिसकी वह कल्पना कर रही थी और सच मान रही थी। मुकदमे में समझौता हो गया और वह जानती थी कि समझौता उचित ही होगा।

यही भजनकार का मतलब था, जब उसने लिखा था :

> मेरे शब्द (आपके विचार और मानसिक छवियाँ) और मेरे हृदय का मनन (आपकी भावना, प्रकृति, भाव) आप स्वीकार करें, हे ईश्वर (आपके अवचेतन मन का नियम), मेरी शक्ति और मेरे उद्धारक (आपके अवचेतन मन की शक्ति और बुद्धिमत्ता, जो बीमारी, बंधन तथा दुख से आपका उद्धार कर सकती है)।

भजन 19:14

याद करने लायक़ विचार

1. मानसिक दबाव या बहुत ज़्यादा कोशिश तनाव और डर का सूचक हैं। ये प्रार्थना के जवाब को रोकते हैं। आराम से काम अच्छी तरह होता है।
2. जब निष्क्रिय अवस्था में आप किसी विचार को स्वीकार करते हैं, तो आपका अवचेतन उस विचार को साकार करने में जुट जाता है।

3. पारंपरिक तरीक़ों से मुक्त होकर सोचें और योजना बनाएँ। जान लें कि हमेशा हर सवाल का कोई न कोई जवाब होता है और हर समस्या का समाधान होता है।
4. अपने दिल के धड़कनों, फेफड़ों के साँस लेने या शरीर के किसी अंग के कार्य को लेकर ज़्यादा चिंतित नहीं हों। अपने अवचेतन पर पूरा भरोसा करें और बार-बार दावा करें कि सही काम हो रहा है।
5. सेहत की भावना से सेहत उत्पन्न होती है, दौलत की भावना से दौलत उत्पन्न होती है। आपकी भावना कैसी है?
6. कल्पना आपकी सबसे बड़ी आंतरिक शक्ति है। अच्छी और सुंदर चीज़ों की कल्पना करें। आप वैसे ही हैं, जैसी आप ख़ुद के बारे में कल्पना करते हैं।
7. उनींदी अवस्था में चेतन और अवचेतन मन के बीच संघर्ष नहीं होता हैं। सोने से पहले अपनी इच्छा के पूर्ण होने की बार-बार कल्पना करें। शांति से सोएँ और ख़ुशी से जागें।

9 | दौलत पाने के लिए अवचेतन की शक्ति का उपयोग कैसे करें

अगर आप आर्थिक संकट में हैं, तंगहाली में दिन काट रहे हैं, तो इसका मतलब यह है कि आपने अपने अवचेतन मन को यह विश्वास नहीं दिलाया है कि आप हमेशा समृद्धि में रहेंगे और बचत भी करेंगे। आप ऐसे लोगों को जानते होंगे, जो हफ़्ते में सिर्फ़ कुछ घंटे काम करते हैं, लेकिन बहुत सारे पैसे कमाते हैं। वे ज़्यादा मेहनत नहीं करते हैं। इस बात पर यक़ीन नहीं करें कि दौलतमंद बनने का इकलौता तरीक़ा ख़ून-पसीना बहाना और कड़ी मेहनत करना है। ऐसा नहीं है; जीवन का प्रयासरहित तरीक़ा सबसे अच्छा है। वह काम करें, जिसे करने से आप प्रेम करते हैं। इसे इसकी ख़ुशी और रोमांच के लिए करें।

मैं लॉस एंजेलिस के एक एक्ज़ीक्यूटिव को जानता हूँ, जिसकी तनख़्वाह लाखों में है। पिछले साल उसने क्रूज़ से नौ महीने तक दुनिया की सैर की। उसने मुझे बताया कि उसने अपने अवचेतन मन को विश्वास दिला दिया था कि वह इतनी ज़्यादा तनख़्वाह का हक़दार है। उसने बताया कि उसकी कंपनी में ऐसे लोग हैं, जिनकी तनख़्वाह उसकी तुलना में दस प्रतिशत है, हालाँकि वे बिज़नेस के बारे में उससे ज़्यादा जानते हैं और शायद बेहतर प्रबंधन भी कर सकते हैं। बहरहाल, उनमें ना तो महत्त्वाकांक्षा है, ना ही रचनात्मक विचार। अपने अवचेतन मन के आश्चर्यों में उनकी रुचि नहीं है।

दौलत मस्तिष्क में रहती है

दौलत व्यक्ति के अवचेतन के विश्वास से ज़्यादा और कुछ नहीं है। आप यह कहकर लखपति नहीं बन सकते, "मैं लखपति हूँ, मैं लखपति हूँ।" अपनी मानसिकता में दौलत और समृद्धि के विचार रखकर आप दौलत की चेतना विकसित करते हैं।

समर्थन के अदृश्य साधन

अधिकतर लोगों के साथ दिक़्क़त यह है कि उनके पास अदृश्य सहारे नहीं होते हैं। जब बिज़नेस कमज़ोर हो जाता है, स्टॉक मार्केट गिरने लगता है या उनके निवेशों में नुक़सान होता है, तो वे बेबस नज़र आते हैं। इतनी असुरक्षा का कारण यह है कि वे अवचेतन मन का दोहन करने का तरीक़ा नहीं जानते हैं। वे यह नहीं जानते हैं कि उनके भीतर कभी नहीं ख़त्म होने वाला भंडार भरा है।

ग़रीबी की मानसिकता वाला व्यक्ति ख़ुद को ग़रीब परिस्थितियों में पाता है। बहरहाल, जिसका मस्तिष्क दौलत के विचारों से भरा होता है, वह तमाम सुख-सुविधाओं में जीता है। ईश्वर यह कभी नहीं चाहता है कि हम ग़रीबी में दिन काटें। आप दौलत और अपनी ज़रूरत की हर वह चीज़ पा सकते हैं। आप बहुत सारी दौलत पा सकते हैं। आपके शब्दों में इतनी शक्ति है कि वे आपके मस्तिष्क से ग़लत विचार साफ़ करके सही विचार भर दें।

दौलत की चेतना विकसित करने का सटीक तरीक़ा

शायद यह अध्याय पढ़ते समय आप कह रहे होंगे, "मुझे दौलत और सफलता चाहिए।" आप एक काम करें : रोज़ाना तीन-चार बार पाँच मिनट तक ये दो शब्द दोहराएँ, "दौलत। सफलता।" इन शब्दों में ज़बर्दस्त शक्ति है। ये अवचेतन मन की आंतरिक शक्ति के प्रतिनिधि हैं। अपने मस्तिष्क में अपने भीतर की प्रबल शक्ति को स्थिर कर लें। इसके बाद उनकी प्रकृति और गुण से मेल खाती परिस्थितियाँ आपके जीवन में प्रकट हो जाएँगी। आप यह नहीं कह रहे हैं, "मैं दौलतमंद हूँ," आप तो अपने भीतर की वास्तविक शक्तियों पर भरोसा कर रहे हैं। "दौलत" कहने पर आपके मस्तिष्क में कोई दुविधा नहीं होती है। यही नहीं, जब आप दौलत के बारे में सोचते रहेंगे, तो आपके भीतर इसकी भावना प्रबल हो जाएगी।

दौलत की भावना से दौलत उत्पन्न होती है। यह बात हर वक़्त ध्यान रखें। आपका अवचेतन मन किसी बैंक की तरह है - एक तरह की शाश्वत वित्तीय संस्था। यह हर उस चीज़ को बढ़ा देता है, जो भी आप इसमें जमा करते हैं या जिसकी भी आप इस पर छाप छोड़ते हैं, भले ही यह दौलत का विचार हो या ग़रीबी का। दौलत को चुनें।

दौलत के संकल्प असफल क्यों होते हैं

मैंने इतने बरसों में कई लोगों से बातें कीं, जिनकी आम शिकायत यह होती है, "मैं कई हफ़्तों और महीनों से कह रहा हूँ, 'मैं दौलतमंद हूँ, मैं अमीर हूँ,' लेकिन कुछ नहीं हुआ।" मैंने पाया कि जब वे कहते थे, 'मैं दौलतमंद हूँ, मैं अमीर हूँ,' तो उन्हें मन ही मन लगता था कि वे ख़ुद से झूठ बोल रहे थे।

एक व्यक्ति ने मुझे बताया, "मैंने घोषणा की कि मैं अमीर हूँ। मैं यह करते-करते थक चुका हूँ। स्थितियाँ अब पहले से ज़्यादा ख़राब हैं। अपनी अमीरी की घोषणा करते समय मैं जानता था कि यह सच नहीं है।" इस तरह के कथनों को चेतन मन स्वीकार नहीं करता है। इसी कारण उसने बाहर से जो घोषणा की और जिसका दावा किया, उसे उसका विपरीत परिणाम मिला।

आपकी सकारात्मक घोषणा तब सबसे अच्छी तरह सफल होती है, जब यह विशिष्ट हो और मानसिक संघर्ष या विवाद पैदा नहीं होता हो। इस व्यक्ति के कथन से स्थिति और बिगड़ गई, क्योंकि उसमें वित्तीय तंगी की भावना थी। आपका अवचेतन निरर्थक शब्दों या वाक्यों को स्वीकार नहीं करता है। यह तो सिर्फ़ उन्हें स्वीकार करता है, जिन्हें आप सचमुच सच मानते हैं। अवचेतन मन हमेशा प्रबल विचार या विश्वास को स्वीकार करता है।

मानसिक संघर्ष से कैसे बचें

जिन लोगों के सामने यह मुश्किल है, उनके लिए इस संघर्ष से उबरने का आदर्श तरीक़ा यहाँ दिया गया है। यह व्यावहारिक कथन बार-बार दोहराएँ, ख़ास तौर पर सोने से ठीक पहले, "दिन-रात मैं अपनी सभी रुचियों में समृद्ध हो रहा हूँ।" इस सकारात्मक घोषणा से कोई बहस नहीं होगी, क्योंकि यह आपके अवचेतन मन की वित्तीय कमी की छाप का विरोध नहीं करती है।

एक बहुत चिंतित बिज़नेसमैन मेरे पास आया, उसकी बिक्री व आर्थिक स्थिति बहुत ख़राब थी। मैंने उससे कहा कि वह अपने ऑफ़िस में शांत होकर बैठ जाए और बार-बार दोहराए : "मेरी बिक्री हर दिन बढ़ रही है।" इस कथन के कारण उसके चेतन और अवचेतन मन मिलकर काम करने लगे। बाद में अच्छे परिणाम मिले।

कोरे चेक पर साइन नहीं करें

आप कोरे चेक पर साइन करते हैं, जब आप इस तरह की बात कहते हैं, "काम चलाने के लिए पर्याप्त पैसे नहीं है," "काफ़ी तंगी है," क़र्ज़ की क़िस्त नहीं चुकाने के कारण "मैं अपना घर गँवा दूँगा" आदि। जब आप भविष्य के बारे में डरते हैं, तो आप एक कोरा चेक लिख रहे हैं और नकारात्मक परिस्थितियों को अपनी ओर आकर्षित कर रहे हैं। आपका अवचेतन मन आपके डर तथा नकारात्मक कथन को आपके आग्रह के रूप में स्वीकार करता है। फिर यह अपने तरीक़े से काम शुरू कर देता है, जिससे आपके जीवन में बाधाएँ, विलंब, कमी और सीमाएँ पैदा हो जाती हैं।

आपका अवचेतन आपको चक्रवृद्धि ब्याज देता है

जिसमें दौलत की भावना है, उसे अधिक दौलत दी जाएगी; जिसमें कमी की भावना है, उसे कम दिया जाएगा। आप जिस चीज़ को अपने अवचेतन में जमा करते हैं, यह उस चीज़ को कई गुना कर देता है और बढ़ा देता है। हर सुबह जब आप जागें, तो समृद्धि, सफलता, दौलत और शांति के विचार जमा करें। इन अवधारणाओं पर सोचें। अपने मस्तिष्क को उनके साथ अधिकतम व्यस्त रखें। ये सृजनात्मक विचार जमा राशि की तरह आपके अवचेतन मन में पहुँच जाएँगे और प्रचुरता तथा समृद्धि ले आएँगे।

कुछ क्यों नहीं हुआ

आप शायद कह रहे होंगे, "ओह, मैंने यह किया था, लेकिन कुछ नहीं हुआ।" आपको परिणाम इसलिए नहीं मिले, क्योंकि शायद दस मिनट बाद ही आप डर के विचार में डूब गए थे और आपने उस अच्छे विचार को नकार दिया था, जिसकी आपने घोषणा की थी। जब आप ज़मीन में कोई बीज बोते हैं,

तो आप उसी दिन बाद में उसे खोदकर वापस नहीं निकाल लेते हैं। आप उसे जड़ें जमाने और बढ़ने का मौक़ा देते हैं।

मान लें, उदाहरण के लिए आप यह कहने वाले हैं, "मैं उस चीज़ के पैसे अदा नहीं कर पाऊँगा।" इससे पहले कि आप "मैं –" से आगे बढ़ें, वहीं रुक जाएँ। इसे बदलकर सृजनात्मक कर दें, जैसे, "मैं सभी तरीक़ों से समृद्ध बनूँगा।"

दौलत का सच्चा स्रोत

आपके अवचेतन मन में विचारों की कभी कमी नहीं होती है। इसके भीतर असंख्य विचार हैं, जो आपके चेतन मन में प्रवाहित होने और असंख्य तरीक़ों से आपकी जेब में पैसे भरने के लिए तैयार हैं। यह प्रक्रिया आपके दिमाग़ में चलती रहेगी, भले ही शेयर बाज़ार ऊपर जाए या नीचे; भले ही पौंड स्टर्लिंग या डॉलर का मूल्य कम या ज़्यादा हो जाए। दरअसल आपकी दौलत कभी बॉण्ड, स्टॉक या बैंक के पैसे पर निर्भर नहीं रहती है; ये तो सिर्फ़ प्रतीक हैं – ज़ाहिर है, आवश्यक और उपयोगी भी लेकिन सिर्फ़ प्रतीक।

मैं जिस बात पर ज़ोर देना चाहता हूँ, वह यह है कि अगर आप अपने अवचेतन मन को विश्वास दिला दें कि दौलत आपकी है और यह आपके जीवन में हमेशा प्रवाहित हो रही है, तो हमेशा और अंततः यह आपको मिल जाएगी, चाहे यह कैसा ही रूप ले।

तंगी में दिन गुज़ारने का असली कारण

कई लोग यह दावा करते हैं कि वे तंगी में दिन गुज़ार रहे हैं और महीने का ख़र्च चलाने के लिए संघर्ष कर रहे हैं। उन्हें अपने ख़र्च पूरे करने के लिए बहुत जूझना पड़ता है। क्या आपने कभी उनकी बातचीत सुनी? वे लगातार उन लोगों की निंदा करते हैं, जो जीवन में सफल हुए हैं और जिन्होंने अपने सिर भीड़ से ऊपर उठाए हैं। कई मामलों में उनकी बातचीत इस तरह से चलती है। "ओह, वह आदमी बदमाश है; वह क्रूर है; वह तो धूर्त है।"

इसीलिए उनके पास पैसे की कमी रहती है। वे लगातार उसी चीज़ की निंदा कर रहे हैं, जिसे वे चाहते हैं। वे अपने अधिक दौलतमंद सहयोगियों की आलोचना इसलिए करते हैं, क्योंकि वे उनकी समृद्धि से जलते हैं। दौलत

को दूर भगाने का सबसे तीव्र तरीक़ा अपने से ज़्यादा दौलतमंद लोगों की आलोचना और निंदा करना है।

दौलत का एक आम अवरोध

एक भावना बहुत से लोगों के जीवन में दौलत की कमी का कारण है। अधिकतर लोग इसे मुश्किल तरीक़े से सीखते हैं। यह भावना ईर्ष्या है। उदाहरण के लिए, अगर आप अपने किसी प्रतिस्पर्धी को बैंक में बहुत सारे पैसे जमा करते देखें, जबकि आपके पास जमा करने के लिए छोटी राशि है, तो क्या इससे आपको जलन होती है? इस भाव से उबरने का तरीक़ा ख़ुद से यह कहना है, "कितनी बढ़िया बात है! मुझे उस व्यक्ति की समृद्धि पर ख़ुशी होती है। मैं चाहता हूँ कि वह और अधिक दौलत कमाए।"

ईर्ष्या के विचार विध्वंसक होते हैं, क्योंकि वे आपको नकारात्मक स्थिति में रखते हैं। इसलिए दौलत आपके पास आने के बजाय आपसे दूर भाग जाती है। अगर आप किसी दूसरे की दौलत या समृद्धि से चिढ़ महसूस करें, तो तत्काल दावा करें कि आप सचमुच उसे ज़्यादा दौलतमंद देखना चाहते हैं, हर संभव तरीक़े से। यह आपके मस्तिष्क के नकारात्मक विचारों को हटा देगा और अवचेतन मन के नियम द्वारा आपको अधिक दौलत प्रदान कर देगा।

दौलत के बड़े मानसिक अवरोध को हटाना

अगर आप इस बारे में चिंता या आलोचना कर रहे हैं कि कोई अपना पैसा बेईमानी से कमा रहा है, तो उसके बारे में चिंता करना छोड़ दें। अगर आपकी शंकाएँ सही हैं, तो आप जानते हैं कि इस तरह का व्यक्ति मस्तिष्क के नियम का नकारात्मक प्रयोग कर रहा है। समय के साथ मस्तिष्क का नियम उसे परिणाम देगा। बहरहाल, सावधान रहें, उसकी आलोचना नहीं करें। इसके कारण पहले ही बताए जा चुके हैं। याद रखें : दौलत की राह में अवरोध आपके अपने मस्तिष्क में हैं। आप अब उस मानसिक अवरोध को नष्ट कर सकते हैं। इससे आप हर एक के साथ अच्छे मानसिक संबंध भी बना सकते हैं।

सोएँ और अमीर बनें

रात को सोने जाते समय इस तकनीक का अभ्यास करें। "दौलत" शब्द को शांति, सरलता और भावना से दोहराएँ। ऐसा बार-बार करें, किसी लोरी की तरह। "दौलत" शब्द बोलते हुए सोएँ। आप परिणाम देखकर हैरान रह जाएँगे। दौलत बड़े हिमखंडों की तरह आपकी ओर प्रवाहित होगी। यह आपके अवचेतन मन की जादुई शक्ति की एक और मिसाल है।

अपने मन की शक्तियों का लाभ लें

1. सरलता से दौलतमंद बनने का फ़ैसला करें। अपने अवचेतन मन की अचूक सहायता से अमीर बनें।
2. ख़ून-पसीने और कड़ी मेहनत से दौलत इकट्ठी करने की कोशिश करना क़ब्र में सबसे अमीर आदमी बनना है। आपको कड़ी मेहनत करने की कोई ज़रूरत नहीं है।
3. दौलत अवचेतन विश्वास है। अपनी मानसिकता में दौलत का विचार बनाएँ।
4. ज़्यादातर लोगों के साथ दिक्क़त यह है कि उनके पास अदृश्य सहारे नहीं हैं।
5. सोने से पहले पाँच मिनट तक "दौलत" शब्द धीरे-धीरे और शांति से दोहराएँ। ऐसा करने पर आपका अवचेतन मन आपके जीवन में दौलत ले आएगा।
6. दौलत की भावना से दौलत पैदा होती है। इसे हमेशा याद रखें।
7. चेतन और अवचेतन दोनों मन सहमत होने चाहिए। आपका अवचेतन उस चीज़ को स्वीकार करता है, जिसे आप सच मानते हैं। आपका अवचेतन मन हमेशा प्रबल विचार स्वीकारता है। आपका प्रबल विचार ग़रीबी नहीं, अमीरी होना चाहिए।
8. आप यह घोषणा करके दौलत के बारे में किसी भी मानसिक संघर्ष से उबर सकते हैं, "दिन-रात मैं अपनी सभी रुचियों में अमीर बन रहा हूँ।"
9. इस वाक्य को दोहराकर अपनी बिक्री बढ़ाएँ, "मेरी बिक्री हर दिन

बढ़ रही है; मैं हर दिन तरक़्क़ी कर रहा हूँ और हर दिन ज़्यादा दौलतमंद बन रहा हूँ।"

10. कोरे चेक लिखना बंद कर दें, जैसे "काम चलाने के लिए पर्याप्त पैसे नहीं है" या "बड़ी तंगी है" आदि। इस तरह के वाक्य आपकी तंगी को और बढ़ाते हैं।
11. अपने अवचेतन मन में समृद्धि, दौलत और सफलता के विचार जमा करें। यह आपको चक्रवृद्धि ब्याज के साथ लौटाएगा।
12. आप चेतन रूप से जो सकारात्मक घोषणा करते हैं, उसे कुछ पल बाद ही मानसिक रूप से नहीं नकारें। इससे वह अच्छाई ख़त्म हो जाएगी, जिसकी आपने घोषणा की है।
13. दौलत का सच्चा स्रोत आपके विचार हैं। आपके एक विचार का मूल्य लाखों डॉलर भी हो सकता है। आपका अवचेतन मन आपको आपका चाहा गया विचार दे देगा।
14. ईर्ष्या और जलन दौलत के प्रवाह में अवरोध हैं। दूसरों की समृद्धि पर ख़ुश हों।
15. दौलत का अवरोध आपके अपने मस्तिष्क में है। सभी के साथ अच्छे मानसिक संबंध बनाकर उस अवरोध को तुरंत नष्ट करें।

10 आपको अमीर बनने का हक़ है

आपको अमीर बनने का मूलभूत हक़ है। आप इस दुनिया में समृद्ध जीवन जीने और ख़ुश, स्वस्थ तथा आज़ाद रहने के लिए आए हैं। इसलिए आपके पास उतना पैसा होना चाहिए, जितने की ज़रूरत आपको पूर्ण, सुखी और समृद्ध जीवन जीने के लिए होगी।

आप इस दुनिया में विकास करने, व्यापक बनने और स्वयं को आध्यात्मिक, मानसिक तथा भौतिक रूप से प्रकट करने के लिए आए हैं। आपको अपनी सभी संभावनाओं का पूरा विकास करने और आत्म-अभिव्यक्ति का असंदिग्ध अधिकार है। इसका एक महत्त्वपूर्ण पहलू सुंदरता और विलासिता से घिरे रहना है, बशर्ते आप इसे चुनें।

जब आप अपने अवचेतन मन की मदद से अमीरी का आनंद ले सकते हैं, तो फिर तंगी में क्यों रहा जाए? इस अध्याय में आप पैसे से दोस्ती करना सीखेंगे। जब आप ऐसा कर लेते हैं, तो आपके पास अपनी ज़रूरत का सारा पैसा होगा और ज़रूरत से ज़्यादा भी। अमीर बनने की अपनी इच्छा के बारे में किसी की भी बातों से शंकालु या शर्मिंदा महसूस नहीं करें। गहनतम स्तर पर यह इच्छा पूर्ण, ख़ुश और अद्‌भुत जीवन जीने की इच्छा है। यह पूरे ब्रह्मांड की इच्छा है। यह ना सिर्फ़ अच्छी है, बल्कि बहुत अच्छी है।

धन एक प्रतीक है

धन विनिमय का प्रतीक है। आपके लिए यह ना सिर्फ़ कमी से आज़ादी का प्रतीक है, बल्कि सुंदरता, परिष्कार, प्रचुरता और विलासिता का भी प्रतीक है।

यह किसी राष्ट्र की आर्थिक सेहत का प्रतीक है। अगर ख़ून आपके शरीर में मुक्त प्रवाहित होता है, तो आप शारीरिक दृष्टि से स्वस्थ हैं। अगर धन आपके जीवन में मुक्त रूप से प्रवाहित हो रहा हो, तो आप आर्थिक दृष्टि से स्वस्थ हैं। जब लोग धन संचय करने लगते हैं, इसे टिन के डिब्बों में बंद करने लगते हैं और भयाक्रांत या आशंकित होने लगते हैं, तो वे आर्थिक दृष्टि से बीमार बन जाते हैं।

धन के प्रतीक सदियों से रूप बदलते रहे हैं। आपके विचार में आने वाली लगभग हर चीज़ ने इतिहास में किसी न किसी समय और किसी न किसी जगह धन का काम किया है - ज़ाहिर है, सोना और चाँदी धन का रूप थे, लेकिन नमक, मनके और कई सस्ती चीज़ें भी थीं। प्राचीन काल में लोगों की दौलत अक्सर उनकी भेड़ों और बैलों से आँकी जाती थी। अब हम मुद्रा और अन्य आसान साधनों का प्रयोग करते हैं। इसका कारण स्पष्ट है। बिल चुकाने के लिए अपने साथ कुछ भेड़ों को लेकर चलने के बजाय चेक लिखना ज़्यादा सुविधाजनक है।

अमीरी की शाही राह पर कैसे चलें

जब आप अपने अवचेतन मन की शक्तियों को समझ लेते हैं, तो आपके पास आध्यात्मिक, मानसिक और वित्तीय - सभी तरह की अमीरी की शाही राह का नक़्शा आ जाता है। जिसने भी मस्तिष्क के नियमों को सीख लिया है, वह निश्चित रूप से जानता और मानता है कि उसे कभी किसी चीज़ की कमी नहीं पड़ेगी। आर्थिक संकटों, स्टॉक मार्केट के उतार-चढ़ावों, मंदियों, हड़तालों, बढ़ती महँगाई, या यहाँ तक कि युद्ध के दौरान भी उसके पास काफ़ी धन रहेगा।

इसका कारण यह है कि उसने दौलत का विचार अपने अवचेतन मन तक पहुँचा दिया है। परिणामस्वरूप, उसका मन उसे दौलत देता रहता है, चाहे वह जहाँ भी रहे। उस व्यक्ति ने अपने मस्तिष्क को विश्वास दिला दिया है कि धन उसके जीवन में मुक्तता से प्रवाहित हो रहा है और उसके पास हमेशा ज़रूरत से बहुत ज़्यादा पैसे रहेंगे। जैसा वह आदेश देता है, वैसा ही होगा। अगर कल वह वित्तीय रूप से तबाह हो जाए और उसके पास की हर चीज़ मूल्यहीन हो जाए, तब भी वह दौलत को आकर्षित करेगा। वह संकट से आराम से उबर जाएगा। यही नहीं, वह उससे लाभ भी उठा लेगा।

आपके पास अधिक पैसे क्यों नहीं हैं

यह अध्याय पढ़ते समय शायद आप सोच रहे हों, "मैं ज़्यादा आमदनी का हक़दार हूँ।" मेरी राय में यह अधिकतर लोगों के बारे में सही है। वे सचमुच ज़्यादा आमदनी के हक़दार होते हैं - लेकिन उन्हें यह मिलती नहीं है। इन लोगों के पास अधिक पैसे नहीं होने का एक बहुत महत्त्वपूर्ण कारण यह है कि वे मन ही मन या खुलकर इसकी निंदा करते हैं। वे धन को "गंदा" कहते या मानते हैं। वे अपने बच्चों और दोस्तों से कहते हैं कि "धन का प्रेम ही सारी बुराइयों की जड़ है।" उनके दौलतमंद नहीं बन पाने का एक कारण यह भी है कि उनके अवचेतन में कहीं न कहीं यह भाव छिपा होता है कि ग़रीबी में कोई ख़ास गुण है। हो सकता है कि यह अवचेतन भाव बचपन की नसीहत या फिर धर्मग्रंथों के ग़लत विश्लेषण के कारण आ गया हो।

धन और संतुलित जीवन

एक बार एक आदमी ने मुझसे कहा, "मैं दिवालिया हो गया हूँ। लेकिन यह बिलकुल ठीक है। मुझे धन पसंद नहीं है। यह सारी बुराइयों की जड़ है।" ये कथन दुविधाग्रस्त, न्यूरोटिक मानसिकता के सूचक हैं। धन का प्रेम अगर बाक़ी हर चीज़ से ज़्यादा हो जाए, तो इससे आप एकतरफ़ा और असंतुलित हो सकते हैं, लेकिन यहाँ आप अपनी शक्ति या सत्ता का समझदारी से प्रयोग करेंगे। कुछ लोग शक्ति के भूखे होते हैं, बाक़ी धन के भूखे होते हैं।

अगर आप सिर्फ़ धन पर पूरा ध्यान लगाते हैं और कहते हैं, "मैं सिर्फ़ धन चाहता हूँ। मैं अपना पूरा ध्यान धन संग्रह पर केंद्रित करूँगा। बाक़ी किसी चीज़ का कोई महत्त्व नहीं है," तो हो सकता है कि आप धन कमा लें और ढेर सारा जमा भी कर लें, लेकिन आप इसकी कितनी बड़ी क़ीमत चुकाएँगे! आप शायद भूल चुके हैं कि आप दुनिया में संतुलित जीवन जीने के लिए आए हैं। आपको मानसिक शांति, सद्भाव, प्रेम, ख़ुशी और संपूर्ण स्वास्थ्य की आवश्यकता को भी संतुष्ट करना चाहिए।

धन-संग्रह को एकमात्र लक्ष्य बनाकर आप ग़लत चुनाव करते हैं! हो सकता है, आप सोचें कि आप सिर्फ़ धन ही चाहते हैं, लेकिन तमाम कोशिशों के बाद आप पाते हैं कि आपको सिर्फ़ धन की ही ज़रूरत नहीं रहती है। किसी ने भी मृत्युशैया पर यह इच्छा व्यक्त नहीं की है कि काश उसने पैसे कमाने में ज़्यादा समय लगाया होता! आप अपनी छिपी हुई प्रतिभाओं की

सच्ची अभिव्यक्ति, जीवन में सच्ची जगह पाने, सुंदरता और दूसरों की सफलता तथा कल्याण में योगदान देने की ख़ुशी की इच्छा भी करते हैं। अगर आप चाहें, तो अपने अवचेतन मन के नियम सीखकर दस लाख डॉलर या एक करोड़ डॉलर भी कमा सकते हैं, और साथ ही मानसिक शांति, सद्भाव, संपूर्ण स्वास्थ्य और आदर्श अभिव्यक्ति भी पा सकते हैं।

ग़रीबी एक मानसिक रोग है

ग़रीबी में कोई गुण नहीं है। यह किसी अन्य मानसिक रोग की तरह है। अगर आप शारीरिक रूप से बीमार हैं, तो आपको यह अहसास होगा कि आपके साथ कुछ न कुछ गड़बड़ है। आप मदद लेना चाहेंगे और स्थिति का उपचार करने की कोशिश करेंगे। इसी तरह, अगर आपके जीवन में धन का पर्याप्त प्रवाह नहीं हो रहा है, तो आपके साथ कोई न कोई मूलभूत गड़बड़ है।

जीवन-सिद्धांत की दिशा विकास, विस्तार और जीवन को अधिक समृद्ध बनाने की ओर है। आप यहाँ पर किसी दड़बे में रहने, चिथड़े पहनने और भूखों मरने के लिए नहीं आए हैं। आपको ख़ुश, समृद्धऔर सफल बनना चाहिए।

आपको धन की कभी आलोचना क्यों नहीं करना चाहिए

धन के बारे में सारे अजीब विश्वास और अंधविश्वास अपने दिमाग़ से निकाल दें। कभी भी धन को बुरा या गंदा नहीं मानें। ऐसा करने पर यह पंख लगाकर आपसे दूर उड़ जाएगा। याद रखें, आप जिसकी बुराई करते हैं, उसे खो देते हैं। आप जिसकी आलोचना करते हैं, उसे आकर्षित नहीं कर सकते।

धन के प्रति सही नज़रिया अपनाना

यहाँ एक आसान तकनीक दी जा रही है, जिसका प्रयोग आप अपने जीवन में धन को कई गुना करने के लिए कर सकते हैं। दिन में कई बार ये वाक्य दोहराएँ :

मुझे धन पसंद है। मैं इससे प्रेम करता हूँ। मैं इसका समझदारी से, सृजनात्मक तरीक़े से और न्यायपूर्ण प्रयोग करता हूँ। मेरे जीवन में धन

का लगातार प्रवाह हो रहा है। मैं ख़ुशी से इसे मुक्त करता हूँ और यह अद्‌भुत तरीक़े से कई गुना होकर मेरे पास लौटता है। यह अच्छा है, बहुत अच्छा है। धन बहुत बड़ी मात्रा में मेरी तरफ़ प्रवाहित हो रहा है। मैं इसका प्रयोग सिर्फ़ भलाई के लिए करता हूँ। मैं अपनी आर्थिक समृद्धि तथा मानसिक दौलत के लिए कृतज्ञ हूँ।

वैज्ञानिक चिंतक धन की ओर कैसे देखता है

मान लें, आप सोने, चाँदी, जस्ते, ताँबे या लोहे की समृद्ध खदान खोज लेते हैं। क्या आप यह ऐलान करेंगे कि ये चीज़ें बुरी हैं? ज़ाहिर है, नहीं! सारी बुराई इंसानों की अंधकारमय समझ, अज्ञान, जीवन के झूठे विश्लेषण और अवचेतन मन के दुरुपयोग के कारण पैदा होती है।

चूँकि धन सिर्फ़ एक प्रतीक है, इसलिए हम लेन-देन के साधन के रूप में उतनी ही आसानी से जस्ते या टिन या किसी अन्य धातु का इस्तेमाल कर सकते हैं। बीसवीं सदी में अमेरिकी सिक्के डाइम और क्वार्टर चाँदी से बनते थे। उनमें दस या पच्चीस सेंट मूल्य की चाँदी होती थी। फिर सरकार उन्हें ज़्यादा सस्ती धातु से बनाने लगी। इसके बाद भी क्वार्टर का मूल्य पच्चीस सेंट ही रहा, हालाँकि इसकी धातु का मूल्य इससे कम था।

कोई भी भौतिकशास्त्री आपको बता देगा कि एक धातु और दूसरी धातु के बीच इकलौता अंतर इसके परमाणुओं में प्रारंभिक कणों के प्रकार और संख्या का है। किसी धातु के टुकड़े पर कणों की धारा छोड़कर आप इसे दूसरी धातु में बदल सकते हैं। कीमियागरों ने सस्ती धातुओं को सोने में बदलने का सपना देखा था। लेकिन उससे क्या? सोना जस्ते से ज़्यादा गुणवान या बुरा नहीं है। ये तो भिन्न धातुएँ हैं, जिनके गुण भिन्न हैं, बस इतनी सी बात है। लंबे इतिहास के कारण ही सोने को ख़ास क़ीमती समझा जाता है। यही वजह है कि लोग इससे जस्ते से ज़्यादा प्रेम या नफ़रत करते हैं।

आवश्यक धन कैसे आकर्षित करें

कई साल पहले मैं ऑस्ट्रेलिया में एक युवक से मिला। उसने मुझे बताया कि उसने डॉक्टर बनने का सपना देखा था। वह विज्ञान की कक्षाओं में गया और उसका प्रदर्शन बहुत बढ़िया था, लेकिन मेडिकल कॉलेज का ख़र्च

उठाना उसके बूते से बाहर था। उसके माता-पिता मर चुके थे। अपना पेट पालने के लिए उसने स्थानीय अस्पताल में डॉक्टरों के क्लिनिकों की सफ़ाई की। मैंने उसे बताया कि ज़मीन में बोया गया बीज अपनी तरफ़ हर उस चीज़ को आकर्षित करता है, जिसकी इसे सही तरीक़े से उगने में ज़रूरत होती है। उसे तो बस बीज से सबक़ लेना था और अपने अवचेतन मन में अपेक्षित विचार का बीज बोना था।

हर रात सोने से पहले यह युवक एक मेडिकल डिप्लोमा सर्टिफ़िकेट की तसवीर देखता था, जिसमें उसका नाम बड़े-बड़े अक्षरों में लिखा रहता था। उसे डिप्लोमा की स्पष्ट, विस्तृत तसवीर देखने में ज़रा भी मुश्किल नहीं हुई। वह दिन में डॉक्टरों के क्लिनिकों में दीवारों पर टँगे फ़्रेम किए हुए डिप्लोमा की धूल साफ़ करके उन्हें चमकाता था। उनकी सफ़ाई करते समय वह उन्हें ग़ौर से देखा करता था।

लगभग चार महीने तक हर रात वह तसवीर वाली तकनीक आज़माता रहा। फिर जिस डॉक्टर के क्लिनिक की वह सफ़ाई करता था, उसने उससे पूछा कि क्या वह उसका सहयोगी बनेगा। डॉक्टर ने उसे एक प्रशिक्षण कार्यक्रम में भेजने का ख़र्च उठाया, जहाँ उसने बहुत सी चिकित्सा-संबंधी योग्यताएँ सीखीं। इसके बाद डॉक्टर ने उसे अपना सहयोगी बना लिया। वह इस युवक की प्रतिभा और संकल्प से इतना प्रभावित हुआ कि उसने उसे बाद में मेडिकल कॉलेज भेजने में भी मदद की। आज वह युवक मॉन्ट्रियल, कनाडा में एक शीर्षस्थ डॉक्टर है।

इस युवक को सफलता इसलिए मिली, क्योंकि उसने आकर्षण का नियम सीख लिया था। उसने यह जान लिया कि अपने अवचेतन मन का सही तरीक़े से प्रयोग कैसे करना है। इसमें युगों पुराना वह नियम शामिल है, जो कहता है, "अंत को स्पष्ट रूप से देखने के बाद आप उस अंत की प्राप्ति के साधन की इच्छा करते हैं।" इस मामले में अंत डॉक्टर बनना था। वह डॉक्टर बनने की कल्पना कर सकता था, इसकी तसवीर देख सकता था और इसकी वास्तविकता महसूस कर सकता था। वह इस विचार के साथ जिया। उसने इसे बनाए रखा, पोषण दिया और प्रेम किया। आख़िरकार, तसवीर देखने के कारण यह विचार उसके अवचेतन मन की परतों को भेदकर पहुँच गया। यह विश्वास बन गया। इस विश्वास ने उसकी ओर हर उस चीज़ को आकर्षित किया, जो उसके सपने को हक़ीक़त में बदलने के लिए ज़रूरी थी।

कुछ लोगों की तनख़्वाह क्यों नहीं बढ़ती है

मान लीजिए, आप किसी बड़ी कंपनी में काम करते हैं। आपको लगता है कि आपको कम तनख़्वाह मिलती है। आप इस बात से चिढ़ते हैं कि आपके बॉस आपको महत्त्व नहीं देते हैं। आप लगातार सोचते हैं कि आप ज़्यादा तनख़्वाह और महत्त्व के हक़दार हैं।

अपने बॉस के प्रति मानसिक विरोध रखकर आप अवचेतन रूप से उस कंपनी से अपने बंधन तोड़ रहे हैं। आप एक प्रक्रिया शुरू कर रहे हैं। नतीजा यह होगा कि एक दिन आपका बॉस आपसे कहेगा, "हमें आपको निकालना पड़ेगा।" सच तो यह है कि एक तरह से आपने ही ख़ुद को निकलवाया है। आपका बॉस तो सिर्फ़ एक साधन के रूप में काम कर रहा है, जिससे आपकी ही नकारात्मक मानसिक अवस्था की पुष्टि हुई है। यह क्रिया और प्रतिक्रिया के नियम का एक उदाहरण मात्र है। क्रिया आपका विचार है और प्रतिक्रिया आपके अवचेतन मन की है।

अमीरी की राह में बाधाएँ और अवरोध

समय-समय पर आपने शायद किसी को कहते सुना होगा, "जो भी ढेर सारे पैसे कमाता है, वह हमेशा बदमाश होता है।"

इस तरह से बोलने और सोचने वाला आम तौर पर वित्तीय बदहाली का शिकार होता है। शायद वह अपने पुराने दोस्तों के प्रति कटु और ईर्ष्यालु है, जो ज़्यादा सफल तथा दौलतमंद बन गए हैं। अगर ऐसा है, तो वह अपनी मुश्किलें ख़ुद पैदा कर रहा है। उन दोस्तों के बारे में नकारात्मक विचार रखकर और उनकी दौलत की निंदा करके वह दौलत और समृद्धि को ख़ुद से दूर कर रहा है। क्या आप किसी ऐसे व्यक्ति के पास रुकना पसंद करेंगे, जो आपकी निंदा करता हो? ज़ाहिर है नहीं; और दौलत भी ऐसा नहीं करेगी। यह व्यक्ति उसी चीज़ को दूर भगा रहा है, जिसके लिए वह प्रार्थना कर रहा है।

वह दो विरोधी प्रार्थनाएँ कर रहा है। एक तरफ़ तो वह कह रहा है, "मैं चाहता हूँ कि अब दौलत मेरी ओर प्रवाहित हो।" लेकिन अगली ही साँस में वह कह रहा है, "उस आदमी की दौलत गंदी और बुरी चीज़ है।" यह विरोध ग़रीबी और दुख की राह का सूचक है। इस बात का ख़ास ध्यान रखें कि आप दूसरे व्यक्ति की दौलत पर हमेशा ख़ुश हों।

अपने निवेशों की रक्षा करें

अगर आप निवेश संबंधी मार्गदर्शन चाहते हों या अपने शेयरों या बॉण्ड्स के बारे में चिंतित हों, तो धीरे से दावा करें, "असीमित बुद्धिमेरे सभी वित्तीय मामलों को नियंत्रण करती है और उनकी निगरानी करती है। मैं जो भी करूँगा, फलदायी होगा।" अगर आप इसे बार-बार पूरी आस्था और विश्वास से करते हैं, तो आप पाएँगे कि आपका अवचेतन मन समझदारी भरे निवेशों की ओर आपको मार्गदर्शन देगा। यही नहीं, आपको नुक़सान भी नहीं होगा, क्योंकि नुक़सान होने से पहले ही आपको जोखिम भरे शेयरों को बेचने का संदेश मिल जाएगा।

बिना दिए आपको कुछ नहीं मिल सकता

बड़े स्टोरों में पहरेदारों और जासूसों को रखा जाता है, ताकि वे सामान चुराने वालों को रोक सकें। हर दिन वे कुछ लोगों को चोरी करते हुए पकड़ते हैं। इस तरह की चोरी करने वाले कमी और सीमा के मानसिक माहौल में रहते हैं। दूसरों से चुराने की कोशिश में वे अपनी ही शांति, सद्भाव, आस्था, ईमानदारी, सत्यनिष्ठा, सद्भावना और विश्वास को चुरा रहे हैं।

यही नहीं, इससे उनके अवचेतन मन में जो संदेश जाता है, उससे उनका बहुत नुक़सान होता है : चरित्र, छवि, सामाजिक प्रतिष्ठा और मानसिक शांति का नुक़सान। ये लोग यह नहीं समझते हैं कि उनका दिमाग़ कैसे काम करता हैं। उन्हें आपूर्ति के स्रोत में आस्था नहीं होती है। अगर वे मानसिक रूप से अपने अवचेतन मन की शक्तियों का आह्वान करें और यह दावा करें कि उनकी सच्ची अभिव्यक्ति हो रही है, तो उन्हें सफलता और समृद्धि मिलेगी। फिर ईमानदारी, सत्यनिष्ठा और लगन से वे ख़ुद को और समाज को लाभ पहुँचा सकते हैं।

दौलत की सतत आपूर्ति

स्वतंत्रता, आराम और आवश्यक दौलत की सतत आपूर्ति आपके अवचेतन मन की शक्तियों को पहचानने में निहित है। यह आपके विचार या मानसिक छवि की रचनात्मक शक्ति को पहचानने में निहित है। अपने मस्तिष्क में समृद्धि से भरे जीवन को स्वीकार करें। दौलत की मानसिक स्वीकृति और आशा का अपना गणित तथा अभिव्यक्ति का तंत्र होता है। जब आप समृद्धि

की मानसिकता में क़दम रखते हैं, तो उस समृद्ध जीवन को संभव बनाने वाली चीज़ें होने लगती हैं।

इसकी दैनिक घोषणा करें, इसे अपने दिल पर लिख लें : मैं अपने अवचेतन मन की असीमित समृद्धि के साथ एकाकार हूँ। अमीर, ख़ुश और सफल बनना मेरा अधिकार है। धन मेरी ओर मुक्तता से, प्रचुरता से और अनंत रूप से प्रवाहित हो रहा है। मैं हमेशा अपने सच्चे मूल्य के प्रति सचेत हूँ। मैं अपनी प्रतिभाओं को मुक्तता से देता हूँ और मुझे अत्यधिक वित्तीय वरदान मिलते हैं। यह अद्‌भुत है!

अमीरी की राह पर आगे बढ़ने के पायदान

1. यह दावा करने का साहस जुटाएँ कि आपको अमीर बनने का हक़ है। आपका अवचेतन मन आपके दावे को हक़ीक़त में बदल देगा।
2. आप जैसे-तैसे गुज़ारा नहीं करना चाहते हैं। आप इतना सारा पैसा चाहते हैं, ताकि आप जब चाहें, तब अपनी मनचाही चीज़ें कर सकें। अपने अवचेतन मन की दौलत को पहचानें।
3. अगर धन आपके जीवन में मुक्तता से प्रवाहित हो रहा है, तो आप आर्थिक दृष्टि से स्वस्थ हैं। धन को ज्वार की तरह देखेंगे, तो यह आपके पास हमेशा बहुत सारा रहेगा। ज्वार का आना और जाना लगातार होता है। जब ज्वार चला भी जाए, तो भी आपको पूरा विश्वास होता है कि यह ज़रूर लौटेगा।
4. अपने अवचेतन मन के नियम जानने के बाद आपको हमेशा धन मिलता रहेगा, चाहे यह किसी भी रूप में मिले।
5. कई लोग तंगी में जीते हैं और उनके पास पर्याप्त पैसे नहीं होते हैं। इसका एक कारण यह है कि वे धन की निंदा करते हैं। आप जिसकी निंदा करते हैं, वह पंख लगाकर दूर उड़ जाता है।
6. धन को भगवान नहीं बनाएँ। यह सिर्फ़ एक प्रतीक है। याद रखें, सच्ची दौलत आपके दिमाग़ में है। आप संतुलित जीवन जीने के लिए आए हैं - इसमें अपनी ज़रूरत का सारा धन हासिल करना शामिल है।

7. धन को अपना एकमात्र लक्ष्य नहीं बनाएँ। दौलत, ख़ुशी, शांति, सच्ची अभिव्यक्ति और प्रेम का दावा करें। सबके प्रति प्रेम और सद्भाव रखें। फिर आपका अवचेतन मन इन सभी क्षेत्रों में आपको चक्रवृद्धि ब्याज देगा।
8. ग़रीबी में कोई गुण नहीं है। यह मानसिक रोग है। आपको इस मानसिक संघर्ष या बीमारी का तत्काल इलाज करना चाहिए।
9. आप यहाँ पर किसी दड़बे में रहने, चिथड़े पहनने या भूखों मरने के लिए नहीं आए हैं। आप यहाँ अधिक समृद्ध जीवन जीने के लिए आए हैं।
10. कभी भी "गंदा पैसा" शब्दावली का प्रयोग नहीं करें या यह नहीं कहें, "मैं धन से नफ़रत करता हूँ।" आप जिसकी आलोचना करेंगे, उसे खो देंगे। धन अपने आप में बुरा या अच्छा नहीं है, इसके बारे में इस तरह सोचने पर यह वैसा बन जाता है।
11. बार-बार दोहराएँ, "मैं धन को पसंद करता हूँ। मैं इसका प्रयोग समझदारी से, सृजनात्मक तरीक़े से और न्यायपूर्ण तरीक़े से करूँगा। मैं इसे ख़ुशी के साथ मुक्त करता हूँ और यह हज़ार गुना होकर मेरे पास लौट आता है।"
12. धन ताँबे, जस्ते, टिन या लोहे से ज़्यादा बुरा नहीं है, जिसे आप ज़मीन में पा सकते हैं। सारी बुराई मस्तिष्क की शक्तियों के अज्ञान और दुरुपयोग के कारण उत्पन्न होती है।
13. अपने मस्तिष्क में अंतिम परिणाम की तसवीर बना लें। आपका अवचेतन आपकी मानसिक तसवीर पर प्रतिक्रिया करता है और उसे साकार कर देता है।
14. बिना कुछ दिए कुछ पाने की कोशिश छोड़ दें। मुफ़्त लंच जैसी कोई चीज़ नहीं होती है। आपको कुछ पाने के लिए कुछ देना होगा। अगर आप अपने लक्ष्यों, आदर्शों और कामों पर मानसिक ध्यान देंगे, तो आपका अवचेतन मन हमेशा आपका साथ देगा। दौलत की कुंजी अवचेतन मन के नियमों को लागू करना और इसमें दौलत के विचार का बीज बोना है।

11 आपका अवचेतन मन सफलता में साझेदार है

सफलता का सच्चा आंतरिक अर्थ जीवन में सफल बनना है। इस धरती पर दीर्घकालीन शांति, ख़ुशी और सुख पाने को सफलता की संज्ञा दी जा सकती है। इनका अनुभव ही वह अनंत जीवन है, जिसके बारे में ईसा मसीह ने कहा है। जीवन की सच्ची चीज़ें, जैसे शांति, सद्भाव, सत्यनिष्ठा, सुरक्षा और ख़ुशी अमूर्त हैं। वे इंसान के गहरे स्वरूप से उत्पन्न होती हैं। इन गुणों पर मनन करने से स्वर्ग के ये ख़ज़ाने हमारे अवचेतन में उतर आते हैं। यही वह सच्ची जगह है, जहाँ

> ...घुन और ज़ंग कमज़ोर नहीं करती हैं और जहाँ चोर धावा बोलकर चुराते नहीं हैं।

मैथ्यू 6:20

सफलता के तीन पायदान

सफलता का अति महत्त्वपूर्ण पहला पायदान उस काम का पता लगाना और करना है, जिससे आप प्रेम करते हैं। जब तक आप अपने काम से प्रेम नहीं करते हों, तब तक संभवतः आप उसमें ख़ुद को सफल नहीं मानेंगे, भले ही दुनिया आपको बहुत सफल कहती रहे। काम से प्रेम होने पर आपके मन में उसे करने की गहरी इच्छा होती है। अगर कोई युवती मनोचिकित्सक बनने की इच्छा रखती हो, तो डिप्लोमा लेकर उसे दीवार पर टाँग लेना ही काफ़ी नहीं है। वह उस क्षेत्र में आगे काम करना चाहेगी, सम्मेलनों में

भाग लेगी और मस्तिष्क तथा इसकी कार्यविधि का अध्ययन करती रहेगी। वह दूसरे क्लिनिकों में जाएगी और नवीनतम वैज्ञानिक जर्नल पढ़ेगी। दूसरे शब्दों में, वह इंसानी कष्ट को कम करने के नवीनतम तरीक़ों के बारे में ज्ञान हासिल करती रहेगी, क्योंकि वह अपने रोगियों के हितों को सर्वोच्च प्राथमिकता देती है।

लेकिन हो सकता है, ये शब्द पढ़कर आप यह सोचने लगें, "मैं पहला क़दम नहीं उठा सकता, क्योंकि मैं यही नहीं जानता हूँ कि मैं क्या करना चाहता हूँ। मुझे यह पता ही नहीं है कि मैं किस काम से प्रेम करता हूँ। मैं कोई क्षेत्र कैसे चुन सकता हूँ, जिससे मैं प्रेम करूँ?"

अगर आपकी स्थिति यह है, तो मार्गदर्शन के लिए इस तरह प्रार्थना करें :

मेरे अवचेतन मन की असीमित बुद्धिमत्ता जीवन में मेरी सच्ची जगह मेरे सामने प्रकट कर रही है।

इस प्रार्थना को धीरे-धीरे, सकारात्मक तरीक़े और प्रेम से अपने अवचेतन मन के सामने दोहराएँ। जब आप आस्था और विश्वास से जुटे रहेंगे, तो आपको भावना, संकेत या किसी निश्चित दिशा में प्रवृत्ति के रूप में जवाब मिलेगा। यह स्पष्टता और शांति से तथा आंतरिक मौन जागरूकता से आपके सामने प्रकट हो जाएगा।

सफलता की दूसरी पायदान काम की किसी विशिष्ट शाखा में विशेषज्ञता हासिल करना और उसमें उत्कृष्ट बनने की इच्छा रखना है। मान लें, कोई विद्यार्थी केमिस्ट्री के क्षेत्र को पेशे के रूप में चुनता है। उसे इस क्षेत्र की किसी एक शाखा पर अपना ध्यान केंद्रित करना चाहिए और अपना सारा समय तथा ध्यान उसी चुने हुए क्षेत्र पर केंद्रित करना चाहिए, ताकि वह उसका विशेषज्ञ बन जाए। उसके उत्साह के कारण वह अपने क्षेत्र में ज़्यादा से ज़्यादा जानकारी हासिल करना चाहेगा। अगर संभव हो, तो वह बाक़ी सबसे ज़्यादा जानने की कोशिश करेगा। उसे अपने काम में बहुत उत्साहपूर्ण दिलचस्पी लेना चाहिए और उसके मन में दुनिया की सेवा करने की इच्छा होनी चाहिए।

जो सबसे महान है, उसे सेवक बनना होगा। इस मानसिक नज़रिए और उस व्यक्ति के नज़रिए में बहुत बड़ा विरोधाभास है, जो जैसे-तैसे आजीविका कमाना चाहता है। "जैसे-तैसे आजीविका कमाना" सच्ची सफलता नहीं है। लोगों के लक्ष्य ज़्यादा महान, उदात्त और परोपकारी होने चाहिए। उन्हें दूसरों की सेवा करनी चाहिए और उसका ढिंढोरा नहीं पीटना चाहिए।

तीसरा क़दम सबसे महत्त्वपूर्ण है। आपको यह सुनिश्चित करना चाहिए कि आप जो करना चाहते हैं, वह सिर्फ़ आपको ही सफल नहीं बनाए। आपकी इच्छा स्वार्थपूर्ण नहीं होनी चाहिए। इससे मानवता को लाभ होना चाहिए। सर्किट पूरा होना चाहिए। दूसरे शब्दों में, आपका उद्देश्य दुनिया की सेवा करना या लाभ पहुँचाना होना चाहिए। अगर आप सिर्फ़ अपने ही लाभ के लिए काम करते हैं, तो आप इस अनिवार्य सर्किट को पूरा नहीं करते हैं। हो सकता है, आप सफल नज़र आएँ, लेकिन आपने अपने जीवन में जो शॉर्ट-सर्किट किया है, वह आगे चलकर किसी हद तक या बीमारी की ओर ले जा सकता है।

सच्ची सफलता का पैमाना

हो सकता है, इस मोड़ पर आप सोच रहे हों, "उस आदमी के बारे में क्या, जिसके बारे में मैंने टी.वी. पर अभी ख़बर देखी है? उसने तो धोखेबाज़ी करके शेयर बाज़ार से करोड़ों डॉलर कमाए हैं! उससे ज़्यादा सफल तो कोई नहीं लगता है और मुझे नहीं लगता कि वह मानवता को लाभ पहुँचाने की ज़रा भी परवाह करता होगा।"

इस तरह के मामले बहुत आम हैं, लेकिन हमें सावधानी से उनकी हक़ीक़त समझनी होगी। हो सकता है कोई व्यक्ति कुछ समय के लिए सफल नज़र आए, लेकिन धोखे से हासिल धन अक्सर पंख लगाकर उड़ जाता है। इसके अलावा, जब हम किसी दूसरे को लूटते हैं, तो हम ख़ुद को लूटते हैं। जिस कमी और सीमा की मानसिकता से हमने व्यवहार किया है, वह दूसरे तरीक़ों से भी ख़ुद को प्रकट करती हैं, जैसे हमारे शरीर, पारिवारिक जीवन और लोगों के साथ हमारे संबंधों में।

जो भी हम सोचते और महसूस करते हैं, वही होता है। हम जिसमें विश्वास करते हैं, वही होता है। धोखे से दौलत इकट्ठी करने वाले व्यक्ति को सफल नहीं माना जा सकता। मानसिक शांति के बिना कोई सफलता नहीं

होती है। किसी व्यक्ति की दौलत का क्या फ़ायदा, अगर वह रात को सो नहीं सकता है, बीमार है या उसमें अपराधबोध की ग्रंथि है?

मैं एक बार लंदन में एक अपराधी से मिला, जिसने मुझे अपने कुछ कारनामे बताए। उसने बहुत सारी दौलत इकट्ठी कर ली थी और वह लंदन के बाहरी इलाक़े में अपने मकान में विलासिता से रहता था। गर्मियों में वह फ्रांस के घर में विलासिता का जीवन गुज़ारता था। विलासिता से, लेकिन आराम से नहीं। उसे हमेशा डर लगा रहता था कि स्कॉटलैंड यार्ड उसे कभी भी गिरफ़्तार कर लेगा। उसे कई आंतरिक समस्याएँ थीं, जो निश्चित रूप से उसके सतत डर और गहराई में जमी अपराधबोध की ग्रंथि से उत्पन्न हुई थीं। वह जानता था कि उसने ग़लत काम किए हैं। अपराध के इस गहरे अहसास ने उसकी ओर बहुत सी मुश्किलों को आकर्षित किया।

बाद में मैंने सुना कि उसने ख़ुद को पुलिस के हवाले कर दिया और जेल की सज़ा काटी। जेल से छूटने के बाद उसने मनोवैज्ञानिक और आध्यात्मिक सलाह ली, जिससे उसकी कायापलट हो गई। वह नौकरी करने लगा और क़ानून का पालन करने वाला ईमानदार नागरिक बन गया। उसे वह मिल गया, जिसे करने से उसे प्रेम था। अब वह जीवन में पहली बार ख़ुश था।

सफल व्यक्ति अपने काम से प्रेम करता है और ख़ुद को पूरी तरह व्यक्त करता है। सफलता सिर्फ़ दौलत इकट्ठी करना नहीं है, यह तो इससे ऊँचे आदर्श पर निर्भर करती है। सफल व्यक्ति वह है, जिसने गहन मनोवैज्ञानिक और आध्यात्मिक समझ हासिल कर ली है। आज के कई महान बिज़नेसमैन सफलता के लिए अपने अवचेतन मन के सही उपयोग पर बल देते हैं। वे किसी आगामी प्रोजेक्ट को इस तरह देखते हैं, जैसे वह पहले ही पूरा हो चुका हो। उसकी साकार तसवीर देखने और अपनी प्रार्थनाओं के परिणाम को महसूस करने के बाद उनका अवचेतन मन उस प्रोजेक्ट को पूरा कर देता है। अगर आप किसी लक्ष्य की स्पष्टता से कल्पना कर सकें, तो आपको आवश्यक चीज़ें मिल जाएँगी। ये चीज़ें आपको अवचेतन मन की चमत्कारी शक्ति द्वारा ऐसे तरीक़ों से मिलेंगी, जिनके बारे में आप कुछ नहीं जानते हैं।

सफलता की तीन पायदानों पर विचार करते समय आपको अपने अवचेतन मन की रचनात्मक शक्तियों को कभी नहीं भूलना चाहिए। यही

सफलता की किसी भी योजना में सारे क़दमों के पीछे की शक्ति है। आपका विचार रचनात्मक है। विचार भावना के साथ मिलकर कल्पनावादी आस्था या विश्वास बन जाता है।

... और तुम्हारे विश्वास के अनुरूप तुम्हें दिया जाएगा।

मैथ्यू 9:29

जब आप समझ लेते हैं कि आपके भीतर एक प्रबल शक्ति है, जो आपकी सारी इच्छाओं को साकार करने में सक्षम है, तो आपको आत्मविश्वास और शांति का अहसास मिलता है। आप चाहे जो काम करते हों, आपको अपने अवचेतन मन के नियम अवश्य सीखने चाहिए। जब आप जानते हैं कि अपने मन की शक्तियों का कैसे प्रयोग किया जाए, जब आप ख़ुद को पूरी तरह अभिव्यक्त कर रहे हों और अपनी प्रतिभा से दूसरों को लाभ पहुँचा रहे हों, तो आप सच्ची सफलता के अचूक मार्ग पर हैं। अगर आप ईश्वर के काम या इसके किसी हिस्से में जुटे हैं, तो ईश्वर आपके साथ है। ऐसे में कौन आपके ख़िलाफ़ टिक सकता है? धरती या आसमान में ऐसी कोई शक्ति नहीं है, जो आपको सफलता तक पहुँचने से रोक सके।

उसने अपना सपना कैसे साकार किया

हॉलीवुड में मैं एक अभिनेता से मिला, जिसका नाम शायद हर फ़िल्म देखने वाले या टेलीविज़न प्रेमी को मालूम होगा। उसने मुझे बताया कि वह मिडवेस्ट में एक छोटे से खेत पर पला-बढ़ा था। उसका परिवार जैसे-तैसे गुज़ारा करता था। उसके मनोरंजन का एकमात्र साधन पुराना ब्लैक ऐंड वाइट टी.वी. था, जिस पर मुश्किल से दो चैनल आते थे। इसके बावजूद उसने अभिनेता बनने का सपना देखा। यह सपना उसके दिलोदिमाग़ पर दिनोंदिन हावी होता चला गया।

उसने बताया, "जब मैं बाहर खेतों में काम करता था या खलिहान में गायों को वापस लाता था, तब भी मैं सारे समय कल्पना करता था कि मेरा नाम एक बड़े थिएटर के बाहर बड़े-बड़े अक्षरों में लिखा है। मैंने हर चीज़ स्पष्टता से देखी - प्रशंसकों की भीड़ शोर मचा रही है, इंटरव्यू लेने वाले मुझे घेरे हुए हैं। मैं यह तसवीर बरसों तक देखता रहा।"

"आख़िरकार, मैंने घर छोड़ दिया। मैं लॉस एंजेलिस पहुँच गया और मुझे फ़िल्मों तथा टी.वी. कार्यक्रमों में एक्स्ट्रा का काम मिल गया। जल्दी ही मुझे अभिनेता के रूप में पहली भूमिका मिल गई। प्रीमियर की रात जब मैं कार से थिएटर पहुँचा, तो बेहोश होते-होते बचा। वहाँ पर मेरा नाम बड़े-बड़े अक्षरों में रोशनी में चमक रहा था, भीड़ थी और अख़बार के रिपोर्टर थे। सब कुछ वैसा ही था, जैसी मैंने बचपन में कल्पना की थी।"

उसने आगे कहा, "मुझसे ज़्यादा कौन जान सकता है कि लगातार की गई कल्पना की शक्ति सफलता दिला सकती है।"

सपने की फ़ार्मेसी हक़ीक़त बन गई

कुछ साल पहले मैं एक युवा फ़ार्मासिस्ट से मिला, जिसका नाम मैरी एस. था। वह एक बड़े चेन ड्रगस्टोर के प्रिस्क्रिप्शन डिपार्टमेंट में काम करती थी। एक दिन जब वह मेरे लिए दवा बना रही थी, तो मैंने उससे पूछा कि उसे यह नौकरी कैसी लगती है।

"ओह, ठीक है," उसने कहा था, "तनख़्वाह और कमीशनों से काम चल जाता है। इसके अलावा कंपनी मुनाफ़ा भी बाँटती है। अगर क़िस्मत अच्छी रही, तो मैं इतनी कम उम्र में रिटायर हो जाऊँगी कि जीवन का आनंद ले सकूँ।"

पल भर के लिए ख़ामोश रहने के बाद मैंने पूछा, "क्या आपने बचपन में यही सपना देखा था, जब आपने फ़ार्मासिस्ट बनने का फ़ैसला किया था?"

उसके चेहरे पर मुश्किल का भाव आ गया। वह बोली, "नहीं, मेरा ख़याल है, नहीं। मैंने हमेशा ख़ुद को अपने स्टोर की मालकिन के रूप में देखा था। मैं चाहती थी कि जब मैं सड़क पर जाऊँ, तो लोग नाम लेकर मुझे हैलो कहें। मैं भी उन सबके नाम जानती थी, क्योंकि मैं उन्हें दवाएँ देती थी। आप सोचेंगे कि यह अजीब है, लेकिन मैंने इस बारे में भी सपने देखे हैं कि माता-पिता अपने बीमार बच्चे की दवा के लिए मुझे आधी रात को फ़ोन कर रहे हैं। मैं अपने पायजामे के ऊपर कपड़े पहनकर नीचे स्टोर तक जा रही हूँ और उन्हें उनकी ज़रूरत की दवा दे रही हूँ। मेरे सपने की तसवीर किसी बड़े स्टोर के काउंटर के पीछे नौ से पाँच की नौकरी जैसी नहीं थी, है ना?"

“निश्चित रूप से नहीं है,” मैंने कहा। “लेकिन आप अपने सपने को पूरा करने की कोशिश क्यों नहीं कर रही हैं? क्या आप उसमें ज़्यादा ख़ुश और सफल नहीं होंगी? अपनी नज़रें ऊपर रखें। यहाँ से बाहर निकलें। अपना ख़ुद का स्टोर शुरू करें।”

“मैं कैसे कर सकती हूँ?” उसने अपना सिर हिलाते हुए कहा। “उसमें बहुत पैसे लगेंगे और हम इस वक़्त जैसे-तैसे महीना काटते हैं।”

इसके बाद मैंने उसे एक अद्भुत सच्चाई बताई : वह जिसे भी सच मानती थी, उसे वह अस्तित्त्व में ला सकती थी। मैंने उसे अवचेतन मन की शक्तियों के बारे में बताया। वह जल्दी ही समझ गई कि अगर वह अपने अवचेतन मन तक स्पष्ट और विशिष्ट विचार पहुँचा दे, तो वे शक्तियाँ किसी तरह उसे साकार कर देंगी।

वह कल्पना करने लगी कि वह अपने ख़ुद के स्टोर में थी। उसने मानसिक रूप से बोतलें जमाईं, पर्चों पर लिखी दवाएँ बनाईं और ग्राहकों का इंतज़ार करने की कल्पना की, जो उसके पड़ोसी और मित्र भी थे। उसने अच्छे-ख़ासे बैंक बैलेंस की तसवीर भी देखी। मानसिक रूप से वह अपने काल्पनिक स्टोर में काम करने लगी। अच्छी अभिनेत्री की तरह उसने अपनी भूमिका अच्छी तरह निभाई। *मैं जिस तरह अभिनय करूँगी, वैसी ही बन जाऊँगी।* वह पूरे दिल से अभिनय में जुट गई। वह इस तरह जीती थी, चलती थी और काम करती थी, जैसे वह स्टोर की मालकिन हो।

कुछ साल बाद मैरी ने मुझे चिट्ठी लिखकर बताया कि हमारी बातचीत के बाद उसके जीवन में कैसा मोड़ आया। जिस चेन स्टोर में वह काम करती थी, वह एक नए मॉल के बड़े स्टोर से प्रतिस्पर्धा में दिवालिया हो गया। इसके बाद वह एक बड़ी ड्रग कंपनी में ट्रैवलिंग रिप्रज़ेन्टेटिव का काम करने लगी और एक ऐसा इलाक़ा सँभालने लगी, जिसमें कई राज्य थे।

एक दिन काम के सिलसिले में उसे अपने इलाक़े के पश्चिमी कोने के एक छोटे क़स्बे में जाना पड़ा। उस क़स्बे में दवा की सिर्फ़ एक ही दुकान थी। वह वहाँ पहले कभी नहीं गई थी, लेकिन जिस पल वह अंदर गई, उसने उसे पहचान लिया। यह हूबहू उसी स्टोर जैसी थी, जिसका सपना उसने अपनी कल्पना में इतनी स्पष्टता से देखा था।

अचंभित होकर उसने स्टोर के बूढ़े मालिक को इस अद्भुत संयोग के बारे में बताया। इस पर मालिक ने उसे बताया कि वह रिटायर तो होना

चाहता है, लेकिन अपना स्टोर किसी बड़े कॉरपोरेशन को नहीं बेचना चाहता, क्योंकि यह स्टोर तीन पीढ़ियों से उसके परिवार में है।

कई बार की बातचीत के बाद मालिक ने उसे स्टोर ख़रीदने के लिए पैसे उधार देने का प्रस्ताव रखा। बिज़नेस से होने वाले मुनाफ़े से वह क़र्ज़ की क़िस्त पटा सकती थी। युवा महिला अपने परिवार सहित उस क़स्बे में आ गई और जल्दी ही उसने एक बड़े पुराने मकान का डाउन पेमेंट दे दिया, जो स्टोर के पास ही था। अब जब वह सुबह स्टोर जाती है, तो पास से गुज़रने वाला हर व्यक्ति उसका नाम लेकर हैलो कहता है। सब उसे जानते हैं, क्योंकि वह उन्हें दवाएँ देती है।

बिज़नेस में अवचेतन मन का उपयोग करना

कुछ साल पहले मैंने बिज़नेस एक्ज़ीक्यूटिव्ज़ के एक समूह के सामने कल्पना और अवचेतन मन की शक्तियों पर भाषण दिया। भाषण में मैंने यह बताया कि महान जर्मन कवि गेटे मुश्किलें और समस्याएँ आने पर अपनी कल्पना का किस तरह प्रयोग करते थे।

गेटे के जीवनी-लेखकों के अनुसार वे घंटों तक अकेले काल्पनिक बातचीत किया करते थे। वे कल्पना करते थे कि उनका कोई दोस्त उनके सामने बैठा है और उन्हें सही जवाब दे रहा है। दूसरे शब्दों में, वे यह कल्पना करते थे कि उनका दोस्त उनकी समस्या के बारे में उन्हें सही या उचित सलाह दे रहा है। वे उस दोस्त की सामान्य मुद्राओं और बोलने के ख़ास अंदाज़ की कल्पना करते थे। वे इस पूरे काल्पनिक दृश्य को जितना वास्तविक और स्पष्ट बना सकते थे, बना लेते थे।

इस भाषण में एक युवा स्टॉक ब्रोकर भी मौजूद थी। उसने गेटे की तकनीक अपना ली। वह एक परिचित करोड़पति निवेशक से काल्पनिक बातचीतें करने लगी, जिसने एक बार शेयरों के समझदारी भरे सुझाव के लिए उसे बधाई भी दी थी। उसने इस बातचीत का तब तक अभिनय किया, जब तक कि उसके मन में यह मनोवैज्ञानिक विश्वास के रूप में अंकित नहीं हो गया।

इस ब्रोकर की आंतरिक बातचीत और नियंत्रित कल्पना निश्चित रूप से उसके लक्ष्य के अनुरूप भी थी। उसका काम अपने क्लाएन्ट्स को दमदार निवेश का सुझाव देना था। जीवन में उसका लक्ष्य था कि वह अपने

क्लाइएन्ट्स को ज़्यादा से ज़्यादा लाभ पहुँचाए और अपनी समझदारी भरी सलाह से उन्हें समृद्ध बनाए। वह अब भी अपने बिज़नेस में अवचेतन मन का उपयोग कर रही है और अपने क्षेत्र में बहुत सफल है। एक प्रमुख वित्तीय पत्रिका में हाल ही में उसका इंटरव्यू भी छपा है।

सोलह साल का लड़का असफलता को सफलता में बदलता है

सोलह साल के टॉड एम. ने मुझे बताया, "मैं हर चीज़ में असफल हो रहा हूँ। मैं नहीं जानता कि ऐसा क्यों हो रहा है। मुझे लगता है कि मैं निरा मूर्ख हूँ। शायद अच्छा यही रहेगा कि उनके स्कूल से निकाले जाने से पहले मैं ख़ुद ही स्कूल छोड़ दूँ।"

आगे की बातचीत में मुझे पता चला कि टॉड का नज़रिया ही गड़बड़ था। वह अपनी पढ़ाई के बारे में उदासीन था और अपने कुछ टीचर्स तथा सहपाठियों के प्रति द्वेष भी पाले था।

मैंने उसे सिखाया कि पढ़ाई में सफल होने के लिए वह अपने अवचेतन मन का इस्तेमाल कैसे कर सकता है। वह दिन में कई बार कुछ सच्चाइयों की घोषणा करने लगा, ख़ास तौर पर सोने से ठीक पहले और सुबह जागने के ठीक बाद। जैसा हम देख चुके हैं, अवचेतन मन तक विचार पहुँचाने के लिए ये सबसे अच्छे समय होते हैं।

उसने यह सकारात्मक घोषणा की :

> **मुझे अहसास है कि मेरा अवचेतन मन यादों का भंडार है। यह हर उस चीज़ का संग्रह करता है, जो मैंने पढ़ी है या टीचर्स के लेक्चर में सुनी है। मेरी याददाश्त आदर्श है, बशर्ते मैं उसका इस्तेमाल करने का चुनाव करूँ। मेरे अवचेतन मन की असीमित बुद्धिमत्ता मुझे वह हर चीज़ लगातार बताती है, जो मुझे परीक्षा में जानने की ज़रूरत है, चाहे वह लिखित हो या मौखिक। मैं अपने सभी टीचर्स और सहपाठियों के प्रति प्रेम और सद्भाव दर्शाता हूँ। मैं सचमुच चाहता हूँ कि वे सफल हों और उन्हें सभी अच्छी चीज़ें मिलें।**

टॉड अब पहले से बहुत ज़्यादा स्वतंत्रता का आनंद ले रहा है। उसे अब हर विषय में ए ग्रेड मिल रहा है। वह लगातार कल्पना करता है कि

उसके टीचर्स और माता-पिता पढ़ाई में उसकी सफलता पर उसे बधाई दे रहे हैं।

ख़रीदने और बेचने में सफल कैसे बनें

ख़रीदते या बेचते समय याद रखें कि आपका चेतन मन स्टार्टर है और आपका अवचेतन मन मोटर है। आप मोटर चालू करेंगे, तभी यह काम शुरू कर पाएगी। आपका चेतन मन आपके अवचेतन मन की शक्ति को जगाता है।

अपनी स्पष्ट इच्छा, विचार या छवि को अपने अवचेतन मन तक पहुँचाने का पहला क़दम उसे शांत करना है, ध्यान को गतिहीन करना है, स्थिर होना है और शांत बनना है। शिथिल, निष्क्रिय और शांत मानसिक नज़रिया बाहरी मामलों तथा ग़लत विचारों को अवचेतन मन तक पहुँचने और लक्ष्य में हस्तक्षेप करने से रोकता है। यही नहीं, मस्तिष्क के शांत, निष्क्रिय और ग्रहणशील नज़रिए में न्यूनतम प्रयास की ज़रूरत होती है।

दूसरा क़दम मनचाहे परिणाम की वास्तविकता की कल्पना करना है। उदाहरण के लिए, हो सकता है आप कोई मकान ख़रीदना चाहते हों। अपनी शिथिल मानसिक अवस्था में आप इस तरह घोषणा करते हैं :

> **मेरे अवचेतन मन की असीम बुद्धिमत्ता परम बुद्धिमान है। यह मुझे अपनी सारी ज़रूरतों को पूरा करने वाला आदर्श मकान बताती है, जिसे मैं ख़रीद सकता हूँ। मैं अब इस आग्रह को अपने अवचेतन मन को सौंप रहा हूँ। मैं जानता हूँ कि यह मेरे आग्रह की प्रकृति के अनुरूप प्रतिक्रिया करेगा। मैं इस आग्रह को पूर्ण आस्था और विश्वास के साथ उसी तरह मुक्त कर रहा हूँ, जिस तरह किसान ज़मीन में बीज बोता है, विकास के नियमों में अंदरूनी विश्वास के साथ।**

आपकी प्रार्थना का जवाब अख़बार के किसी विज्ञापन या दोस्त से मिल सकता है। या हो सकता है कि आपको किसी ख़ास मकान की तरफ़ सीधे मार्गदर्शन दिया जाए, जो ठीक वैसा ही होगा, जैसा आप चाहते हों। प्रार्थना का जवाब कई तरीक़ों से मिल सकता है। मुख्य बात यह है कि जवाब हमेशा मिलता है, बशर्ते आपको अपने अवचेतन मन के काम करने पर पूरा विश्वास हो।

मान लें, ख़रीदने के बजाय आप कोई मकान, ज़मीन या जायदाद बेचना चाहते हों। अवचेतन मन की असीमित बुद्धिमत्ता पर भरोसा करने की यही नीति आपको सटीक मार्गदर्शन देगी। लॉस एंजेलिस में अपना मकान बेचते समय मैंने एक तकनीक का इस्तेमाल किया। जब मैंने यह तकनीक अपनी पहचान के कई रियल एस्टेट ब्रोकर्स को बताई, तो वे भी इसका इस्तेमाल करने लगे। इससे उन्हें उल्लेखनीय परिणाम मिल रहे हैं।

मैंने अपने मकान के सामने घास पर एक साइनबोर्ड लगाया, जिस पर लिखा था, "बेचना है।" उस रात सोने से ठीक पहले मैंने ख़ुद से पूछा, "मान लो तुम्हें घर के लिए ख़रीदार मिल गया, तो फिर तुम क्या करोगे?" जवाब था, "मैं 'बेचना है' के साइनबोर्ड को कचरे में फेंक दूँगा।"

अपने मस्तिष्क के अंदरूनी पर्दे पर मैंने एक विस्तृत दृश्य देखा। मैंने साइनबोर्ड पकड़ा, उसे ज़मीन से उखाड़ा, अपने कंधे पर रखा और मकान के पीछे कूड़ेदान की तरफ़ ले गया। मैंने उसे फेंकते हुए कहा, "मदद के लिए धन्यवाद, लेकिन अब मुझे तुम्हारी ज़रूरत नहीं है!"

मैं गहरी संतुष्टि के अहसास के साथ सोने गया कि काम पूरा हो गया था।

अगले दिन एक आदमी ने मुझे उस मकान का बयाना दे दिया और कहा, "अब आप उस साइनबोर्ड को फेंक सकते हैं। अब आपको उसकी ज़रूरत नहीं है।"

मैंने उसकी सलाह पर अमल किया। मैंने साइनबोर्ड उखाड़ा और उसे फेंक दिया। आंतरिक क्रिया ने बाहरी क्रिया को साकार कर दिया। इसके बारे में नया कुछ नहीं है। जैसा भीतर, वैसा बाहर। दूसरे शब्दों में, आपके अवचेतन मन पर छपी तसवीर जैसी होगी, वैसा ही दृश्य आपके जीवन के पर्दे पर उभरेगा। बाहरी स्वरूप आंतरिक स्वरूप का प्रतिबिंब दिखाता है। बाहरी कर्म आंतरिक कर्म का अनुसरण करता है।

यहाँ घर, ज़मीन या जायदाद बेचने का एक और प्रभावी तरीक़ा बताया जा रहा है। धीरे-धीरे, शांति से और भावना के साथ यह सकारात्मक घोषणा करें :

असीमित बुद्धिमत्ता इस मकान के उस ख़रीदार को मेरी ओर आकर्षित कर रही है, जो इसे चाहता है और इसमें समृद्ध होता है। इस ख़रीदार

को मेरे पास मेरे अवचेतन मन के रचनात्मक ज्ञान ने भेजा है, जो कभी ग़लतियाँ नहीं करता है। हो सकता है, वह ख़रीदार कई और मकान देखे, लेकिन मेरा मकान ही उसे पसंद आएगा और वह इसे ही ख़रीदेगा, क्योंकि उसके भीतर की असीमित बुद्धिमत्ता उसका मार्गदर्शन करेगी। मैं जानता हूँ कि ख़रीदार सही है, समय सही है और क़ीमत सही है। इसके बारे में हर चीज़ सही है। मेरे अवचेतन मन का अधिक गहरा प्रवाह अब हम दोनों को दैवी विधान में एक साथ ला रहा है। मैं जानता हूँ कि ऐसा ही है।

हमेशा याद रखें कि आप जिसे खोज रहे हैं, वह भी आपको खोज रहा है। कोई न कोई हमेशा रहता है, जो उसी मकान या जायदाद को ख़रीदना चाहता है, जिसे आप बेचना चाहते हैं। अपने अवचेतन मन की शक्तियों का सही इस्तेमाल करके आप अपने मस्तिष्क से प्रतिस्पर्धा का सारा अहसास और ख़रीदने-बेचने की सारी चिंता ख़त्म कर देते हैं।

वह जो चाहती थी, उसे पाने में कैसे सफल हुई

एक युवा महिला मार्गरेट टी. नियमित रूप से मेरे भाषणों और क्लासों में आती थी। अपने घर से हॉल तक आने के लिए उसे तीन बार बस बदलनी पड़ती थी। हर बार भाषण सुनने आते समय उसे डेढ़ घंटा लगता था। एक दिन वह मेरा भाषण सुनने आई, जिसमें मैंने बताया कि एक युवक को अपनी नौकरी के सिलसिले में कार की ज़रूरत थी और कल्पना के प्रयोग से वह उसे मिल गई।

वह घर गई और भाषण में सुनी तकनीक आज़माने लगी। उसने बाद में मुझे चिट्ठी लिखकर बताया कि उसने मेरे तरीक़ों को कैसे लागू किया और उसके बाद क्या हुआ। मैं वह चिट्ठी उसकी अनुमति से यहाँ दे रहा हूँ :

प्रिय डॉ. मर्फ़ी,

मैं जानती थी कि व्यक्तिगत विकास के लिए मुझे कार की सख़्त ज़रूरत थी। इसके अलावा कोई रास्ता नहीं था कि मैं आपके भाषण नियमित रूप से सुनने आ सकूँ। मैंने फ़ैसला किया कि चाहे मुझे कार पाने में जितना भी समय लगे, मुझे उस कार को पाने की कोशिश करनी चाहिए, जिसका मैंने हमेशा सपना देखा था - कैडिलक कार।

अपनी कल्पना में मैंने वे सारे क़दम उठाए, जो मैं करती, अगर मैं सचमुच कार ख़रीदती और चलाती। मैंने ख़ुद को शोरूम में जाते देखा और उस मॉडल का टेस्ट ड्राइव लेते देखा, जो मुझे पसंद था। मैंने बार-बार कैडिलक पर हक़ जताया।

मैंने कार में बैठने, उसे चलाने, उसके डैशबोर्ड को छूने की मानसिक तसवीर देखी और लगातार दो सप्ताह तक देखती रही। पिछले सप्ताह मैं कैडिलक चलाकर आपका भाषण सुनने आई थी। इंगलवुड में रहने वाले मेरे अंकल की मृत्यु हो गई थी और वे अपनी कैडिलक तथा सारी जायदाद मेरे नाम कर गए थे।

कई उत्कृष्ट एक्ज़ीक्यूटिव्ज़ द्वारा अपनाई जाने वाली सफलता की तकनीक

कई शीर्षस्थ बिज़नेस एक्ज़ीक्यूटिव्ज़ दिन में कई बार "सफलता" शब्द का तब तक इस्तेमाल करते हैं, जब तक कि उन्हें यह विश्वास नहीं होने लगता है कि उन्हें सफलता मिल गई है। वे जानते हैं कि सफलता के विचार में सफलता के सभी अनिवार्य तत्त्व शामिल हैं। इसी तरह, आप भी "सफलता" शब्द को आस्था और विश्वास के साथ दोहराएँ। आपका अवचेतन मन इसे आपके बारे में सच मान लेगा और आपको सफलता की प्रेरणा देगा।

आप अपने कल्पनावादी विश्वासों, छापों और विश्वासों को व्यक्त करने के लिए विवश हैं। सफलता का आपके लिए क्या मतलब है? बेशक आप अपने घरेलू जीवन और दूसरों के साथ संबंधों में सफल बनना चाहते हैं। आप अपने चुने हुए काम या व्यवसाय में उत्कृष्ट बनना चाहते हैं। आप एक सुंदर घर और दौलत चाहते हैं, ताकि आप आराम और सुख से रह सकें। आप अपने प्रार्थना-जीवन और अपने अवचेतन मन की शक्तियों के संपर्क में सफल बनना चाहते हैं।

आप एक बिज़नेस एक्ज़ीक्यूटिव भी हैं, क्योंकि आप जीने के व्यवसाय में हैं। आप जो करना चाहते हैं और जिस वस्तु के मालिक बनना चाहते हैं, उसकी कल्पना करके सफल एक्ज़ीक्यूटिव बनें। कल्पनाशील बनें। मानसिक रूप से सफलता की वास्तविक तसवीर देखें। इसकी आदत डालें। हर रात को सफल और पूर्ण संतुष्टि के अहसास के साथ सोने जाएँ। अंततः आप अपने अवचेतन में सफलता का विचार बोने में कामयाब हो जाएँगे। यक़ीन

करें कि आप सफल होने के लिए पैदा हुए हैं और प्रार्थना करने से चमत्कार हो जाएगा।

याद रखने लायक़ विचार

1. सफलता का मतलब सफल जीवन है। अगर आप शांत, ख़ुश, सुखी हैं और अपना प्रिय काम कर रहे हैं, तो आप सफल हैं।
2. पता लगाएँ कि आपको कौन सा काम प्रिय है, फिर उसे कर दें। अगर आप अपनी सच्ची अभिरुचि नहीं जानते हैं, तो मार्गदर्शन के लिए प्रार्थना करें और यह आपको मिल जाएगा।
3. अपने ख़ास क्षेत्र में विशेषज्ञ बनें और इसके बारे में किसी अन्य व्यक्ति से ज़्यादा जानने की कोशिश करें।
4. सफल व्यक्ति स्वार्थी नहीं होते हैं। जीवन में उनकी प्रमुख इच्छा मानवता की सेवा है।
5. मानसिक शांति के बिना कोई सच्ची सफलता नहीं मिलती है।
6. सफल व्यक्ति के पास गहन मनोवैज्ञानिक और आध्यात्मिक समझ होती है।
7. अगर आप किसी उद्देश्य की स्पष्टता से कल्पना करते हैं, तो अवचेतन मन की चमत्कारी शक्ति आपको सारी आवश्यक वस्तुएँ प्रदान कर देगी।
8. आपका विचार भावना के साथ जुड़कर कल्पनावादी विश्वास बन जाता है और आपके विश्वास के अनुसार आपको मिलेगा।
9. लगातार कल्पना करने से आपके अवचेतन मन की चमत्कारी शक्तियाँ प्रेरित होती हैं।
10. अगर आप नौकरी में प्रमोशन चाहते हैं, तो कल्पना करें कि आपका मालिक, सुपरवाइज़र या कोई प्रियजन प्रमोशन पर आपको बधाई दे रहा है। इस तसवीर को स्पष्ट और वास्तविक बनाएँ। आवाज़ सुनें, मुद्राएँ देखें और इसकी वास्तविकता को महसूस करें। ऐसा करते रहें। बार-बार दोहराने से आपकी मनोकामना सुखद रूप से पूरी हो जाएगी।
11. आपका अवचेतन मन यादों का भंडार है। आदर्श याददाश्त के लिए

बार-बार सकारात्मक घोषणा करें : "मेरे अवचेतन मन की असीमित बुद्धिमत्ता मुझे वह हर चीज़ याद दिलाती है, जो मैं कभी भी, कहीं भी, जानना चाहता हूँ।"

12. अगर आप मकान या जायदाद बेचना चाहते हैं, तो धीरे-धीरे, शांति से और भावना से यह सकारात्मक घोषणा करें : "असीमित बुद्धिमत्ता इस मकान या जायदाद के ख़रीदार को मेरी ओर आकर्षित कर रही है, जो इसे चाहता है और इसमें समृद्ध होता है।" इस जागरूकता को क़ायम रखें और आपके अवचेतन मन का अधिक गहरा प्रवाह इसे साकार कर देगा।
13. सफलता के विचार में सफलता के सभी तत्त्व शामिल हैं। "सफलता" शब्द बार-बार आस्था और विश्वास के साथ दोहराएँगे, तो अवचेतन मन आप पर सफल होने के लिए दबाव डालेगा।

12 | वैज्ञानिक अवचेतन मन का प्रयोग कैसे करते हैं

इतिहास के सबसे रचनात्मक वैज्ञानिक अवचेतन मन के सच्चे महत्त्व को जानते थे। एडीसन, मार्कोनी, आइंस्टीन और कई अन्य वैज्ञानिकों ने अवचेतन मन का प्रयोग करके ऐसा ज्ञान और "जानकारी" हासिल की, जिससे उन्होंने महान उपलब्धियाँ पाईं। अवचेतन मन की शक्ति को कर्म में बदलने की योग्यता महान वैज्ञानिकों और शोधकर्ताओं की सफलता बहुत महत्त्वपूर्ण और निर्णायक तथ्य है।

इसका एक बहुत अद्‌भुत उदाहरण मशहूर केमिस्ट फ्रेडरिक वॉन स्ट्रैडोनिट्ज़ के जीवन में देखा जा सकता है। वे काफ़ी समय से बेंजीन नामक हाइड्रोकार्बन के रासायनिक सूत्र को समझने के लिए जूझ रहे थे, जिसमें कार्बन और हाइड्रोजन के छह-छह परमाणु होते हैं। स्ट्रैडोनिट्ज़ इस समस्या से लगातार परेशान हो रहे थे। उनकी तमाम कोशिशें नाकाम हो रही थीं।

जब वे इस गुत्थी को सुलझाने में कामयाब नहीं हुए, तो उन्होंने थककर मामले को अपने अवचेतन मन को सौंप दिया। इसके कुछ समय बाद जब वे लंदन की बस में चढ़ने वाले थे, तो उनके अवचेतन ने उनके दिमाग़ में अचानक समाधान पेश किया। अपने मन में स्ट्रैडोनिट्ज़ ने साँप की छवि देखी, जो अपनी ही पूँछ को काट रहा था और गोल-गोल घूम रहा था। अवचेतन मन के इस संदेश से वे प्रेरित हो गए और उन्होंने अपनी खोज की दिशा बदल ली। जल्दी ही उन्हें लंबे समय से चाहा गया

जवाब मिल गया : परमाणुओं का गोलाकार संयोजन, जिसे बेंजीन रिंग नाम से जाना जाता है।

किस तरह एक मशहूर वैज्ञानिक ने अपने आविष्कार किए

निकोला टेस्ला विद्युत के क्षेत्र में बहुत प्रतिभाशाली पथप्रदर्शक थे। विज्ञान म्यूज़ियमों में रखी टेस्ला कॉइल बच्चों को हमेशा बहुत पसंद आती है। यह उनका सिर्फ़ एक आविष्कार है। आवेशित धातु के इस गोले को जब कोई छूता है, तो स्थैतिक विद्युत (static electricity) उसके बाल खड़े कर देती है। टेस्ला ने प्रसारण ऊर्जा की अवधारणा के भी प्रयोग किए और इस विषय में उनके विचार अब भी क्रांतिकारी समझे जाते हैं।

टेस्ला अवचेतन मन की शक्ति पर विश्वास करते थे और उसका इस्तेमाल भी करते थे। जब भी उनके मन में किसी नए आविष्कार या नई शोध दिशा का विचार आता था, तो वे अपनी कल्पना में इसकी तसवीर बनाते थे और फिर इसे अवचेतन मन के हवाले कर देते थे। वे जानते थे कि उनका अवचेतन मन इसे सही तरीक़े से पूरा बना देगा और उनके चेतन मन को वे सारी बातें बता देगा, जो इसे साकार करने के लिए ज़रूरी हैं। हर संभावित सुधार पर शांति से मनन करने की वजह से ग़लतियाँ सुधारने में उनका ज़रा भी समय बर्बाद नहीं हुआ, क्योंकि ग़लतियाँ हुई ही नहीं। अपने साथ काम करने वाले तकनीशियनों को वे अपने मस्तिष्क से निकला आदर्श पूर्ण प्रॉडक्ट देने में सक्षम थे।

एक इंटरव्यू में उन्होंने कहा था, "मेरा यंत्र हमेशा मेरी कल्पना के अनुरूप ही काम करता है। बीस सालों में इसका एक भी अपवाद नहीं है।"

किस तरह एक मशहूर प्रकृति वैज्ञानिक ने अपनी समस्या सुलझाई

हार्वर्ड यूनिवर्सिटी के प्रोफ़ेसर लुई एगैसिज़ उन्नीसवीं सदी के सबसे मशहूर अमेरिकी प्रकृति वैज्ञानिकों में से एक थे। उन्होंने अपने अवचेतन मन की महान शक्तियों को नींद में महसूस किया। नीचे दिया गया उदाहरण एगैसिज़ की जीवनी से लिया गया है, जिसे उनकी विधवा पत्नी ने लिखा है।

वे दो सप्ताह से एक पत्थर के टुकड़े पर संरक्षित फ़ॉसिल की धुँधली छाप को समझने की कोशिश कर रहे थे। थकने और चकराने के बाद उन्होंने आख़िरकार अपना काम एक तरफ़ रख दिया और उसे अपने दिमाग़ से निकालने की कोशिश की। इसके ठीक बाद एक बार आधी रात को जब उनकी नींद खुली, तो उन्हें यक़ीन था कि सोते समय उन्होंने उसी मछली को देखा था, जिसमें सभी खोए हुए अंग पूरी तरह से दिख रहे थे। लेकिन जब उन्होंने उस छवि को याद करने की कोशिश की, तो वह उन्हें याद नहीं आई। बहरहाल, वे यह सोचकर जार्डिन डेस प्लांटेस के पास एक बार फिर उस छाप को देखने गए, ताकि शायद उससे उन्हें सपना याद आ जाए। यह कोशिश बेकार हुई - धुँधला रिकॉर्ड पहले जितना ही अस्पष्ट था। अगली रात को मछली उन्हें दोबारा दिखी - लेकिन परिणाम पहले से ज़्यादा संतोषजनक नहीं थे। पहले की तरह ही जागने पर छवि ग़ायब हो गई। वही अनुभव एक बार फिर दोहराया जाएगा, इस उम्मीद में तीसरी रात को उन्होंने सोने से पहले अपने पलंग के पास एक पेंसिल और काग़ज़ रख लिया। हुआ भी यही। सुबह के क़रीब मछली एक बार फिर उनके सपने में आई, पहले तो अस्पष्टता से, लेकिन बाद में इतनी स्पष्टता से कि उन्हें इसके जैविक अंगों के बारे में ज़रा भी शंका नहीं रह गई थी। आधे सपने और पूरे अँधेरे में उन्होंने बिस्तर के पास रखे काग़ज़ पर मछली की आकृति बना ली। सुबह जब वे जागे, तो अपने रात वाले स्केच में ऐसे अंग देखकर हैरान रह गए, जिनके बारे में उन्हें लगता था कि फ़ॉसिल में इनका मिलना असंभव था। वे जल्दी से जार्डिन डेस प्लांटेस के पास गए। स्केच के मार्गदर्शन से उन्होंने पत्थर की सतह को छेनी से छीला, जिसके नीचे मछली के बाक़ी अंग छिपे हुए थे। जब मछली पूरी तरह से बाहर आ गई, तो यह उनके सपने और स्केच के अनुरूप निकली तथा वे आसानी से इसका वर्गीकरण कर पाए।

किस तरह एक असाधारण डॉक्टर ने डायबिटीज़ की समस्या सुलझाई

1920 के दशक में मशहूर कनाडाई डॉक्टर और शोधकर्ता डॉ. फ्रेडरिक बैंटिंग ने अपना ध्यान डायबिटीज़ की ओर मोड़ा। उस वक़्त तक चिकित्सा विज्ञान इस बीमारी की रोकथाम का कोई प्रभावी उपाय नहीं सुझा पाया था।

डॉ. बैंटिंग ने इस विषय पर प्रयोग करने और इस पर उपलब्ध अंतर्राष्ट्रीय साहित्य के अध्ययन में काफ़ी समय लगाया, लेकिन उन्होंने जो भी रास्ता खोजा, वह बंद मिला।

असफल कोशिशों के लंबे दिन के बाद एक रात को वे सो गए। नींद में अवचेतन मन ने उन्हें निर्देश दिया कि वे कुत्तों की बिगड़ी हुई पैनक्रिएटिक डक्ट से अवशेष निकाल लें। इस प्रेरणा से वे इन्सुलिन की खोज कर पाए, जो आज भी असंख्य लोगों की मदद कर रही है।

आप ध्यान दें। डॉ. बैंटिंग काफ़ी समय से चेतन मन से इस समस्या को सुलझाने की कोशिश कर रहे थे। उनके अवचेतन ने इसके अनुरूप प्रतिक्रिया की।

इससे यह निष्कर्ष नहीं निकलता है कि आपको भी हमेशा रातोंरात जवाब मिल जाएगा। हो सकता है, जवाब कुछ समय तक नहीं मिले। हताश नहीं हों। हर रात सोने से ठीक पहले समस्या अपने अवचेतन मन के हवाले इस तरह करते रहें, जैसे आपने यह काम पहले कभी नहीं किया हो।

अगर समाधान मिलने में ज़्यादा देर लगे, तो संभव है आप यह सोच रहे हों कि अवचेतन मन को सौंपा गया सवाल इतना बड़ा है कि उसे सुलझाने में लंबा समय लग जाएगा। यह हैरानी की बात नहीं है। आम तौर पर हम सभी को यक़ीन होता है कि हमारी समस्याएँ मुश्किल हैं। अगर वे मुश्किल नहीं होतीं, तो वे समस्याएँ नहीं होतीं। बहरहाल, यह सोच ग़लत है। आपका अवचेतन मन समय और स्थान के बंधन से परे है। यह यक़ीन करते हुए सोने जाएँ कि आपको जवाब अभी मिल गया है। यह घोषणा नहीं करें कि जवाब का भविष्य में इंतज़ार करना पड़ेगा। परिणाम में आस्था रखें। इस पुस्तक को पढ़ते समय अभी विश्वास करें कि आपकी समस्या का एक जवाब है, एक आदर्श समाधान है।

किस तरह एक वैज्ञानिक सोवियत कॉन्सेंट्रेशन कैंप से भागा

डॉ. लोथार वॉन ब्लेंक-श्मिट प्रतिभाशाली इलेक्ट्रॉनिक्स इंजीनियर थे। द्वितीय विश्वयुद्ध के दौरान उन्हें एक सोवियत कॉन्सेंट्रेशन कैंप में क़ैद कर दिया गया। वे अपने बचाव और अंततः आज़ादी की ओर भाग निकलने का श्रेय अपने अवचेतन मन की शक्तियों को देते हैं।

मैं रूस में एक कोयला खदान में युद्धबंदी था और मैंने जेल के अहाते में अपने चारों तरफ़ लोगों को मरते देखा। क्रूर पहरेदार, दंभी अफ़सर और चालाक कम्युनिस्ट अफ़सर हम पर नज़र रखते थे। थोड़े से मेडिकल चेकअप के बाद हर क़ैदी के कोयले का कोटा तय कर दिया जाता था। मेरा कोटा तीन सौ पौंड प्रतिदिन था। अगर कोई क़ैदी अपना कोटा पूरा नहीं करता था, तो उसे मिलने वाले थोड़े से राशन में भी कटौती कर दी जाती थी और कुछ समय में वह क़ब्र में पहुँच जाता था।

मैं वहाँ से भागने पर ध्यान केंद्रित करने लगा। मैं जानता था कि मेरा अवचेतन मन किसी न किसी तरह कोई रास्ता खोज लेगा। जर्मनी में मेरा घर तबाह हो गया था। मेरा परिवार मिट गया था। मेरे सभी मित्र और पूर्व सहयोगी या तो युद्ध में मर चुके थे या फिर कॉन्सेंट्रेशन कैंपों में थे।

मैंने अपने अवचेतन मन से कहा, "मैं लॉस एंजेलिस पहुँचना चाहता हूँ और तुम्हें रास्ता खोजना है।" मैंने लॉस एंजेलिस की तसवीरें देखी थीं और मुझे कुछ सड़कें और इमारतें बहुत अच्छी तरह याद थीं। मैं उन्हें बार-बार याद करने लगा।

हर दिन, हर रात मैं कल्पना करता था कि मैं विलशायर रोड पर एक अमेरिकी लड़की के साथ टहल रहा हूँ, जिससे मैं युद्ध से पहले बर्लिन में मिला था (अब वह मेरी पत्नी है)। मेरी कल्पना में हम स्टोर्स में गए, बसों में यात्रा की और रेस्तराँओं में भोजन किया। हर रात मैं ख़ास तौर पर ख़ुद को अपनी काल्पनिक अमेरिकी कार में लॉस एंजेलिस की सड़कों पर इधर से उधर जाते देखता था। मैंने यह सब बहुत स्पष्ट और वास्तविक बना लिया। मेरे मस्तिष्क में ये तसवीरें उतनी ही वास्तविक या स्वाभाविक थीं, जितना कि कॉन्सेंट्रेशन कैंप के बाहर लगा पेड़।

हर सुबह प्रमुख पहरेदार लाइन में खड़े क़ैदियों को गिनता था। वह कहता था "एक, दो, तीन," आदि। एक दिन जब सत्रह नंबर पुकारा गया, जो मेरा क्रम था, तो मैं अलग खड़ा हो गया। इस बीच पहरेदार को किसी ने एकाध मिनट के लिए बुलवा लिया और वापस लौटने पर उसने ग़लती से अगले आदमी को सत्रह नंबर के रूप में गिन लिया। जब शाम को क़ैदी लौटे, तो उनकी संख्या पूरी निकली। किसी को पता नहीं चला कि मैं नहीं लौटा हूँ और मैं जानता था कि यह पता चलने में उन्हें काफ़ी समय लगेगा।

इससे पहले कि किसी को पता चले मैं कैंप से बाहर निकल गया और चौबीस घंटे तक पैदल चलता रहा। अगले दिन मैंने एक वीरान क़स्बे में आराम किया। मैं मछली पकड़कर और कुछ जंगली पक्षियों का शिकार करके ज़िंदा रहा। मैंने पोलैंड जाने वाली कोयले की ट्रेनें देखीं और रात को उनमें यात्रा की, जब तक कि आख़िरकार मैं पोलैंड नहीं पहुँच गया। दोस्तों की मदद से मैंने लूसर्न, स्विट्ज़रलैंड का रुख़ किया।

एक शाम पैलेस होटल, लूसर्न में मैंने एक अमेरिकी व्यक्ति और उसकी पत्नी से बात की। उस आदमी ने मुझसे पूछा कि क्या मैं सेंट मोनिका, कैलिफ़ोर्निया में उनके घर अतिथि बनना चाहता हूँ। मैंने स्वीकार कर लिया। लॉस एंजेलिस पहुँचने पर मैंने पाया कि उनका शोफ़र मुझे विलशायर रोड तथा कई अन्य सड़कों पर ले जा रहा था, जिनकी स्पष्ट कल्पना मैंने रूसी कोयला खदान में महीनों तक की थी। मैंने उन इमारतों को पहचान लिया, जिन्हें मैंने अपने मन में इतनी बार देखा था। ऐसा लग रहा था, जैसे मैं पहले भी लॉस एंजेलिस आ चुका हूँ। मैं अपनी मंज़िल तक पहुँच गया था।

मैं कभी भी अवचेतन मन के चमत्कारों पर हैरान होना बंद नहीं करूँगा। सचमुच, इसके पास ऐसे तरीक़े होते हैं, जिनके बारे में हम कुछ नहीं जानते हैं।

पुरातत्त्ववेत्ता किस तरह प्राचीन दृश्यों को दोबारा बनाते हैं

आपके अवचेतन मन में मानव जाति के इतिहास में हुई हर चीज़ की स्मृति होती है। प्राचीन खंडहरों और पूर्व संस्कृतियों के लोगों द्वारा छोड़ी गई असंख्य वस्तुओं का अध्ययन करने वाले पुरातत्त्ववेत्ता अपने काम में काल्पनिक अनुभूति का बेहतरीन प्रयोग कर सकते हैं। उनका अवचेतन मन प्राचीन दृश्यों के पुनर्निर्माण में उनकी सहायता कर सकता है। मृत अतीत दोबारा सजीव बन सकता है। वैज्ञानिक इन प्राचीन इमारतों के टुकड़ों को देखता है और पूर्व सभ्यताओं के बर्तनों, मूर्तियों, औज़ारों तथा घरेलू सामानों का अध्ययन करता है। अपने शाश्वत मस्तिष्क के डाटा बैंक द्वारा वैज्ञानिक यह जानने में सक्षम होता है कि ये वस्तुएँ कब, कैसे और क्यों बनाई गईं।

वैज्ञानिक की पैनी एकाग्रता और अनुशासित कल्पना अवचेतन मन की निहित शक्तियों को जगा देती है। यह उसे प्राचीन स्तंभों पर छतों की कल्पना

करने में समर्थ बनाती है और इमारत के चारों तरफ़ बगीचों, तालाबों तथा फ़व्वारों की कल्पना करने में भी। कंकाल पर आँखें, नसों और मांसपेशियों का लबादा डाल दिया जाता है और वे एक बार फिर बोल तथा चल सकते हैं। मृत अतीत जीवंत वर्तमान बन जाता है और हम पाते हैं कि मस्तिष्क में समय या स्थान की कोई दूरी नहीं होती है। अनुशासित, नियंत्रित और निर्देशित कल्पना से आप हर युग के सबसे महान वैज्ञानिकों और प्रेरित चिंतकों के साथी बन सकते हैं।

अपने अवचेतन मन से मार्गदर्शन कैसे पाएँ

जब आपको कोई मुश्किल निर्णय लेना हो या जब आप अपनी समस्या का समाधान नहीं देख पा रहे हों, तो तत्काल इसके बारे में सृजनात्मक सोचने लगें। अगर आप भयभीत और चिंतित रहेंगे, तो आप सचमुच सोच नहीं पाएँगे। सच्ची सोच डर से मुक्त होती है।

यहाँ पर एक आसान तकनीक दी जा रही है, जिसके द्वारा आप किसी भी विषय पर मार्गदर्शन पा सकते हैं।

- मस्तिष्क को शांत कर लें और शरीर को स्थिर कर लें। शरीर को आराम से रहने को कहें; इसे आपका आदेश मानना ही पड़ेगा। इसकी कोई इच्छा, पहल या आत्म-चेतना नहीं होती है। आपका शरीर सिर्फ़ एक भावनात्मक डिस्क है, जो आपके विश्वासों और तसवीरों का रिकॉर्ड रखती है।
- अपने ध्यान को गतिशील कर लें। अपने विचार समस्या के समाधान पर केंद्रित कर लें।
- इसे अपने चेतन मन से सुलझाने की कोशिश करें।
- सोचें कि आप आदर्श समाधान पर किस तरह ख़ुशी ज़ाहिर करेंगे। अगर आपको आदर्श जवाब इसी समय मिल जाए, तो कल्पना करें कि आपको कैसा लगेगा।
- अपने मस्तिष्क को ख़ुशी और संतुष्टि के इस मूड से शिथिल तरीक़े से खेलने दें; फिर सो जाएँ।
- जागने पर अगर आपको जवाब नहीं मिले, तो किसी दूसरे काम में जुट जाएँ। संभव है, किसी दूसरे काम में व्यस्त रहने पर जवाब ख़ुदबख़ुद आपके दिमाग़ में आ जाए।

अवचेतन मन से मार्गदर्शन पाने में आसान तरीक़ा ही सबसे अच्छा है। इसका एक उदाहरण देखें। एक बार मेरी एक क़ीमती अँगूठी खो गई, जो पारिवारिक निशानी थी। मैंने हर जगह उसकी तलाश की, लेकिन वह कहीं नहीं मिली। मैं इस नुक़सान से चिंतित और दुखी था।

उस रात मैंने अपने अवचेतन मन से उसी तरह बात की, जिस तरह मैं किसी और से बात करता हूँ। सोने से पहले मैंने इससे कहा, "तुम सब कुछ जानते हो। तुम जानते हो कि वह अँगूठी कहाँ है और तुम मुझे बताओगे कि वह कहाँ है।"

सुबह मैं अचानक इन शब्दों की गूँज के साथ जागा, "रॉबर्ट से पूछो!"

यह मुझे बहुत अजीब लगा। मैं जिस रॉबर्ट को जानता था, वह तो मेरे पड़ोसी का नौ साल का बेटा था। उसे मेरी अँगूठी के बारे में भला क्या और क्यों पता होगा? बहरहाल, मैंने अपने अवचेतन की आंतरिक आवाज़ का पालन किया। मैंने रॉबर्ट को उसके आँगन में देखा और मैंने उसे अँगूठी के बारे में बताया। मैंने पूछा, "तुमने ऐसी अँगूठी देखी तो नहीं है?"

उसने जवाब दिया, "ज़रूर। दरअसल वह मुझे कल लुकाछिपी खेलते समय झाड़ियों में मिली थी। मुझे नहीं पता था कि यह किसकी है, इसलिए मैं इसे अंदर ले गया और अपनी डेस्क पर रख दी। मैं इसके बारे में साइनबोर्ड लिखकर लगाना चाहता था, लेकिन भूल गया।"

अवचेतन मन आपको हमेशा जवाब दे देगा, बशर्ते आप इस पर भरोसा करें।

उसके अवचेतन ने उसके पिता की वसीयत की जगह बता दी

ह्यूगो आर. नामक युवक ने लॉस एंजेलिस में मेरे भाषण सुने। उसने मुझे अवचेतन मन की शक्ति के बारे में अपना अनुभव बताया। उसके पिता का अचानक देहांत हो गया था और ऐसा लग रहा था कि उन्होंने कोई वसीयत नहीं छोड़ी थी। बहरहाल, उसकी बहन ने उसे बताया कि उनके पिता ने एक बार अपनी वसीयत बनाने का ज़िक्र किया था और उसे बताया था कि उन्होंने सबमें न्यायपूर्ण बँटवारा किया था।

ह्यूगो को अहसास था कि अगर उसके पिता की वसीयत नहीं मिली, तो जायदाद राज्य के नियमों के आधार पर बँटेगी, जो शायद उसके पिता की इच्छाओं के अनुरूप नहीं होगा। इसके अलावा, क़ानूनी फ़ीस में ज़्यादातर

जायदाद चली जाएगी। उसने और उसकी बहन ने हर जगह तलाश की, लेकिन उन्हें वसीयत कहीं नहीं मिली। हताश होकर वे सोचने लगे कि वसीयत है भी या नहीं।

तभी ह्यूगो को अवचेतन मन के प्रयोग के बारे में सीखी बातें याद आईं। सोने से पहले उसने अपने अवचेतन मन से कहा, "मैं अब इस आग्रह को अपने अवचेतन मन के हवाले करता हूँ। मेरा अवचेतन मन जानता है कि मेरे पिता की वसीयत कहाँ है और यह मुझे वह जगह बता रहा है।" फिर उसने अपने आग्रह को सारांश में कहा, "जवाब दो।" उसने इसे बार-बार लोरी की तरह दोहराया। वह "जवाब दो" शब्दों के साथ सोने गया।

अगली सुबह जब वह जागा, तो उसके मन में प्रबल इच्छा जागी कि वह लॉस एंजेलिस के केंद्र में स्थित एक बैंक में जाए। इससे वह हैरान हो गया। क्या उसके पिता ने कभी इस बैंक का ज़िक्र किया था? क्या उसने अपने पिता की डाक में इस बैंक का पत्र देखा था? वह नहीं जानता था, लेकिन वह इतना ज़रूर जानता था कि उसे अवचेतन द्वारा दिए इस संकेत की जाँच करनी थी। वह उस सुबह बैंक गया। अंततः एक बैंक अफ़सर ने इस बात की पुष्टि की कि बैंक में उसके स्वर्गीय पिता के नाम पर एक लॉकर था। जब उस लॉकर को खोला गया, तो अंदर वसीयत मिली।

जब आप सोने जाते हैं, तो आपका विचार आपके भीतर की निहित शक्तियों को जगा देता है। मान लें, आप सोच रहे हों कि क्या आपको अपना मकान बेच देना चाहिए, कोई शेयर ख़रीद लेना चाहिए, किसी पार्टनरशिप को तोड़ देना चाहिए, न्यू यॉर्क जाकर बसना चाहिए या फिर लॉस एंजेलिस में ही रहना चाहिए, वर्तमान अनुबंध को ख़त्म कर देना चाहिए या नया अनुबंध कर लेना चाहिए। ऐसी उलझन हो, तो यह करें : शांति से अपनी कुर्सी या अपने ऑफ़िस की डेस्क पर बैठ जाएँ। याद रखें, यह क्रिया और प्रतिक्रिया का शाश्वत नियम है। क्रिया आपका विचार है। इस पर आपका अवचेतन मन प्रतिक्रिया करेगा। अवचेतन मन प्रतिक्रियाशील है; यह इसकी प्रकृति है। यह जवाब देता है, पुरस्कार देता है, लौटाता है। यह अनुरूपता के नियम का पालन करता है। यह विचार के अनुरूप प्रतिक्रिया करता है। जब आप सही कर्म पर मनन करते हैं, तो आपको अपने भीतर ऐसी प्रतिक्रिया महसूस होगी, जो आपके अवचेतन मन का मार्गदर्शन या जवाब होगी।

मार्गदर्शन चाहते समय आप शांति से सिर्फ़ सही कर्म के बारे में सोचें। इसका मतलब है कि आप अपने अवचेतन मन में रहने वाली असीमित

बुद्धिमत्ता का उस बिंदु तक प्रयोग कर रहे हैं, जहाँ यह आपका प्रयोग शुरू कर दे। उसके बाद आपके कार्य की दिशा आपके कल्पनावादी ज्ञान द्वारा निर्देशित और नियंत्रित होती है, जो सब कुछ जानता है और सर्वशक्तिमान है। आपका निर्णय सही होगा। सही काम ही होगा, क्योंकि सही काम करने के लिए आप पर अवचेतन का दबाव है। मैं दबाव शब्द का प्रयोग करता हूँ, क्योंकि दबाव ही अवचेतन का नियम है।

मार्गदर्शन का रहस्य

मार्गदर्शन या सही कर्म का रहस्य मानसिक रूप से ख़ुद को सही जवाब के प्रति निष्ठावान बनाना है, जब तक कि आपको अपने भीतर इसकी प्रतिक्रिया नहीं मिल जाए। प्रतिक्रिया एक भावना है, एक आंतरिक अहसास है, एक सशक्त संकेत है। इसके द्वारा आप जान जाते हैं कि आपको जवाब मिल गया है। आपने इस शक्ति का उस बिंदु तक प्रयोग कर लिया है कि अब यह आपका प्रयोग करने लगी है। अपने भीतर की इस व्यक्तिनिष्ठ बुद्धिमत्ता के मार्गदर्शन में काम करते समय आप असफल नहीं हो सकते या एक भी ग़लत क़दम नहीं उठा सकते। आप पाएँगे कि आपके सभी काम ख़ुशी से भरे होंगे और आपको रास्ते भर शांति मिलेगी।

याद रखने लायक़ विचार

1. याद रखें, अवचेतन मन ने सभी महान वैज्ञानिकों को अद्‌भुत सफलता और उपलब्धियाँ प्रदान की हैं।
2. किसी जटिल समस्या के समाधान की तरफ़ ध्यान और एकाग्रता देकर आपका अवचेतन मन सभी आवश्यक जानकारी इकट्ठा करता है और फिर इसे सुलझाकर चेतन मन को सौंप देता है।
3. अगर आप किसी समस्या के जवाब के बारे में परेशान हो रहे हों, तो इसे वस्तुनिष्ठ तरीक़े से सुलझाने की कोशिश करें। शोध और दूसरों से जितनी जानकारी हासिल कर सकते हों, हासिल करें। अगर कोई जवाब नहीं मिलता है, तो सोने से पहले इसे अवचेतन मन के हवाले कर दें। फिर आपको हमेशा जवाब मिलेगा। यह कभी असफल नहीं होता है।
4. आपको हमेशा रातोंरात जवाब नहीं मिलता है। अपने अवचेतन से

तब तक आग्रह करते रहें, जब तक कि सूरज नहीं निकल आए और छायाएँ ग़ायब नहीं हो जाएँ।

5. जवाब में देरी आपके कारण भी हो सकती है, अगर आप यह सोचने लगें कि इसमें बहुत समय लग जाएगा या बहुत बड़ी समस्या है। आपके अवचेतन के लिए कोई समस्या बड़ी नहीं है। यह हर समस्या का जवाब जानता है।
6. यक़ीन मानें कि जवाब आपके पास अभी है। जवाब की ख़ुशी उसी तरह महसूस करें, जैसा आप आदर्श जवाब मिलने पर करते। आपका अवचेतन आपकी भावना पर प्रतिक्रिया करेगा।
7. आस्था और लगन से देखी जाने वाली हर मानसिक तसवीर आपके अवचेतन की चमत्कारी शक्तियों के माध्यम से साकार होगी। इस पर भरोसा करें, इसकी शक्ति पर विश्वास करें और जब आप प्रार्थना करेंगे, तो चमत्कार होंगे।
8. आपका अवचेतन यादों का भंडार है और आपके अवचेतन में बचपन से लेकर आज तक के सभी अनुभव दर्ज हैं।
9. प्राचीन लिपियों, मंदिरों, अवशेषों और अन्य प्रमाणों पर मनन करने वाले वैज्ञानिक अतीत के दृश्यों को दोबारा जीवंत बनाने में समर्थ इसलिए होते हैं, क्योंकि उनका अवचेतन मन उनकी सहायता करता है।
10. समाधान के अपने आग्रह को सोने से ठीक पहले अपने अवचेतन मन को सौंपें। इस पर भरोसा करेंगे, तो आपको जवाब अवश्य मिलेगा। यह सब कुछ जानता है और सब कुछ देखता है। इसकी शक्तियों पर शंका या सवाल नहीं करें।
11. आपका विचार क्रिया है, जिस पर आपका अवचेतन मन प्रतिक्रिया करता है। अगर आपके विचार समझदारी भरे हैं, तो आपके काम और निर्णय भी समझदारी भरे होंगे।
12. मार्गदर्शन हमेशा भावना, आंतरिक अहसास या सशक्त संकेत के रूप में आता है, जिससे आप जान जाते हैं कि आपको मालूम चल गया है। यह स्पर्श का एक आंतरिक अहसास है। आस्था की सादगी के साथ इसका पालन करें।

13 आपका अवचेतन और नींद के चमत्कार

आप हर चौबीस में से आठ घंटे यानी अपनी एक तिहाई ज़िंदगी सोने में बिताते हैं। यह जीवन का अटूट नियम है। नींद एक दैवी नियम है और हमारी कई समस्याओं के जवाब हमें गहरी नींद में मिलते हैं।

कई लोग इस सिद्धांत का समर्थन करते हैं कि आप दिन में थक जाते हैं, इसलिए आप शरीर को आराम देने के लिए सोते हैं और सोते समय शरीर में मरम्मत की प्रक्रिया चलती है। यह बहुत बड़ी ग़लतफ़हमी है। नींद में शरीर कभी आराम नहीं करता है। सोते समय भी आपका दिल, फेफड़े और सभी महत्त्वपूर्ण अंग काम करते रहते हैं। अगर आप सोने से पहले खाते हैं, तो खाना पच जाता है और पोषक पदार्थ सभी अंगों तक पहुँच जाते हैं। आपकी चमड़ी पसीना उत्पन्न करती है। आपके नाख़ून और बाल बढ़ते रहते हैं।

इसी तरह से आपका अवचेतन मन कभी नहीं सोता है या आराम नहीं करता है। यह हमेशा सक्रिय रहता है और आपकी सभी महत्त्वपूर्ण शक्तियों को नियंत्रित करता है। नींद में उपचारक प्रक्रिया ज़्यादा तेज़ी से काम करती है, क्योंकि तब आपका चेतन मन कोई व्यवधान नहीं डालता है। आपके सवालों के उल्लेखनीय जवाब आपको नींद में ही मिलते हैं।

हम क्यों सोते हैं

नींद के बारे में गंभीर शोध करने वाले शुरुआती वैज्ञानिक शोधकर्ताओं में डॉ. जॉन बिजेलो का नाम उल्लेखनीय है। वे यह दिखाने में सफल हुए कि

रात को सोते समय आँख, कान, नाक और त्वचा के नीचे की तंत्रिकाओं से आपको लगातार संवेग मिलते रहते हैं। मस्तिष्क का तंत्रिका संचार तंत्र भी काफ़ी सक्रिय रहता है।

डॉ. बिजेलो के शोध का निष्कर्ष इस पुस्तक में दी गई जानकारी से काफ़ी मिलता-जुलता है। उन्होंने कहा कि हमारे सोने का प्रमुख कारण यह है कि "आत्मा का अधिक उत्कृष्ट हिस्सा अमूर्तता से हमारी अधिक उच्च प्रकृति से एकाकार हो जाता है और देवताओं के ज्ञान तथा पूर्व-ज्ञान में हिस्सेदार बनता है।"

नींद प्रार्थना का एक प्रकार है

दिन भर आपका चेतन मन चिंताओं, संघर्ष और विवादों में उलझा रहता है। इसे समय-समय पर इंद्रियों के प्रमाण और यथार्थवादी जगत से दूर हटने तथा अवचेतन मन की आंतरिक बुद्धिमत्ता से मौन संप्रेषण करने की ज़रूरत होती है। मार्गदर्शन, शक्ति और अधिक ज्ञान का दावा करके आप जीवन के हर क्षेत्र की हर मुश्किल से उबरने में कामयाब होंगे और अपनी दैनिक समस्याओं को सुलझाने में भी।

इंद्रिय प्रमाण और रोज़मर्रा के शोर-शराबे व दुविधा से नियमित रूप से हटना नींद का एक प्रकार है। यानी आप इंद्रियों की दुनिया के लिए सोए होते हैं और अपने अवचेतन मन की बुद्धिमत्ता तथा शक्ति के लिए जाग्रत होते हैं।

नींद की कमी के आश्चर्यजनक प्रभाव

नींद की कमी आपको चिड़चिड़ा, तुनकमिज़ाज और निराशावादी बना सकती है। सभी इंसानों को स्वस्थ रहने के लिए कम से कम छह घंटे नींद की ज़रूरत होती है। अधिकतर लोगों को इससे ज़्यादा की ज़रूरत होती है। जो लोग सोचते हैं कि वे इससे कम में काम चला सकते हैं, ख़ुद को मूर्ख बना रहे हैं।

जिन शोधकर्ताओं ने नींद की प्रक्रियाओं और नींद की कमी में शोध किया है, वे बताते हैं कि कुछ मामलों में नर्वस ब्रेकडाउन से पहले गंभीर अनिद्रा रोग प्रकट होता है। याद रखें, नींद के दौरान आप आध्यात्मिक रूप से तरोताज़ा हो जाते हैं। जीवन में ख़ुशी और स्फूर्ति लाने के लिए पर्याप्त नींद अनिवार्य है।

आपको अधिक नींद की ज़रूरत है

हमें नींद की ज़रूरत क्यों है, यह पता लगाने का एक तरीक़ा यह देखना है कि नींद नहीं मिलने पर क्या होता है। 1964 में रैंडी गार्डनर नाम के सत्रह साल के लड़के ने *गिनीज़ बुक ऑफ़ वर्ल्ड रिकॉर्ड्स* में नाम दर्ज कराने के लिए जागने की कोशिश की। वह 264 घंटे यानी लगातार ग्यारह दिन तक जागता रहा! बाद के परीक्षणों में स्पष्ट हुआ कि उसे कोई स्थायी नुक़सान नहीं हुआ था। बहरहाल, जब वह खुद को ज़बर्दस्ती जगाए रख रहा था, तो उसके सोचने की प्रक्रिया में कमी आ गई। उसके शब्दों का उच्चारण अस्पष्ट हो गया। उसकी याददाश्त भी गड़बड़ा गई। बाद में उसे दृष्टिभ्रम भी होने लगा।

लंबे समय तक कम नींद लेने वाले ज़्यादातर लोगों को इतने बुरे परिणाम नहीं मिलते हैं। बहरहाल, इसके गंभीर प्रभावों से वे भी मुश्किल में पड़ सकते हैं। नेशनल हाइवे ट्रैफ़िक सेफ़्टी एडमिनिस्ट्रेशन के अनुसार नींद संबंधी समस्याओं के कारण हर साल दो लाख दुर्घटनाएँ होती हैं। पाँच में से एक ड्राइवर गाड़ी चलाते समय कभी-कभार झपकी लेता है। इस वजह से दिन के बजाय रात को दुर्घटना की आशंका पाँच से दस गुना बढ़ जाती है।

वॉलंटियर्स के साथ किए गए प्रयोगों से पता चला कि थका हुआ मस्तिष्क नींद के लिए इतना व्याकुल रहता है कि वह इसे पाने के लिए कोई भी त्याग करने को तैयार रहता है। प्रयोग के दौरान कुछ घंटों की नींद की कमी के बाद वॉलंटियर हल्की झपकी लेने लगे। ऐसा एक घंटे में तीन-चार बार हुआ। इस दौरान, "असली" नींद की तरह उनकी पलकें बंद हो जाती थीं और उनके मस्तिष्क की तरंगें धीमी हो जाती थीं।

पहले तो ये झपकियाँ सेकेंड के हिस्से तक सीमित रहीं, लेकिन जब नींद की कमी के घंटे बढ़ते गए, तो ये झपकियाँ ज़्यादा बार आईं और ज़्यादा समय तक चलती रहीं, यहाँ तक कि दो-तीन सेकेंड तक। भले ही वॉलंटियर तूफ़ान में हवाई जहाज़ चला रहा हो, लेकिन वह कुछ बेशक़ीमती सेकेंडों की झपकी का प्रतिरोध नहीं कर सकता था।

नींद सलाह लाती है

सैन्ड्रा एफ़. लॉस एंजेलिस की एक युवा महिला है, जो अक्सर रेडियो पर मेरे प्रवचन सुनती है। उसने मुझे बताया कि उसे न्यू यॉर्क सिटी में एक

नौकरी का प्रस्ताव मिला, जहाँ उसे वर्तमान नौकरी से दोगुनी तनख़्वाह देने का प्रस्ताव रखा गया। वह फ़ैसला नहीं कर पा रही थी कि नई नौकरी स्वीकार करे या नहीं। सोने जाने से पहले उसने इन शब्दों में प्रार्थना की :

मेरे अवचेतन मन का रचनात्मक ज्ञान जानता है कि मेरे लिए क्या सबसे अच्छा है। इसकी प्रवृत्ति हमेशा जीवन की ओर है और यह मुझे सही निर्णय बताता है, जिससे मुझे और सभी संबंधित लोगों को लाभ पहुँचेगा। मैं उस जवाब के लिए धन्यवाद देती हूँ, जो मैं जानती हूँ कि मुझे मिलेगा।

उसने सोते समय इस आसान प्रार्थना को लोरी की तरह बार-बार दोहराया। सुबह उसे प्रबल अहसास हुआ कि उसे नई नौकरी के प्रस्ताव को स्वीकार नहीं करना चाहिए। उसने इसे ठुकरा दिया। बाद की घटनाओं ने उसके अंदरूनी अहसास को सही ठहराया, क्योंकि कुछ महीनों बाद ही वह कंपनी दिवालिया हो गई।

चेतन मन यथार्थवादी तथ्यों के मामले में सही हो सकता है। बहरहाल, अवचेतन मन की सहज बोध की क्षमता को कंपनी की समस्याओं का अहसास था, इसलिए उसने उसे सही चेतावनी दी।

निश्चित तबाही से बचाया

अगर आप सोने जाते समय सही कर्म के लिए प्रार्थना करते हैं, तो अवचेतन मन की बुद्धिमत्ता आपको निर्देश दे सकती है और आपकी रक्षा कर सकती है।

कई साल पहले मुझे सुदूर पूर्व में आर्थिक रूप से काफ़ी आकर्षक प्रस्ताव मिला। मैंने मार्गदर्शन और सही निर्णय के लिए इस तरह से प्रार्थना की :

मेरे भीतर की असीमित बुद्धिमत्ता सब कुछ जानती है। सही निर्णय दैवी विधान में मुझे बताया जाता है। जब जवाब मिलेगा, तो मैं उसे पहचान लूँगा।

मैंने सोने जाने से पहले इस प्रार्थना को बार-बार लोरी की तरह दोहराया। उस रात मैंने एक सपना देखा, जिसमें एक पुराना दोस्त मेरे पास आया। उसके हाथ में एक अख़बार था और वह बोला, “इन हेडलाइन्स को पढ़ो! मत जाओ!” अख़बार की हेडलाइन्स हिंसा, उपद्रव और युद्ध की

ख़बरों से भरी थीं - जो सभी कुछ समय बाद उसी इलाक़े में हुए, जहाँ मुझे जाना था।

आपका अवचेतन मन सब कुछ समझता है। यह सारी बातें जानता है। अक्सर यह आपसे बोलेगा, लेकिन ऐसी आवाज़ में, जिसे आपका चेतन मन तत्काल मान लेगा। जिस सपने के बारे में मैंने अभी बताया है, उसने मुझे निश्चित रूप से भारी ख़तरे की स्थिति में जाने से बचा लिया। मेरे अवचेतन मन ने अपनी चेतावनी एक ऐसे व्यक्ति के माध्यम से दी, जिस पर मैं भरोसा करता था और सम्मान करता था।

कुछ लोगों को यह चेतावनी सपने में माँ दे सकती है, वह व्यक्ति से यहाँ या वहाँ नहीं जाने को कहती है और चेतावनी का कारण बताती है। कई बार आपका अवचेतन आपके जागते समय भी आपको चेतावनी दे देगा। आपको लगता है कि आपने अपनी माँ या किसी अन्य प्रियजन की आवाज़ सुनी है। आप रुककर मुड़ते हैं और इसके स्रोत की तलाश करते हैं। बाद में आप पाते हैं कि अगर आप उसी रास्ते आगे गए होते, तो खिड़की से गिरने वाले सामान से आपका सिर फूट सकता था।

आपका भविष्य आपके अवचेतन मन में है

याद रहे, चूँकि आपका भविष्य आपकी आदतन सोच का परिणाम है, इसलिए यह पहले से ही आपके मन में है, जब तक कि आप इसे प्रार्थना द्वारा बदल नहीं लें। इसी तरह, देश का भविष्य भी देशवासियों की सामूहिक अवचेतना में है। उस सपने में कुछ भी अजीब नहीं है, जिसमें मैंने अख़बारों की सुर्ख़ियाँ देखी थीं, हालाँकि वे घटनाएँ उस समय तक नहीं घटी थीं। बहरहाल, वे घटनाएँ उन लोगों के मन में तो पहले ही घट चुकी थीं, जिन्होंने उनकी साज़िश रची थी। उनकी सभी योजनाएँ पहले से ही उस महान रिकॉर्डिंग यंत्र यानी शाश्वत मन के सामूहिक अवचेतन पर अंकित थीं। आने वाले कल की घटनाएँ आपके अवचेतन मन में हैं। इसी तरह अगले सप्ताह और अगले महीने की भी हैं। उन्हें बहुत अतींद्रिय या पराभौतिक व्यक्ति द्वारा ग्रहण किया जा सकता है।

अगर आप प्रार्थना करने का फ़ैसला करें, तो आपके साथ कोई तबाही या त्रासदी नहीं हो सकती। कोई भी चीज़ पहले से तय नहीं है। आपका मानसिक नज़रिया - जिस तरह से आप सोचते, महसूस करते और यक़ीन

करते हैं - ही आपका भाग्य निर्धारित करता है। वैज्ञानिक प्रार्थना द्वारा आप अपने भविष्य को ढाल सकते हैं, आकार दे सकते हैं और बना सकते हैं। इंसान जैसा बोएगा, वैसा ही उसे काटना पड़ेगा।

एक छोटी झपकी से उसे 15,000 डॉलर मिले

बरसों पहले मेरे एक विद्यार्थी ने मुझे अख़बार की कटिंग भेजी, जिसमें रे हैमरस्ट्रॉम नामक व्यक्ति के बारे में लेख था। वह पिट्सबर्ग स्टील मिल में काम करता था। मिल के विभाग में हाल ही में एक नई मशीन लगाई गई थी, जो बनकर निकलने वाली गर्म स्टील की छड़ों की डिलिवरी नियंत्रित करती थी। मशीन लगाने वालों की सारी कोशिशों के बावजूद मशीन ठीक से काम नहीं कर रही थी। इंजीनियरों ने इस दिशा में कई दिनों तक मेहनत की, लेकिन कोई फ़ायदा नहीं हुआ।

हैमरस्ट्रॉम ने समस्या के बारे में बहुत सोचा। उसने एक नई डिज़ाइन तैयार करने की कोशिश की, जो काम कर सके। लेकिन वह कुछ नहीं सोच पाया। एक दोपहर वह झपकी लेने के लिए लेटा। सोते समय भी वह दोषपूर्ण स्विच की समस्या के बारे में ही सोच रहा था। झपकी के दौरान उसने एक सपना देखा, जिसमें उसे स्विच की आदर्श डिज़ाइन दिख गई। जागने पर उसने सपने की आकृति के अनुसार डिज़ाइन का स्केच बना लिया।

इस कल्पनापूर्ण झपकी ने हैमरस्ट्रॉम को 15,000 डॉलर का चेक दिलवा दिया, जो उस फ़र्म द्वारा किसी कर्मचारी को नए विचार के लिए दिया गया सबसे बड़ा पुरस्कार था।

किस तरह एक प्रोफ़ेसर ने नींद में अपनी समस्या सुलझाई

डॉ. एच.वी. हेल्परेक्ट पेनसिल्वेनिया यूनिवर्सिटी में प्रोफ़ेसर ऑफ़ एसिरियन थे। अपने संस्मरणों में वे एक अद्‌भुत अनुभव बताते हैं।

> **एक शनिवार की शाम मैं निरर्थक कोशिशों के बाद थक चुका था। मैं गोमेद (agate) रत्न के दो छोटे टुकड़ों का रहस्य नहीं सुलझा पा रहा था, जिन्हें देखकर लगता था कि वे किसी बैबिलॉनवासी की अँगुली की अँगूठी के होंगे।**

आधी रात के क़रीब मैं सोने चला गया और मुझे एक अद्भुत सपना दिखा : निप्पुर नामक जगह का एक लंबा, छरहरा पुजारी, जिसकी उम्र लगभग चालीस साल होगी, मुझे मंदिर के कोष-कक्ष तक ले गया... एक छोटा, नीची छत वाला कमरा, जिसमें खिड़कियाँ नहीं लगी थीं, जहाँ गोमेद और लहसुनिया (lapis lazuli) के टुकड़े ज़मीन पर बिखरे पड़े थे। वहाँ उसने मुझसे कहा : "जिन दो टुकड़ों का स्केच तुमने पेज 22 और 26 पर प्रकाशित किया है, वे अँगुली की अलग-अलग अँगूठियाँ नहीं हैं, वे इकट्ठी हैं। पहली दो अँगूठियाँ देवता की मूर्ति की कान की बालियाँ हैं; जो दो टुकड़े तुम्हारे पास हैं, वे उनके हिस्से हैं। अगर तुम उन्हें इकट्ठे जोड़कर देखोगे, तो मेरी बात की पुष्टि हो जाएगी।"... मैं तत्काल जाग गया... मैंने टुकड़ों की जाँच की... और मुझे हैरानी हुई कि मेरा सपना सच था। समस्या आख़िर सुलझ गई।

इस स्पष्टीकरण से उनके अवचेतन मन का रचनात्मक ज्ञान प्रदर्शित होता है, जो उनकी सभी समस्याओं के जवाब जानता था।

किस तरह अवचेतन ने एक मशहूर लेखक के सोते समय काम किया

अपनी एक पुस्तक *एक्रॉस द प्लेन्स* में रॉबर्ट लुई स्टीवेन्सन ने सपनों के विषय पर एक पूरा अध्याय लिखा है। वे प्रबल स्वप्नदर्शी थे। उनकी आदत थी कि वे हर रात सोने से पहले अपने अवचेतन को स्पष्ट निर्देश देते थे। वे अपने अवचेतन से आग्रह करते थे कि सोने से पहले वह उनके लिए कहानियाँ गढ़े। उदाहरण के लिए, जब उनके बैंक ख़ाते में पैसे कम हो जाते थे, तो वे अपने अवचेतन को कुछ इस तरह का आदेश देते थे : "मुझे एक बेहतरीन रोमांचक उपन्यास दो, जो बिकाऊ और लाभदायक हो।" उनका अवचेतन बहुत अच्छी तरह से प्रतिक्रिया करता था :

स्टीवेन्सन लिखते हैं :

ये छोटे बौने (उनके अवचेतन की बुद्धि और शक्तियाँ) मुझे टुकड़े-टुकड़े में, किसी धारावाहिक की तरह कहानी बता सकते हैं और उनका लक्ष्य क्या है, यह मुझे यानी रचयिता को ही पता नहीं होता है।

जाग्रत अवस्था में मैं जो काम करता हूँ (जिसके बारे में मैं चेतन रूप से जागरूक रहता हूँ), वह भी आवश्यक रूप से मेरा नहीं है, क्योंकि इसमें भी बौनों का हाथ साफ़ नज़र आता है।

शांति से सोएँ और ख़ुशी से जागें

अगर आप अनिद्रा से पीड़ित हैं, तो आप नीचे दी गई प्रार्थना को बहुत कारगर पाएँगे। इसे सोने से पहले धीरे-धीरे, शांति से और प्यार से दोहराएँ।

मेरे पैरों के अँगूठे शिथिल हैं, मेरे टखने शिथिल हैं, मेरे पेट की मांसपेशियाँ शिथिल हैं, मेरा हृदय और फेफड़े शिथिल हैं, मेरे हाथ शिथिल हैं, मेरी गर्दन शिथिल है, मेरा मस्तिष्क शिथिल है, मेरा चेहरा शिथिल है, मेरी आँखें शिथिल हैं, मेरा पूरा मन और शरीर शिथिल हैं।

मैं पूरी तरह से हर एक को क्षमा करता हूँ और मैं सबके लिए सद्भाव, सेहत, शांति और जीवन की सभी नियामतों की सच्ची इच्छा करता हूँ। मैं शांति से हूँ, मैं संतुलित और शांत हूँ। मैं सुरक्षा और शांति में विश्राम करता हूँ। एक गहरी शांति मेरे पूरे अस्तित्त्व को शांत करती है, जब मैं अपने भीतर दैवी उपस्थिति का अहसास करता हूँ। मैं जानता हूँ कि जीवन और प्रेम का अहसास मेरा उपचार करता है।

मैं ख़ुद को प्रेम की चादर में लपेटता हूँ और सबके प्रति सद्भावना से भर कर सोता हूँ। रात भर शांति मेरे साथ रहती है और सुबह मैं जीवन तथा प्रेम से भरा रहूँगा। मेरे चारों तरफ़ प्रेम का दायरा है। ***मुझे किसी बुराई का डर नहीं होगा, क्योंकि आप मेरे साथ हैं। मैं शांति से सोऊँगा, ख़ुशी से जागूँगा और उनमें मैं जिऊँगा, चलूँगा और मेरा अस्तित्त्व होगा।***

नींद के चमत्कारों का संक्षेप

1. अगर आप चिंतित हों कि आप समय पर नहीं उठ पाएँगे, तो सोने से पहले अपने अवचेतन मन को वह सटीक समय बता दें, जब आप उठना चाहते हों। यह आपको उठा देगा। इसे किसी घड़ी की ज़रूरत नहीं है। सभी समस्याओं के लिए ऐसा ही करें। आपके अवचेतन के लिए कोई भी काम मुश्किल नहीं है।

2. आपका अवचेतन कभी नहीं सोता। यह हमेशा काम करता रहता है। यह आपकी सभी महत्त्वपूर्ण कार्यप्रणालियों को नियंत्रित करता है। ख़ुद को और बाक़ी सबको माफ़ कर दें। सोने से पहले और जागने के ठीक बाद उपचार ज़्यादा तेज़ी से होगा।
3. सोते समय आपको मार्गदर्शन दिया जाता है, जो कई बार सपने में मिलता है। उपचारक प्रवाह भी मुक्त होता है, जिससे आप सुबह स्फूर्ति तथा ताज़गी महसूस करते हैं।
4. जब आप दिन भर की चिंताओं और संघर्ष के कारण कष्ट में हों, तो अपने दिमाग़ को शांत कर लें और अपने अवचेतन मन में वास करने वाली बुद्धिमत्ता तथा ज्ञान के बारे में सोचें, जो आपको जवाब देने के लिए तैयार है। इससे आपको शांति, शक्ति और आत्मविश्वास मिलेगा।
5. नींद मानसिक शांति और शारीरिक सेहत के लिए अनिवार्य है। नींद की कमी से चिड़चिड़ापन, तनाव और मानसिक विकृतियाँ हो सकती हैं। आपको आठ घंटे नींद की ज़रूरत है।
6. चिकित्सा शोधकर्ताओं ने बताया है कि अनिद्रा कई बार नर्वस ब्रेकडाउन से ठीक पहले आती है।
7. नींद के दौरान आप आध्यात्मिक रूप से तरोताज़ा होते हैं। जीवन में ख़ुशी और स्फूर्ति के लिए पर्याप्त नींद अनिवार्य है।
8. आपका थका हुआ मस्तिष्क नींद के लिए इतना बेताब रहता है कि इसे पाने के लिए यह कुछ भी बलिदान देने को तैयार रहता है। कार चलाते समय सो जाने वाले लोग इस बात की गवाही दे सकते हैं।
9. नींद की कमी के शिकार कई लोगों की याददाश्त कमज़ोर होती है और उनमें सही समन्वय का अभाव होता है। वे चकराए हुए, दुविधाग्रस्त और एकाग्रतारहित होते हैं।
10. नींद सलाह लाती है। सोने से पहले दावा करें कि आपके अवचेतन मन की असीमित बुद्धिमत्ता आपको मार्गदर्शन दे रही है और निर्देशित कर रही है। फिर उस संकेत पर नज़र रखें, जो शायद जागने पर आपको मिलेगा।

11. अपने अवचेतन पर पूरा भरोसा करें। यह जान लें कि इसकी प्रवृत्ति हमेशा जीवन की ओर है। कभी-कभार आपका अवचेतन मन रात के किसी बहुत स्पष्ट सपने में आपको जवाब देता है। आपको सपने में उसी तरह की पूर्व चेतावनी मिल सकती है, जैसी इस पुस्तक के लेखक को मिली थी।
12. आपका भविष्य अभी आपके मन में है, जिसका आधार आपकी आदतन सोच और विश्वास है। यह दावा करें कि असीमित ज्ञान आपका नेतृत्व कर रहा है, मार्गदर्शन दे रहा है और यह भी कि आपको अच्छा ही मिलेगा तथा आपका भविष्य अद्भुत होगा। इस पर यक़ीन करें और इसे स्वीकार करें। सर्वश्रेष्ठ की उम्मीद करेंगे, तो निश्चित रूप से आपको सर्वश्रेष्ठ मिलेगा।
13. अगर आप कोई उपन्यास, नाटक या पुस्तक लिख रहे हों या किसी आविष्कार पर काम कर रहे हों, तो अपने अवचेतन मन से रात में बात करें। साहस के साथ दावा करें कि इसकी बुद्धिमत्ता, ज्ञान और शक्ति आपका मार्गदर्शन व निर्देशन कर रहे हैं तथा आदर्श नाटक, उपन्यास, पुस्तक या आदर्श समाधान को प्रकट कर रहे हैं। जब आप इस तरह से प्रार्थना करेंगे, तो चमत्कार हो जाएँगे।

14 आपका अवचेतन मन और वैवाहिक समस्याएँ

सभी वैवाहिक समस्याएँ मन की कार्यविधि और शक्तियों को सही तरह से समझ नहीं पाने के कारण पैदा होती हैं। अगर पति और पत्नी दोनों ही मस्तिष्क के नियम का सही प्रयोग करें, तो उनके बीच का संघर्ष ग़ायब हो जाएगा। एक साथ प्रार्थना करेंगे, तो एक साथ बने रहेंगे। दैवी आदर्शों का मनन, जीवन के नियमों का अध्ययन, साझे उद्देश्य व योजना पर आपसी सहमति और व्यक्तिगत स्वतंत्रता का आनंद सामंजस्यपूर्ण वैवाहिक जीवन प्रदान करता है तथा दो व्यक्तियों को एक कर देता है।

तलाक़ को रोकने का सबसे अच्छा समय शादी से पहले है। किसी बहुत बुरी स्थिति से बाहर निकलने के फ़ैसले में कोई ग़लत बात नहीं है। लेकिन पहली बात तो यह है कि बुरी स्थिति में पड़ना ही क्यों? क्या यह बेहतर नहीं होगा कि वैवाहिक समस्याओं के असली कारण पर ध्यान देते समय मामले की जड़ तक पहुँच जाएँ?

वैवाहिक दुख, विवाद, अलगाव और तलाक़ की समस्याएँ महिला-पुरुषों की बाक़ी समस्याओं से अलग नहीं हैं। इनके बारे में यह भी कहा जा सकता है कि ये समस्याएँ उनके चेतन और अवचेतन मन की कार्यविधि तथा आपसी संबंध की नासमझी से पैदा होती हैं।

विवाह का अर्थ

वास्तविक बनने के लिए हर विवाह की शुरुआत ठोस आध्यात्मिक नींव से होना चाहिए। यह दिल से होना चाहिए, क्योंकि दिल में प्रेम भरा होता है।

ईमानदारी, सच्चाई, दयालुता और सत्यनिष्ठा सभी प्रेम के पहलू हैं। दोनों ही जीवनसाथियों को एक-दूसरे के प्रति पूरी तरह ईमानदार और सच्चा रहना चाहिए। अगर कोई व्यक्ति अपने गौरव को बढ़ाने या किसी महिला की दौलत या सामाजिक प्रतिष्ठा में हिस्सा पाने के लिए शादी करे, तो यह सच्चा विवाह नहीं होगा। यह ईमानदारी और सच्चे प्रेम की कमी का संकेत है। इस तरह का विवाह मज़ाक़, धोखा और नाटक है।

अगर कोई औरत कहती है, "मैं काम करते-करते थक चुकी हूँ। मैं सुरक्षा की ख़ातिर शादी करना चाहती हूँ।" तो उसका मूल आधार ही ग़लत है। वह मस्तिष्क के नियमों का सही तरह से प्रयोग नहीं कर रही है। उसकी सुरक्षा चेतन और अवचेतन मन के अंतर्संबंध के ज्ञान तथा इसके प्रयोग पर निर्भर करती है।

अगर कोई महिला (या पुरुष) इस पुस्तक के अध्यायों में बताई गई तकनीकों पर अमल करे, तो उसे दौलत या सेहत की कभी कमी नहीं होगी। उसकी दौलत उसके पति, माता-पिता या किसी अन्य स्रोत के बजाय अपने आप आएगी। महिला सेहत, शांति, ख़ुशी, प्रेरणा, मार्गदर्शन, प्रेम, दौलत, सुरक्षा, सुख या दुनिया की किसी अन्य चीज़ के लिए अपने पति पर निर्भर नहीं है। उसे सुरक्षा और मानसिक शांति तो अपने भीतर की शक्तियों के ज्ञान और अपने मस्तिष्क के नियमों के सतत सृजनात्मक प्रयोग से मिलती है।

आदर्श पति को कैसे आकर्षित करें

अगर आपने इससे पहले के अध्याय पढ़ लिए हैं, तो अब तक आप जान चुकी होंगी कि आपका अवचेतन मन कैसे काम करता है। आप जानती हैं कि आप इस पर जो भी छाप छोड़ेंगी, वह बाहरी जगत में साकार हो जाएगी। इसी समय अपने अवचेतन मन पर उन गुणों और लक्षणों की छाप छोड़ें, जो आप किसी पुरुष में चाहती हैं।

यहाँ एक उत्कृष्ट तकनीक दी जा रही है : रात को कुर्सी पर बैठ जाएँ, आँखें बंद कर लें, शिथिल हो जाएँ, शरीर को पूरी तरह ढीला छोड़ दें। बहुत शांत, निष्क्रिय और ग्रहणशील बन जाएँ। अपने अवचेतन मन से बात करें और कहें :

मैं अब एक ऐसे पुरुष को आकर्षित कर रही हूँ, जो ईमानदार, सच्चा, वफ़ादार, निष्ठावान, शांत, ख़ुश और समृद्ध है। जिन गुणों की मैं प्रशंसा करती हूँ, वे मेरे अवचेतन मन में इसी समय उतर रहे हैं। इन गुणों पर विचार करते समय वे मेरा हिस्सा बन जाते हैं और अवचेतन रूप से साकार हो जाते हैं।

मैं जानती हूँ कि आकर्षण का नियम अचूक होता है और मैं अपने अवचेतन विश्वास के अनुसार अपनी ओर किसी पुरुष को आकर्षित करती हूँ। मैं उसे आकर्षित करती हूँ, जिसे मैं अपने अवचेतन मन में सच्चा महसूस करती हूँ।

मैं जानती हूँ कि मैं उसकी शांति और सुख को बढ़ा सकती हूँ। वह मेरे आदर्शों से प्रेम करता है और मैं उसके आदर्शों से प्रेम करती हूँ। वह मुझे बदलकर नया नहीं बनाना चाहता है; ना ही मैं उसे बदलकर नया बनाना चाहती हूँ। हमारे बीच आपसी प्रेम, स्वतंत्रता और सम्मान है।

अपने अवचेतन मन में विचार भरने की इस प्रक्रिया का अभ्यास करें। फिर आपकी ओर ऐसा पुरुष आकर्षित हो जाएगा, जिसमें वही गुण और लक्षण होंगे, जिनकी आपने मानसिक रूप से कल्पना की थी। आपकी अवचेतन बुद्धिमत्ता आपके लिए एक ऐसा रास्ता खोल देगी, जिसके द्वारा आप दोनों मिल सकेंगे। ऐसा आपके अवचेतन मन के अचूक और अपरिवर्तनीय प्रवाह के अनुरूप होगा। अपने भीतर सर्वश्रेष्ठ प्रेम, निष्ठा और सहयोग देने की तीव्र इच्छा रखें। प्रेम के इस उपहार के प्रति ग्रहणशील रहें, जो आपने अपने अवचेतन मन को दिया है।

आदर्श पत्नी को कैसे आकर्षित करें

अपनी आदर्श जीवनसाथी को आकर्षित करने के लिए नीचे दी गई सकारात्मक घोषणा करें :

मैं अब उपयुक्त महिला को आकर्षित कर रहा हूँ, जिसके साथ मेरा पूरा तालमेल होगा। यह आध्यात्मिक मेल है, क्योंकि यह दैवी प्रेम है। यह प्रेम किसी ऐसी महिला के व्यक्तित्त्व द्वारा काम कर रहा है, जिसके साथ मेरी जोड़ी आदर्श रहेगी। मैं जानता हूँ कि मैं इस महिला को प्रेम, प्रकाश, शांति और ख़ुशी दे सकता हूँ। मैं महसूस करता हूँ और विश्वास

करता हूँ कि मैं इस महिला के जीवन को पूर्ण व अद्‌भुत बना सकता हूँ।

मैं अब आदेश देता हूँ कि उसमें ये गुण और आदतें हैं : वह आध्यात्मिक, निष्ठावान, वफ़ादार और ईमानदार है। वह सामंजस्यपूर्ण, शांत और ख़ुशमिज़ाज है। हम एक-दूसरे के प्रति प्रबलता से आकर्षित हैं। जो प्रेम, सत्य और सुंदरता से संबंध रखता है, वही मेरे अनुभव में आ सकता है। मैं अब अपने आदर्श जीवनसाथी को स्वीकार करता हूँ।

जब आप शांति और गहरी रुचि से उन गुणों और लक्षणों के बारे में सोचेंगे, जिन्हें आप अपने चाहे गए साथी में पसंद करते हैं, तो आप अपनी मानसिकता में उसका मानसिक समतुल्य बना लेंगे। फिर आपके अवचेतन मन का अधिक गहरा प्रवाह आप दोनों को दैवी विधान के तहत एक साथ ले आएगा।

तीसरी ग़लती की कोई ज़रूरत नहीं है

शीला बी. कई सालों से प्रशासक के पद पर काम कर रही है। हाल ही में उसने मुझसे कहा, "मैं तीन लोगों से शादी कर चुकी हूँ और तीनों ही निष्क्रिय तथा दब्बू थे। वे निर्णय लेने तथा हर चीज़ चलाने के लिए मुझ पर निर्भर थे! मेरी तरफ़ ऐसे ही लोग क्यों आकर्षित होते हैं?"

मैंने उससे पूछा कि क्या दूसरी शादी करने से पहले वह जानती थी कि उसके होने वाले पति में पहले पति जैसा ही चरित्र था।

"ज़ाहिर है, नहीं," उसने ज़ोर देकर कहा। "अगर मैं पहले से जानती कि वह इतना दब्बू है, तो मैं उससे शादी ही नहीं करती। यही मेरे तीसरे पति के साथ हुआ।"

दिक़्क़त उन आदमियों में नहीं थी, जिनसे शीला ने शादी की थी। दिक़्क़त तो उसके अपने व्यक्तित्त्व की बनावट में थी। वह बहुत हठीली थी और हर स्थिति पर नियंत्रण करना चाहती थी। एक स्तर पर वह ऐसा जीवनसाथी चाहती थी, जो दब्बू और निष्क्रिय हो, ताकि वह स्वयं निर्णायक भूमिका निभा सके।

साथ ही, उसकी अधिक गहरी आवश्यकता ऐसे जीवनसाथी की थी, जो उसकी बराबरी का हो। उसकी अवचेतन तसवीर ऐसे व्यक्ति को आकर्षित

कर रही थी, जिसे वह चाहती तो थी, लेकिन शादी के बाद उसे पता चलता था कि वह उसकी वास्तविक आवश्यकता पूरी नहीं करता था। उसे सही प्रार्थना प्रक्रिया अपनाकर इस दुष्चक्र को तोड़ना सीखना पड़ा।

उसने किस तरह नकारात्मक दुष्चक्र तोड़ा

शीला बी. ने आख़िरकार एक सरल सच्चाई जान ली। जब आप यक़ीन करते हैं कि आप आदर्श पार्टनर पा सकते हैं, तो आपको अपने विश्वास के अनुरूप ही मिलेगा।

पुराने अवचेतन तंत्र को तोड़ने और अपनी तरफ़ आदर्श जीवनसाथी को आकर्षित करने के लिए शीला ने इस प्रार्थना का प्रयोग किया :

> **मैं अपनी मानसिकता में उस तरह का व्यक्ति रख रही हूँ, जिसकी मैं गहराई से इच्छा करती हूँ। मैं जिस पुरुष को पति के रूप में आकर्षित करती हूँ, वह प्रभावी, सशक्त, प्रेमपूर्ण, सफल, ईमानदार, वफ़ादार और निष्ठावान है। उसे मुझसे प्रेम और ख़ुशी मिलती है। मैं उसकी बताई राह पर चलना पसंद करती हूँ।**
>
> **मैं जानती हूँ कि वह मुझे चाहता है और मैं उसे चाहती हूँ। मैं ईमानदार, सच्ची, प्रेमपूर्ण और दयालु हूँ। मेरे पास उसे देने के लिए अद्‌भुत तोहफ़े हैं - सद्‌भावना, ख़ुशनुमा दिल और स्वस्थ शरीर। वह भी मुझे यही तोहफ़े देता है। यह साझा है। मैं देती और पाती हूँ।**
>
> **दैवी ज्ञान जानता है कि वह पुरुष कहाँ है और मेरे अवचेतन मन की अधिक गहरी बुद्धिमत्ता अब हम दोनों को अपने तरीक़े से क़रीब ला रही है। हम एक-दूसरे को देखते ही तत्काल पहचान लेंगे। मैं यह आग्रह अपने अवचेतन मन के हवाले कर रही हूँ, जो जानता है कि इस आग्रह को कैसे पूरा करना है। मैं आदर्श जवाब के लिए धन्यवाद देती हूँ।**

उसने इस तरीक़े से हर दिन प्रार्थना की - सुबह उठते ही और रात को सोते समय। उसने इस विश्वास के साथ इन सच्चाइयों की सकारात्मक घोषणा की कि मस्तिष्क में बार-बार दोहराने से वह उस मानसिक समतुल्य तक पहुँच जाएगी, जिसे वह चाहती थी।

उसकी प्रार्थना का जवाब

कई महीने गुज़र गए। शीला डेटिंग करती रही और सामाजिक उत्सवों में भी गई, लेकिन वह जिन व्यक्तियों से मिली, उनमें से कोई भी ऐसा नहीं लगा, जिसकी उसे तलाश थी। वह सोचने लगी कि कहीं उसकी तलाश अधूरी तो नहीं रह जाएगी। उसने पाया कि वह ख़ुद से सवाल पूछ रही है, डावाँडोल हो रही है, शंका कर रही है और ढुलमुल हो रही है। इस मोड़ पर उसने ख़ुद को याद दिलाया कि असीमित बुद्धिमत्ता इस काम को अपने तरीक़े से कर रही है। इसके बारे में चिंता करने की कोई ज़रूरत नहीं है। जब उसे कोर्ट से तलाक़ का आख़िरी आदेश मिल गया, तो उसे मुक्ति और मानसिक स्वतंत्रता का गहरा अहसास हुआ।

इसके बाद जल्दी ही उसे एक मेडिकल कंपनी में प्रमुख प्रशासक का नया पद मिल गया। नौकरी के पहले दिन एक वरिष्ठ डॉक्टर उसके कमरे में परिचय करने के लिए आए। जिस दिन शीला ने इस पद के लिए इंटरव्यू दिया था, उस दिन वे एक मेडिकल कॉन्फ्रेंस में भाग लेने के लिए शहर से बाहर गए थे।

जिस पल वे अंदर आए, वह जान गई कि यही वह पुरुष है, जिसके लिए वह प्रार्थना कर रही थी। ज़ाहिर है, डॉक्टर को भी इसका अंदाज़ा हो गया था। एक महीने के भीतर ही डॉक्टर ने शीला के सामने शादी का प्रस्ताव रख दिया। बाद में उनका वैवाहिक जीवन सुखद रहा। यह डॉक्टर निष्क्रिय या दब्बू क़िस्म के नहीं थे। वे सशक्त, आत्मविश्वासी और निर्णायक थे। अपने क्षेत्र में वे बहुत सम्मानित थे और कॉलेज के दिनों में बहुत अच्छे खिलाड़ी भी रह चुके थे। वे गहरे आध्यात्मिक व्यक्ति भी थे।

शीला को वह जीवनसाथी मिल गया, जिसके लिए उसने प्रार्थना की थी। ऐसा इसलिए हुआ, क्योंकि उसने इसका मानसिक रूप से तब तक दावा किया, जब तक कि वह संतृप्ति के बिंदु तक नहीं पहुँच गई। दूसरे शब्दों में, वह मानसिक और भावनात्मक रूप से अपने विचार के साथ एकाकार हो गई तथा यह उसका हिस्सा बन गया।

क्या मुझे तलाक़ ले लेना चाहिए?

तलाक़ नितांत व्यक्तिगत सवाल है। इसका कोई ऐसा आम जवाब नहीं हो सकता, जो सब पर सही बैठता हो। ज़ाहिर है, कुछ मामलों में तो शादी

ही नहीं होनी चाहिए थी। दूसरे मामलों में तलाक़ समस्या का समाधान नहीं है। तलाक़ एक व्यक्ति के लिए सही और दूसरे के लिए ग़लत हो सकता है। जिस व्यक्ति को तलाक़ दिया जा रहा है, वह झूठी ज़िंदगी जी रहे कई विवाहित लोगों से ज़्यादा सच्चा और बेहतर हो सकता है।

उदाहरण के लिए, एक बार मुझसे एक महिला ने परामर्श लिया, उसका पति उसे मारता-पीटता था और नशे की लत के लिए उसके पैसे चुरा लेता था। उस महिला को बचपन से सिखाया गया था कि शादी पवित्र और स्थायी होती है तथा तलाक़ अनैतिक है। मैंने उसे बताया कि सच्चा विवाह दो दिलों का मेल होता है। अगर दो दिल सामंजस्य, प्रेम और ईमानदारी से एक होते हैं, तो यह आदर्श विवाह है। प्रेम करना दिल का पवित्र कर्म है।

मेरी बात सुनने के बाद वह जान गई कि उसे क्या करना चाहिए। वह अपने मन में जानती थी कि ऐसा कोई दैवी नियम नहीं है, जो उसे मजबूर करता हो कि वह धौंस में रहे, डाँट खाती रहे और पिटती रहे, सिर्फ़ इसलिए क्योंकि किसी ने एक बार कहा था, "आज से तुम दोनों पति-पत्नी हो।"

अगर आप असमंजस में हों कि क्या करना है, तो मार्गदर्शन माँगें। जान लें कि हर सवाल का हमेशा कोई न कोई जवाब होता है और यह आपको मिलेगा। आपकी आत्मा की ख़ामोशी में आपको जो जवाब मिले, उस पर अमल करें। यह आपसे शांति में बोलती है।

तलाक़ तक पहुँचना

मैंने एक बार एक युवा दंपति से बात की, जो शादी के कुछ महीने बाद ही तलाक़ ले रहे थे। युवक को लगातार डर सताता रहता था कि उसकी पत्नी उसे छोड़कर चली जाएगी। उसे अस्वीकृति की आशंका थी और वह मानता था कि उसकी पत्नी उसके प्रति वफ़ादार नहीं थी। ये विचार उसे बुरी तरह सताने लगे और उस पर हावी हो गए।

उसका मानसिक नज़रिया अलगाव और शंका का था। महिला उसके प्रति उदासीन महसूस करने लगी, लेकिन यह उस पुरुष की भावना का ही परिणाम था। अलगाव का माहौल पति के अवचेतन मन से संचालित हो रहा था और इसने उसके पीछे के मानसिक पैटर्न के अनुरूप स्थिति या कर्म उत्पन्न कर दिया। यह क्रिया और प्रतिक्रिया या कारण और परिणाम का नियम है। विचार क्रिया है, जिस पर अवचेतन मन प्रतिक्रिया करता है।

उसकी पत्नी घर छोड़कर चली गई और उसने तलाक़ का आवेदन दे दिया - वही हुआ, जिसका उस पति को डर और विश्वास था।

तलाक़ मन में शुरू होता है

तलाक़ सबसे पहले मन में शुरू होता है; क़ानूनी कार्यवाही बाद में होती है। ये युवा पति-पत्नी द्वेष, डर, शंका और क्रोध से भरे थे। इस तरह का नज़रिया पूरे अस्तित्त्व को कमज़ोर करता है, थका देता है और पस्त कर देता है। *उन्होंने यह जाना कि नफ़रत अलग करती है और प्रेम मिलाता है। उन्हें अहसास होने लगा कि वे अपने मस्तिष्क के साथ क्या कर रहे थे। उनमें से कोई भी मानसिक कर्म के नियम को नहीं जानता था। वे अपने दिमाग़ का दुरुपयोग कर रहे थे और परेशानी तथा दुख को आमंत्रित कर रहे थे।*

मेरे सुझाव पर यह दंपति एक साथ रहने लगे और प्रार्थना चिकित्सा के प्रयोग करने लगे। वे एक-दूसरे के प्रति प्रेम, शांति और सद्भावना जताने लगे। वे एक-दूसरे के प्रति सामंजस्य, सेहत, शांति और प्रेम प्रकट करते थे तथा हर रात को बारी-बारी से भजन पढ़ते थे। उनकी इस सच्ची कोशिश और अवचेतन मन को लाभकारी संवेगों से भरने की बदौलत उनका वैवाहिक जीवन हर दिन पहले से ज़्यादा सुंदर होता जा रहा है।

चिड़चिड़ी पत्नी

कई बार पत्नी इसलिए चिड़चिड़ाती है, क्योंकि उस पर ध्यान नहीं दिया जाता है। उसकी प्रेम और स्नेह की नैसर्गिक इच्छा ऐसे तरीक़े से व्यक्त होती है, जिससे उसका जीवनसाथी उससे और दूर भागने लगता है। अपनी पत्नी पर ध्यान दें और उसकी सराहना करें। उसके कई अच्छे गुणों या बातों की प्रशंसा करें और उसे ऊपर उठाएँ।

चिड़चिड़ेपन का एक और प्रकार जीवनसाथी को किसी ख़ास तरीक़े से चलाने की इच्छा है। यह जीवनसाथी को दूर भगाने का बहुत ही कारगर उपाय है। पति-पत्नियों को ध्यान रखना होगा कि वे आक्रामक नहीं बनें, ना ही एक-दूसरे के छोटे-मोटे दोषों या ग़लतियों की तलाश में जुटे रहें। दोनों को ही अपने जीवनसाथी के सृजनात्मक और अद्भुत गुणों पर ध्यान देना चाहिए तथा उनकी प्रशंसा करनी चाहिए।

विचारमग्न पति

अगर कोई पति अपनी पत्नी की किसी बात या काम पर उसके ख़िलाफ़ सोचने लगता है या विकृत मानसिकता अपना लेता है, तो मनोवैज्ञानिक रूप से वह व्यभिचार (adultery) कर रहा है। एडल्टरी का एक अर्थ आइडोलेटरी (idolatry) है, जिसका मतलब है नकारात्मक और विध्वंसात्मक चीज़ों पर ध्यान देना। जब कोई व्यक्ति ख़ामोशी से अपनी पत्नी के प्रति द्वेषपूर्ण या शत्रुतापूर्ण होता है, तो वह बेवफ़ाई कर रहा है। वह अपनी शादी की क़समों के प्रति वफ़ादार नहीं है, जिनमें उसने उसे ज़िंदगी भर प्रेम करने, चाहने और सम्मान करने का वादा किया था।

चुप्पा, कटु और द्वेषपूर्ण पुरुष कोशिश करके अपनी तीखी टिप्पणियों को निगल सकता है, अपने गुस्से को दबा सकता है और परवाह करने वाला, दयालु या शिष्ट बन सकता है। वह मतभेदों को कुशलता से मोड़ सकता है। तारीफ़ और मानसिक कोशिश करके वह विरोध की आदत से बाहर निकल सकता है। जब वह अपने अवचेतन मन में शांति, सामंजस्य और प्रेम के विचार रखेगा, तो वह पाएगा कि उसके ना सिर्फ़ पत्नी, बल्कि जीवन में बाक़ी सभी के साथ भी ज़्यादा अच्छे और मधुर संबंध हैं। सद्भावनापूर्ण अवस्था अपना लें और अंततः आपको शांति तथा सद्भावना मिल जाएगी।

बहुत बड़ी ग़लती

पड़ोसियों और रिश्तेदारों से अपनी वैवाहिक समस्याओं या मुश्किलों के बारे में बात करना एक बहुत बड़ी ग़लती है। मान लें, एक पत्नी अपनी पड़ोसन से कहती है, “जॉन अपनी माँ के साथ बहुत बुरा सलूक करता है, बहुत ज़्यादा पीता है और हमेशा अपमान करता रहता है। अपशब्द भी कहता रहता है।”

यहाँ पत्नी अपने पति को सबकी निगाह में गिरा रही है और अपमानित कर रही है। यही नहीं, अपने पति की कमियाँ गिनाते समय दरअसल वह अपने भीतर इन अवस्थाओं को पनपने का मौक़ा दे रही है। ये सारी बातें कौन सोच रहा है और महसूस कर रहा है? वह ख़ुद! और जैसा आप सोचते तथा महसूस करते हैं, वैसे ही आप होते हैं।

रिश्तेदार आम तौर पर आपको ग़लत सलाह देते हैं। यह आम तौर पर पक्षपातपूर्ण और पूर्वाग्रह से ग्रस्त होती है, क्योंकि यह निष्पक्षता से नहीं दी जाती है। आपको मिलने वाली सलाह अगर स्वर्णिम नियम की अवहेलना करती है, जो ब्रह्मांड का नियम है, तो वह ना तो अच्छी है, ना ही दमदार।

यह याद रखना ज़रूरी है कि दो इंसान स्वभाव के टकराव, दर्द और तनाव के पलों के बिना एक छत के नीचे नहीं रह सकते। अपने विवाह के दुखद पहलू का प्रदर्शन अपने मित्रों के सामने कभी नहीं करें। अपनी लड़ाइयाँ अपने तक ही सीमित रखें। अपने जीवनसाथी की आलोचना या निंदा से बचें।

अपने जीवनसाथी को बदलकर नया बनाने की कोशिश नहीं करें

पति-पत्नियों को यह कोशिश नहीं करनी चाहिए कि उनके जीवनसाथी हूबहू उनकी तरह बन जाएँ। उन्हें बदलने की कोशिश उनका अपमान करना है और यह बताना है कि वे ख़ुद महत्त्वपूर्ण नहीं हैं। ये कोशिशें हमेशा मूर्खतापूर्ण होती हैं और कई बार तो वैवाहिक जीवन को तबाह भी कर देती हैं। किसी को बदलने की कोशिश उसके गर्व और आत्मसम्मान को नष्ट कर देती है। यह विरोध और द्वेष की भावना जगाती है, जो वैवाहिक संबंध के लिए घातक साबित हो सकता है।

ज़ाहिर है, आपसी तालमेल की ज़रूरत होती है। हममें से कोई भी आदर्श नहीं है और यह जीवनसाथियों के बारे में भी सच है। लेकिन अगर आप अपने दिमाग़ के भीतर अच्छी तरह देखें और अपने चरित्र तथा व्यवहार का अध्ययन करें, तो आपको इतनी कमियाँ मिल जाएँगी कि उन्हें दूर करने में आप ज़िंदगी भर व्यस्त रह सकते हैं। अगर आप सोचते हैं, "मैं उसे अपने मनचाहे साँचे में ढालूँगा," तो आप समस्या को आमंत्रित कर रहे हैं और तलाक़ का रास्ता पकड़ रहे हैं। आप दुख की तलाश कर रहे हैं। आपको कठोर तरीक़े से सीखना होगा कि अगर बदलना है, तो ख़ुद को बदलें।

इन क़दमों द्वारा प्रार्थना करके एक साथ रहें

पहला क़दम : कभी भी छोटी-मोटी निराशाओं से होने वाली चिढ़ को अगले दिन तक नहीं ढोएँ। रात को सोने से पहले एक-दूसरे को हर कड़वी बात के लिए माफ़ कर दें। आप सुबह जिस पल जागें, यह दावा करें कि असीमित बुद्धिमत्ता आपको सभी तरीक़ों से मार्गदर्शन दे रही है। शांति, सामंजस्य और प्रेम के विचार अपने जीवनसाथी, परिवार के सभी सदस्यों और पूरी दुनिया की तरफ़ प्रेषित करें।

दूसरा क़दम : नाश्ते के समय भगवान को याद करें। स्वादिष्ट भोजन, समृद्धि और सभी नियामतों के लिए शुक्रिया अदा करें। यह सुनिश्चित करें कि टेबल पर समस्या, चिंता या बहस वाली बातचीत नहीं हो। यही बात डिनर पर भी लागू करें। अपने जीवनसाथी से कहें, "मैं आपके सभी कामों की सराहना करता हूँ और दिन भर आपकी ओर प्रेम तथा सद्भाव फैलाता हूँ।"

तीसरा क़दम : पति-पत्नी को हर रात बारी-बारी से प्रार्थना करनी चाहिए। अपने जीवनसाथी को अनदेखा नहीं करें। अपना प्रेम और सराहना जताएँ। निंदा, आलोचना और चिढ़ के बजाय सराहना और सद्भाव के विचार रखें। शांत घर और सुखद वैवाहिक जीवन बनाने का तरीक़ा प्रेम, सुंदरता, सद्भाव, आपसी सम्मान, ईश्वर में आस्था और सभी अच्छी चीज़ों की नींव रखना है। सोने से पहले धार्मिक ग्रंथों के महान प्रसंग पढ़ें। जब आप इन सच्चाइयों का अभ्यास करेंगे, तो आपका वैवाहिक जीवन दिनोंदिन बेहतर होता जाएगा।

याद रखने लायक़ विचार

1. मानसिक और आध्यात्मिक नियमों का अज्ञान ही सारे वैवाहिक दुखों का कारण है। साथ-साथ वैज्ञानिक प्रार्थना करने पर आप एक साथ बने रहते हैं।
2. तलाक़ को रोकने का सबसे अच्छा समय विवाह से पहले है। अगर आप सीख लेते हैं कि सही तरीक़े से प्रार्थना कैसे करना है, तो आप अपनी ओर सही जीवनसाथी को आकर्षित करेंगे।
3. विवाह पुरुष और स्त्री का मेल है, जो प्रेम की डोर से आपस में

बँधते हैं। उनके दिल एक होकर धड़कते हैं और वे आगे, ऊपर तथा ईश्वर की तरफ़ बढ़ते हैं।

4. विवाह ख़ुशी की गारंटी नहीं है। लोग ईश्वर के शाश्वत सत्यों और जीवन के आध्यात्मिक मूल्यों के ज़रिये ख़ुशी पाते हैं। फिर पुरुष और महिला एक-दूसरे की ख़ुशी और सुख में योगदान दे सकते हैं।

5. आप उन गुणों और विशेषताओं पर विचार करके सही जीवनसाथी को आकर्षित करते हैं, जिनकी प्रशंसा आप किसी पुरुष या महिला में करते हैं। फिर आपका अवचेतन मन आपको दैवी विधान में एक कर देगा।

6. आप जीवनसाथी में जो चाहते हैं, उसके मानसिक समतुल्य को अपनी मानसिकता में बना लें। अगर आप जीवन में सच्चे, ईमानदार और प्रेमपूर्ण जीवनसाथी को आकर्षित करना चाहते हैं, तो आपको ख़ुद ईमानदार, सच्चा और प्रेमपूर्ण बनना होगा।

7. आपको शादी में ग़लतियाँ दोहराने की ज़रूरत नहीं है। जब आप सचमुच यक़ीन करते हैं कि आपको आदर्श जीवनसाथी मिल सकता है, तो आपको अपने विश्वास के अनुरूप ही मिलेगा। विश्वास करना किसी चीज़ को सच मानना है। अपने आदर्श साथी को मानसिक रूप से इसी समय स्वीकार करें।

8. इस बात पर हैरान नहीं हों कि जिस जीवनसाथी के लिए आप प्रार्थना कर रहे हैं, वह कैसे, क्यों और कहाँ मिलेगा। अपने अवचेतन मन की बुद्धिमत्ता पर पूरा भरोसा रखें। इसके पास अपने लक्ष्य को पाने की शक्ति है। आपको इसमें कोई हस्तक्षेप नहीं करना है।

9. यदि आप अपने जीवनसाथी के प्रति दुर्भावना, दुश्मनी, गुबार और चिढ़ रखते हैं, तो आप मानसिक रूप से तलाक़शुदा हैं। आप मानसिक रूप से अपने मस्तिष्क में उसकी ग़लतियों पर ध्यान केंद्रित कर रहे हैं। अपनी वैवाहिक क़समों पर चलें, "मैं जीवन भर उसे प्रेम और सम्मान देने का वादा करता हूँ।"

10. अपने जीवनसाथी के प्रति डर के विचार रखना बंद कर दें। प्रेम, शांति, सद्भाव और तादात्म्य के विचार रखें; आपका वैवाहिक जीवन दिनोंदिन अधिक सुंदर और अद्भुत होता जाएगा।

11. एक-दूसरे के प्रति प्रेम, शांति और सद्भाव प्रसारित करें। आपका अवचेतन मन इन कंपनों को पकड़ लेता है, जिससे आपसी विश्वास, प्रेम और सम्मान बढ़ता है।
12. चिड़चिड़ा जीवनसाथी आम तौर पर ध्यान और सम्मान चाहता है। वह प्रेम और स्नेह का भूखा होता है। उसके कई अच्छे गुणों की तारीफ़ करें और उसे ऊपर उठाएँ। उसे दिखाएँ कि आप उससे प्रेम करते हैं और उसकी सराहना करते हैं।
13. जो जीवनसाथी एक-दूसरे से प्रेम करते हैं, वे शब्द, कर्म या मन में कोई प्रेमविरोधी या दयारहित काम नहीं करते हैं। प्रेम वही करता है, जो प्रेम रूप होता है।
14. वैवाहिक समस्याओं में हमेशा विशेषज्ञ की सलाह लें। आप दाँत निकलवाने के लिए कारपेंटर के पास नहीं जाते हैं। इसी तरह आपको अपनी वैवाहिक समस्याओं के बारे में रिश्तेदारों या दोस्तों से बातचीत नहीं करनी चाहिए। अगर आपको सलाह की ज़रूरत हो, तो किसी प्रशिक्षित सलाहकार के पास जाएँ।
15. कभी भी अपने पति या पत्नी को बदलकर दोबारा गढ़ने की कोशिश नहीं करें। ये प्रयास हमेशा मूर्खतापूर्ण होते हैं और सामने वाले के गर्व तथा आत्मसम्मान को ख़त्म कर देते हैं। यही नहीं, इससे द्वेष की भावना भी उत्पन्न होती है, जो वैवाहिक संबंध के लिए घातक साबित हो सकती है। अपना दूसरा संस्करण बनाने की कोशिश से बचें।
16. एक साथ प्रार्थना करेंगे, तो एक साथ बने रहेंगे। वैज्ञानिक प्रार्थना सभी समस्याएँ सुलझा देती है। मानसिक रूप से अपनी पत्नी की वैसी तसवीर बनाएँ, जैसी उसे होना चाहिए: ख़ुश, सुखी, स्वस्थ और सुंदर। अपने पति को उस तरह देखें, जैसा उसे होना चाहिए : सशक्त, शक्तिशाली, प्रेमपूर्ण, सद्भावनापूर्ण और दयालु। मानसिक तसवीर देखते रहेंगे, तो आप अनुभव करेंगे कि आपका वैवाहिक जीवन स्वर्ग बन चुका है, जो सद्भाव और शांति से भरा है।

15 आपका अवचेतन मन और ख़ुशी

अमेरिकी मनोविज्ञान के पितामह विलियम जेम्स ने कहा था कि उन्नीसवीं सदी की सबसे महान खोज भौतिक शास्त्र के क्षेत्र में नहीं थी। सबसे बड़ी खोज आस्था से प्रेरित अवचेतन की शक्ति थी। हर इंसान में शक्ति का असीमित भंडार है, जो दुनिया की किसी भी समस्या को परास्त कर सकता है।

सच्ची और स्थायी ख़ुशी आपके जीवन में उस दिन आएगी, जब आपको स्पष्ट अहसास हो जाएगा कि आप किसी भी कमज़ोरी से उबर सकते हैं - जब आपको यह अहसास हो जाएगा कि आपका अवचेतन आपकी समस्याओं को सुलझा सकता है, आपके शरीर का उपचार कर सकता है और आपको आपके सपनों से भी ज़्यादा समृद्धि दिला सकता है।

जब आपकी अपने सपनों के जीवनसाथी से सगाई हुई थी, तो आप बहुत ख़ुश हुए होंगे। शायद आपको तब भी बहुत ख़ुशी महसूस हुई होगी, जब आप कॉलेज से ग्रेजुएट हुए हों, जब आपकी शादी हुई हो, जब आपका बच्चा पैदा हुआ हो या जब आपने कोई बड़ी विजय या पुरस्कार हासिल किया हो। आप इसी तरह के दूसरे अनुभवों की सूची भी बना सकते हैं, जब आप ख़ुश हुए हों। बहरहाल, चाहे ये अनुभव कितने ही अद्‌भुत हों, ये सच्ची स्थायी ख़ुशी नहीं देते हैं। ये सारे अनुभव अस्थायी हैं।

एक धार्मिक ग्रंथ जवाब देता है : *जो भी ईश्वर में भरोसा करता है, वह सुखी है।* जब आप ईश्वर (अपने अवचेतन मन की शक्ति और बुद्धिमत्ता) पर भरोसा करते हैं कि वे सभी क्षेत्रों में आपका नेतृत्व, नियंत्रण और

निर्देशन करेंगे, तो आप संतुलित, शांत और आरामदेह हो जाएँगे। जब आप सबके प्रति प्रेम, शांति और सद्भावना प्रसारित करते हैं, तो आप दरअसल अपने जीवन में ख़ुशी की गगनचुंबी इमारत बना रहे हैं।

आपको ख़ुशी चुननी होगी

ख़ुशी एक मानसिक अवस्था है। एक पवित्र ग्रंथ में एक वाक्य है, *इस दिन आप चुनें कि आप किसकी सेवा करेंगे।* आपके पास ख़ुशी चुनने की स्वतंत्रता है। यह बहुत आसान दिखता है और यह है भी। शायद इसीलिए लोग ख़ुशी की राह पर लड़खड़ा जाते हैं। वे ख़ुशी की सादगी भरी कुंजी को नहीं देख पाते हैं। जीवन की महान चीज़ें आसान, प्रगतिशील और रचनात्मक हैं। वे कल्याण और ख़ुशी देती हैं।

सेंट पॉल आपको बताते हैं कि आप किस तरह सोचकर प्रबल शक्ति और ख़ुशी का जीवन पा सकते हैं :

> आख़िरकार, भाइयों, जो भी चीज़ें सच हैं, जो भी चीज़ें ईमानदार हैं, जो भी चीज़ें न्यायपूर्ण हैं, जो भी चीज़ें शुद्ध हैं, जो भी चीज़ें प्यारी हैं, जो भी चीज़ें अच्छी प्रतिष्ठा की हैं; अगर कोई गुण है, और अगर कोई प्रशंसा है, तो इनके बारे में सोचें।
>
> *फ़िल. 4:8*

ख़ुशी कैसे चुनें

इसी समय ख़ुशी चुनें। यह काम ऐसे करें - सुबह अपनी आँखें खोलते ही ख़ुद से कहें :

> **दैवी विधान आज और हर दिन मेरे जीवन का संचालन करता है। सारी चीज़ें आज मेरे भले के लिए काम करती हैं। यह मेरे लिए एक नया और अद्भुत दिन है। इस दिन जैसा कोई दूसरा दिन कभी नहीं होगा। मुझे दिन भर दैवी मार्गदर्शन मिलता है और मैं अपने हर काम में समृद्ध बनूँगा। दैवी प्रेम मुझे घेरे है, मेरे चारों तरफ़ है और मैं शांति से हूँ।**
>
> **जब भी मेरा ध्यान अच्छाई और सृजनात्मकता से भटकेगा, तो मैं उस चीज़ के बारे में तत्काल सोचने लगूँगा, जो सुंदर और अच्छी है। मैं आध्यात्मिक और मानसिक चुंबक हूँ, मैं अपनी ओर उन सभी चीज़ों को**

आकर्षित करता हूँ, जो मुझे नियामतें देती हैं और समृद्धकरती हैं। आज मैं अपने सभी कामों में अद्‌भुत सफलता पाऊँगा। निश्चित रूप से आज मैं दिन भर ख़ुश रहूँगा।

हर दिन इसी तरह शुरू करें, फिर आप ख़ुशी का चुनाव करेंगे और ख़ुश तथा प्रफुल्लित रहेंगे।

उसने ख़ुश रहने की आदत डाल ली

कई साल पहले मैं आयरलैंड के पश्चिमी किनारे पर कॉनेमारा में एक किसान के घर लगभग एक हफ़्ते ठहरा। मेरा मेज़बान हमेशा गुनगुनाता और सीटी बजाता रहता था। वह इतना ख़ुशनुमा था कि मैंने उससे उसकी ख़ुशी का राज़ पूछ लिया।

"यह मेरी आदत है," उसने जवाब दिया। "जब मैं सुबह जागता हूँ और जब मैं रात को सोने जाता हूँ, तो अपने परिवार, फ़सल, जानवरों को दुआएँ देता हूँ और अद्‌भुत फ़सल के लिए ईश्वर को धन्यवाद देता हूँ।"

इस किसान ने चालीस साल से ज़्यादा समय पहले यह आदत डाल ली थी। जैसा आप जानते हैं, नियमित रूप से दोहराए जाने वाले विचार अवचेतन मन में पहुँच जाते हैं और आदत बन जाते हैं। उसने समझ लिया था कि ख़ुशी एक आदत है।

आपमें ख़ुश रहने की इच्छा होनी चाहिए

ख़ुश रहने के बारे में आपको एक महत्त्वपूर्ण बात याद रखनी चाहिए। आपके मन में ख़ुश होने की सच्ची इच्छा होनी चाहिए। कुछ लोग इतने लंबे रागय से तनावग्रस्त, दुखी और निराश होते हैं कि अगर किसी अद्‌भुत, अच्छी, सुखद ख़बर से वे अचानक ख़ुश हो जाएँ, तो वे उस महिला की तरह प्रतिक्रिया करेंगे, जिसने मुझसे एक बार कहा था, "इतना ख़ुश होना ठीक नहीं है!" वे अपनी पुरानी मानसिक संरचना के इतने आदी हो चुके हैं कि उन्हें ख़ुशी सहज महसूस नहीं होती है। वे अपनी जानी-पहचानी तनावग्रस्त, दुखी अवस्था में लौटने के लिए बेताब रहते हैं।

मैं इंग्लैंड की एक बूढ़ी महिला को जानता हूँ, जिसे कई सालों से आर्थ्राइटिस था। वह अपने घुटने थपथपाकर कहती थी, "मेरा आर्थ्राइटिस

आज बुरी हालत में है। आज मैं बाहर नहीं जा सकती। मेरा आर्थ्राइटिस मुझे दुखी कर रहा है।" महिला की इस स्थिति के कारण उसके बेटी-बेटे और पड़ोसी उसका बहुत ध्यान रखते थे। दरअसल इसी कारण वह अपने आर्थ्राइटिस को पसंद करती थी। वह अपने "दुख" को पसंद करती थी। अपने अवचेतन मन के स्तर पर वह ख़ुश नहीं होना चाहती थी।

मैंने उसे उपचार का एक तरीक़ा सुझाया। मैंने उसे एक पवित्र ग्रंथ की कुछ पंक्तियाँ लिखकर दीं और कहा कि अगर वह इन सच्चाइयों पर ध्यान केंद्रित करेगी, तो उसका मानसिक नज़रिया बेशक बदल जाएगा। उसकी आस्था और विश्वास उसे स्वस्थ कर देंगे। उसने इसमें दिलचस्पी नहीं ली। कई लोगों की तरह वह भी अजीब मानसिक चिंता का शिकार थी, जिसे वह छोड़ना नहीं चाहती थी। उसे दुखी और परेशान रहना पसंद था या कम से कम उसे दुख से मिलने वाले लाभ पसंद थे।

दुख क्यों चुनना?

कई लोग दुख को चुनते हैं और उन्हें यह अहसास ही नहीं होता है कि वे ऐसा कर रहे हैं। वे इस तरह के विचार रखते हैं :

- आज का दिन बुरा है। हर चीज़ गड़बड़ होने वाली है।
- मैं सफल नहीं हो पाऊँगा।
- हर व्यक्ति मेरे ख़िलाफ़ है।
- धंधा बुरा है और यह पहले से ज़्यादा बुरा होने वाला है।
- मैं हमेशा देर से पहुँचता हूँ।
- मुझे कभी सुनहरे मौक़े नहीं मिलते हैं।
- वह कर सकता है, लेकिन मैं नहीं कर सकता।

अगर सुबह-सुबह आपका यह मानसिक नज़रिया रहता है, तो आप अपनी ओर इन सभी दुखद घटनाओं को आकर्षित करेंगे और बहुत दुखी रहेंगे।

यह अहसास करना शुरू करें कि जिस दुनिया में आप रहते हैं, वह काफ़ी हद तक इस बात से तय होती है कि आपके दिमाग़ में क्या चलता है। महान रोमन दार्शनिक मार्कस ऑरेलियस ने कहा था, "इंसान का जीवन

उसके विचारों से बनता है।" उन्नीसवीं सदी के अग्रणी अमेरिकी दार्शनिक राल्फ़ वाल्डो एमर्सन ने कहा था, "इंसान वैसा ही होता है, जैसा वह सारे दिन सोचता है।" जो विचार आप आदतन अपने मस्तिष्क में रखते हैं, वे शारीरिक व भौतिक रूप में प्रकट हो जाते हैं।

यह सुनिश्चित करें कि आप नकारात्मक, पराजयवादी, बुरे या निराशाजनक विचार नहीं रखें। अपने मस्तिष्क को बार-बार याद दिलाएँ कि आप अपनी मानसिकता के बाहर कुछ अनुभव नहीं कर सकते।

अगर मेरे पास दस लाख डॉलर होते, तो मैं सुखी होता

दौलत अपने आप में आपको सुखी नहीं बना सकती। दूसरी ओर, यह सुख में बाधक भी नहीं होती है। आज कई लोग चीज़ें ख़रीदकर सुख पाने की कोशिश करते हैं - बेहतरीन टेलीविज़न, नवीनतम कार, महँगे डिज़ाइनर कपड़े, फ़ार्म हाउस। लेकिन सुख इस तरह से ख़रीदा या पाया नहीं जा सकता।

सुख का साम्राज्य आपके विचार और भावना में है। बहुत सारे लोग सोचते हैं कि सुख उत्पन्न करने के लिए किसी घटना की ज़रूरत होती है। कुछ कहते हैं, "अगर मैं मेयर बन जाऊँ, कॉरपोरेशन का सीईओ बन जाऊँ या अख़बार के सोसायटी पेज पर मेरी फ़ोटो छप जाए, तो मैं सुखी हो जाऊँगा।"

सच तो यह है कि ख़ुशी एक मानसिक और आध्यात्मिक अवस्था है। प्रमोशन या बाहरी सम्मान ख़ुशी नहीं दे सकते। आपकी शक्ति, ख़ुशी और सुख तो इस बात में निहित है कि आप अवचेतन मन में निवास करने वाले दैवी विधान तथा सही कर्म के नियम का पता लगा लें और इन सिद्धांतों को अपने जीवन के सभी क्षेत्रों में लागू करें।

उसे मानसिक शांति की फ़सल के रूप में ख़ुशी मिली

जब मैं कुछ साल पहले सैन फ़्रांसिस्को में भाषण दे रहा था, तो एक व्यक्ति मेरे पास आया। वह बहुत दुखी और निराश था, क्योंकि उसका बिज़नेस डावाँडोल था। वह एक कंपनी का जनरल मैनेजर था। उसके दिल में कंपनी के प्रेसिडेंट और वाइस-प्रेसिडेंट के प्रति द्वेष भरा था। उसे महसूस हो रहा था कि वे उसके विचारों का विरोध करके कंपनी को विनाश की दिशा में ले

जा रहे थे। कंपनी का मुनाफ़ा घट रहा था। बाज़ार में हिस्सेदारी कम हो रही थी। कंपनी के शेयरों की क़ीमत भी गिर रही थी, जिससे उसे काफ़ी चिंता हुई, क्योंकि उसका ज़्यादातर भुगतान स्टॉक ऑप्शन्स के रूप में था।

उसने अपनी बिज़नेस समस्या इस तरह से सुलझाई। सुबह-सुबह वह शांति से यह सकारात्मक घोषणा करता था :

> **हमारी कंपनी में काम करने वाले सभी कर्मचारी ईमानदार, सच्चे, सहयोगी, वफ़ादार और सबके प्रति सद्भावना से भरे हैं। वे इस कंपनी के विकास, कल्याण और समृद्धि की जंज़ीर में मानसिक तथा आध्यात्मिक कड़ियाँ हैं। मैं अपने दो सहयोगियों और कंपनी के बाक़ी सभी लोगों के लिए अपने विचारों, शब्दों और कार्यों में प्रेम, शांति तथा सद्भावना प्रसारित करता हूँ।**
>
> **हमारी कंपनी के प्रेसिडेंट और वाइस-प्रेसिडेंट को सभी कामों में ईश्वर का मार्गदर्शन मिल रहा है। मेरे अवचेतन मन की असीमित बुद्धिमत्ता मेरे द्वारा सारे निर्णय लेती है। हमारे सभी बिज़नेस सौदों और पारस्परिक संबंधों में सद्भाव निहित है।**
>
> **मैं ऑफ़िस में जाने से पहले शांति, प्रेम और सद्भावना के संदेशवाहक भेजता हूँ। कंपनी में काम करने वाले सभी लोगों के दिलोदिमाग़ में शांति और सद्भाव क़ायम रहे, जिनमें मैं भी शामिल हूँ। मैं अब आस्था, विश्वास और भरोसे के साथ एक नए दिन की शुरुआत करने जा रहा हूँ।**

इस बिज़नेस एक्ज़ीक्यूटिव ने ये विचार सच मानते हुए सुबह तीन बार धीरे-धीरे भावना के साथ दोहराए। दिन में जब भी उसके मन में डर या गुस्से के विचार आते थे, वह ख़ुद से कहता था, "शांति, सद्भाव और संतुलन हर समय मेरे मस्तिष्क पर शासन करते हैं।"

जब वह इस तरीक़े से अपने मस्तिष्क को अनुशासित करता रहा, तो हानिकारक विचार आना बंद हो गए और उसके मन में शांति आ गई। उसने शांति की फ़सल काटी।

बाद में उसने मुझे लिखा कि मस्तिष्क को व्यवस्थित करने के लगभग दो सप्ताह बाद प्रेसिडेंट और वाइस प्रेसिडेंट ने उसे अपने ऑफ़िस में

बुलाकर उसके काम तथा नए सृजनात्मक विचारों की प्रशंसा की। उन्होंने यह टिप्पणी भी की कि वे कितने सौभाग्यशाली हैं, जो उन्हें ऐसा जनरल मैनेजर मिला है। उसे यह जानकर बहुत ख़ुशी हुई कि व्यक्ति ख़ुद में ख़ुशी पा सकता है।

बाधा या ठूँठ वहाँ नहीं है

बरसों पहले एक दोस्त ने मुझे एक घोड़े की कहानी सुनाई। एक बार यह घोड़ा सड़क किनारे के ठूँठ के पास बैठे साँप से डर गया। उसके बाद उस ठूँठ के पास आते ही घोड़ा बिदक जाता था। किसान ने ठूँठ को खोद कर उसे जला दिया और उस जगह को समतल कर दिया। लेकिन इससे मदद नहीं मिली। बरसों बाद तक घोड़ा ठूँठ वाली जगह के पास पहुँचकर बिदक जाता था। घोड़ा ठूँठ की याद से बिदक रहा था।

आपकी ख़ुशी में आपके अपने विचार-जीवन और मानसिक छवि के सिवा कोई बाधा नहीं है। क्या डर या चिंता ने आपको पीछे रोक रखा है? डर आपके मन का एक विचार है। आप इसी समय इसे हटा सकते हैं और इसकी जगह सभी समस्याओं पर विजय, सफलता और उपलब्धि में आस्था रख सकते हैं।

मैं एक व्यक्ति को जानता था, जिसका धंधा चौपट हो गया। उसने मुझसे कहा, "मैंने ग़लतियाँ की थीं, लेकिन मैंने उनसे काफ़ी कुछ सीख लिया है। मैं दोबारा बिज़नेस शुरू कर रहा हूँ और मुझे इसमें ज़बर्दस्त सफलता मिलेगी।" उसने अपने मन के उस ठूँठ का सामना किया। उसने शिकायत नहीं की, वह रोया नहीं। इसके बजाय उसने असफलता के ठूँठ को उखाड़ फेंका। अपनी आंतरिक शक्तियों पर भरोसा करके उसने डर के सभी विचारों और पुरानी निराशाओं को दूर कर दिया। ख़ुद पर यक़ीन करें; आप सफल व सुखी बन जाएँगे।

सबसे सुखी लोग

सबसे सुखी व्यक्ति वह है, जो लगातार अपने भीतर के सर्वश्रेष्ठ स्वरूप को सामने लाता है और उसका अभ्यास करता है। सुख और सद्गुण एक-दूसरे के पूरक हैं। सबसे अच्छे लोग ना सिर्फ़ सबसे सुखी होते हैं, बल्कि आम तौर पर सफलता से जीने की कला में भी सबसे माहिर होते हैं। ईश्वर आपके

भीतर सबसे ऊँचा और सबसे अच्छा है। ईश्वर के प्रेम, प्रकाश, सत्य और सुंदरता को अधिक व्यक्त करेंगे, तो आप दुनिया के सबसे सुखी व्यक्तियों में से एक बन जाएँगे।

ग्रीक बैरागी दार्शनिक एपिक्टेटस ने कहा था,

मानसिक शांति और सुख का बस एक ही रास्ता है; इसलिए इसे अपने साथ हमेशा रखें, तब भी जब आप सुबह जागें और पूरे दिन तथा जब आप सोने जाएँ। बाहरी चीज़ों से प्रभावित नहीं हों, बल्कि इन सभी को ईश्वर को समर्पित कर दें।

सुख के पायदानों का संक्षेप

1. विलियम जेम्स ने कहा था कि उन्नीसवीं सदी की सबसे बड़ी खोज आस्था से प्रेरित अवचेतन मन की शक्ति है।
2. आपके भीतर ज़बर्दस्त शक्ति है। जब आप इस शक्ति में परम विश्वास करने लगेंगे तो आप सुखी हो जाएँगे। तब आप अपने सपनों को साकार कर पाएँगे।
3. आप अपने अवचेतन मन की अद्भुत शक्ति द्वारा किसी भी पराजय पर विजय पा सकते हैं और किसी भी मनोकामना को पूरा कर सकते हैं। यही इस वाक्य का मतलब है कि जो व्यक्ति ईश्वर (अवचेतन मन के आध्यात्मिक नियमों) में भरोसा करता है, वह सुखी होता है।
4. आपको ख़ुशी का चुनाव करना होगा। ख़ुशी एक आदत है। यह एक अच्छी आदत है, जिस पर अक्सर विचार करना चाहिए।

   जो भी चीज़ें सच हैं, जो भी चीज़ें ईमानदार हैं, जो भी चीज़ें न्यायपूर्ण हैं, जो भी चीज़ें शुद्ध हैं, जो भी चीज़ें प्यारी हैं, जो भी चीज़ें अच्छी प्रतिष्ठा की हैं; अगर कोई गुण है, और अगर कोई प्रशंसा है, तो इनके बारे में सोचें।

   फ़िल. 4:8

5. जब आप सुबह अपनी आँखें खोलें, तो ख़ुद से कहें, "मैं आज ख़ुशी का चुनाव करता हूँ। मैं आज सफलता का चुनाव करता हूँ। मैं

आज सही काम करने का चुनाव करता हूँ। मैं आज सभी के लिए प्रेम और सद्भावना का चुनाव करता हूँ। मैं आज शांति का चुनाव करता हूँ।" इस सकारात्मक घोषणा में जीवंतता, प्रेम और दिलचस्पी भरेंगे, तो आपको ख़ुशी मिल जाएगी।

6. हर दिन कई बार अपनी सभी नियामतों के लिए शुक्रिया अदा करें। इसके अलावा, अपने परिवार के सदस्यों, सहयोगियों और सारी दुनिया की शांति, ख़ुशी तथा समृद्धि के लिए प्रार्थना करें।
7. आपके मन में ख़ुश रहने की सच्ची इच्छा होनी चाहिए। बिना इच्छा के कुछ हासिल नहीं होता है। इच्छा कल्पना और आस्था के पंखों के साथ की गई कामना है। अपनी इच्छा के साकार होने की कल्पना करें, इसकी वास्तविकता महसूस करें और यह साकार हो जाएगी। ख़ुशी प्रार्थना के जवाब में मिलती है।
8. लगातार डर, चिंता, गुस्से, नफ़रत और असफलता के विचारों को सोचकर आप निराश और दुखी बन जाएँगे। याद रखें, आपकी ज़िंदगी वैसी ही है, जैसा आपके विचार इसे बनाते हैं।
9. आप दुनिया के सारे पैसे से भी ख़ुशी नहीं ख़रीद सकते। कुछ करोड़पति ख़ुश हैं, कुछ दुखी हैं। जिन लोगों के पास बहुत कम दौलत है, उनमें से कुछ सुखी हैं, तो कुछ दुखी हैं। कुछ विवाहित लोग ख़ुश हैं और कुछ दुखी हैं। कुछ अविवाहित लोग ख़ुश हैं और कुछ दुखी हैं। ख़ुशी का साम्राज्य आपके विचार और भावना में है।
10. ख़ुशी शांत मस्तिष्क की फ़सल है। अपने विचारों को शांति, संतुलन, सुरक्षा और दैवी मार्गदर्शन पर स्थिर करें। आपका मस्तिष्क ख़ुशी उत्पन्न कर देगा।
11. आपकी ख़ुशी में कोई बाधा नहीं है। बाहरी चीज़ें कारण नहीं हैं। वे कारण नहीं, परिणाम हैं। अपने भीतर के एकमात्र रचनात्मक सिद्धांत से प्रेरणा लें। आपका विचार कारण है और नया कारण एक नया परिणाम उत्पन्न करता है। ख़ुशी का चुनाव करें।
12. सबसे सुखी व्यक्ति वह है, जो अपने भीतर के सबसे ऊँचे और अच्छे स्वरूप को बाहर लाता है। ईश्वर सबसे ऊँचा तथा सबसे अच्छा है और आपके भीतर ईश्वर का साम्राज्य है।

16 | आपका अवचेतन मन और सद्भावनापूर्ण मानवीय संबंध

आपने इस पुस्तक के अध्ययन से एक बहुत महत्त्वपूर्ण अवधारणा यह सीखी है कि आपका अवचेतन मन एक रिकॉर्डिंग मशीन की तरह है, जो निष्ठापूर्वक इस पर छोड़ी हर छाप को दोबारा उत्पन्न कर देता है। यह भी एक कारण है कि स्वर्णिम नियम (golden rule) दूसरों के साथ सद्भावनापूर्ण संबंध बनाने और बनाए रखने में इतना महत्त्वपूर्ण है।

> आप दूसरों से अपने लिए जैसा चाहते हों, उनके साथ वैसा ही करें।
>
> *मैथ्यू 7:12*

इस सबक़ के बाहरी और आंतरिक दोनों अर्थ हैं। आंतरिक अर्थ आपके चेतन और अवचेतन मन से संबंधित है। इस पवित्र संदेश के अनुसार :

- जैसा आप चाहते हों कि लोग आपके बारे में सोचें, वैसा ही आप उनके बारे में सोचें।
- जैसा आप चाहते हों कि लोग आपके बारे में महसूस करें, वैसा ही आप उनके बारे में महसूस करें।
- जैसा आप चाहते हों कि लोग आपके प्रति काम करें, वैसा ही आप उनके प्रति काम करें।

उदाहरण के लिए, हो सकता है आप ऑफ़िस में किसी के प्रति नम्र और शालीन हों, लेकिन उसकी पीठ पीछे उसके बारे में आलोचनात्मक और द्वेषपूर्ण विचार सोचते हों। इस तरह के नकारात्मक विचार आपके लिए बहुत विनाशकारी हैं। यह ज़हर खाने की तरह है। आप जो नकारात्मक ऊर्जा उत्पन्न कर रहे हैं, वह आपकी स्फूर्ति, उत्साह, शक्ति, मार्गदर्शन और सद्भावना कम कर देती है। जब ये नकारात्मक विचार और भाव आपके अवचेतन में उतर जाते हैं, तो वे आपके जीवन में तमाम तरह की मुश्किलें और रोग उत्पन्न कर देते हैं।

दूसरों के साथ सुखद संबंधों की सफल कुंजी

> मूल्यांकन नहीं करें, ताकि आपका मूल्यांकन नहीं किया जाए। क्योंकि जैसा मूल्यांकन आप करते हैं, वैसा ही आपका मूल्यांकन होगा; और जिस पैमाने पर आप मूल्यांकन करते हैं, उसी पैमाने पर आपका भी मूल्यांकन होगा।
>
> *मैथ्यू 7:1-2*

दूसरों के साथ सद्भावनापूर्ण संबंधों की कुंजी इन पंक्तियों के क़रीबी अध्ययन और उनमें छिपी सच्चाई पर अमल करना है। मूल्यांकन करने का अर्थ सोचना और किसी मानसिक फ़ैसले या निष्कर्ष पर पहुँचना है। दूसरे व्यक्ति के बारे में आपके मन में जो विचार है वह आपका है, क्योंकि आप ही उसे सोच रहे हैं। आपके विचार रचनात्मक हैं। इसलिए आप सामने वाले के बारे में जो सोच और महसूस कर रहे हैं, उसे दरअसल अपने अनुभव में उतार रहे हैं। जो सुझाव आप किसी दूसरे को देते हैं, वह आप ख़ुद को भी देते हैं, क्योंकि आपका मस्तिष्क ही रचनात्मक साधन है।

इसीलिए यह कहा गया है, जैसा *आप मूल्यांकन करेंगे, वैसा ही आपका मूल्यांकन होगा।* इसका यह मतलब है कि दूसरों पर पैमाने और मानदंड लागू करके आप अपने अवचेतन में उन मानदंडों और पैमानों को उतार रहे हैं, जिन्हें यह आप पर लागू करेगा। जब आप इस नियम को जान जाते हैं और यह समझ लेते हैं कि आपका अवचेतन मन किस तरह काम करता है, तो फिर आप दूसरों के प्रति सोचने, महसूस करने, काम करने में हमेशा

सावधान रहेंगे, क्योंकि ऐसा करके आप अपने प्रति सही कर्म, भाव और विचार की स्थिति बना रहे हैं।

जिस पैमाने से आप मूल्यांकन करेंगे, उसी से आपका मूल्यांकन होगा। आप दूसरों के साथ जो भलाई करते हैं, वह उसी पैमाने से आपकी ओर लौटेगी, और आप जो बुराई करते हैं, वह भी आपके मस्तिष्क के नियम के अनुरूप आपकी ओर लौटेगी। अगर कोई किसी को धोखा देता है, तो वह दरअसल ख़ुद को धोखा दे रहा है। उसका अपराधबोध और नुक़सान का भाव अंततः किसी न किसी तरह, किसी न किसी समय नुक़सान को उसकी ओर आकर्षित करेगा। उसका अवचेतन उसके मानसिक काम का रिकॉर्ड रखता है और मानसिक इरादे या प्रेरणा के अनुरूप प्रतिक्रिया करता है।

आपका अवचेतन मन निष्पक्ष और अपरिवर्तनीय है। यह ना तो व्यक्तियों में भेद करता है, ना ही किसी तरह के धार्मिक पंथ या संस्था में। यह ना तो दयालु है, ना ही प्रतिशोधात्मक। आप दूसरों के बारे में जिस तरीक़े से सोचते, महसूस करते और काम करते हैं, वही अंततः आपकी ओर लौटता है।

अख़बार के लेखों ने उसे बीमार कर दिया

अब ख़ुद पर नज़र डालें। लोगों, स्थितियों और परिस्थितियों पर अपनी प्रतिक्रियाओं पर ग़ौर करें। बाद के अध्ययन के लिए उन्हें किसी नोटबुक में लिख लें। आप दिन की घटनाओं और ख़बरों पर कैसी प्रतिक्रिया करते हैं? इससे कोई फ़र्क़ नहीं पड़ता है कि बाक़ी सभी लोग ग़लत हैं और सिर्फ़ आप ही सही हैं। अगर ख़बर आपको विचलित करती है, तो यह आपकी कमी है, क्योंकि आपके नकारात्मक भावों ने ही आपसे शांति और सद्भाव छीन लिए हैं।

एक महिला मुझसे अपने पति के मामले में मदद लेने आई। उसने बताया कि अख़बार में कुछ कॉलमिस्टों के लेख पढ़ने पर वह भन्ना जाता था। महिला ने कहा कि गुस्से और उत्तेजना के दबाव की यह सतत प्रतिक्रिया उसके हाई ब्लड प्रेशर के लिए बहुत बुरी थी। डॉक्टर ने उससे कह दिया था कि उसे भावनात्मक परिवर्तन करके अपने तनाव को कम करने का कोई तरीक़ा खोजना चाहिए।

मैंने उस व्यक्ति को बुलाकर समझाया कि उसका मस्तिष्क किस तरह काम करता है। वह समझ गया कि अख़बार में छपे लेख पर गुस्सा होना भावनात्मक अपरिपक्वता का सूचक था, लेकिन वह नहीं जानता था कि उसका गुस्सा उसके दिमाग़ और शरीर को नुक़सान पहुँचा रहा था।

उसे यह अहसास होने लगा कि उसे लेखक को अपनी बात कहने की स्वतंत्रता देनी चाहिए, भले ही वह उससे राजनीतिक, धार्मिक या किसी अन्य तरीक़े से असहमत हो। इसी तरह से लेखक को उसे यह स्वतंत्रता देना चाहिए कि वह अख़बार को पत्र लिखकर उसकी प्रकाशित टिप्पणियों से असहमति व्यक्त कर दे। उसने सीखा कि वह नाराज़ हुए बिना असहमत हो सकता है। उसे यह सरल सच्चाई पता चल गई कि दूसरों के कुछ कहने या करने का उस पर कोई प्रभाव नहीं पड़ता है। इसके बजाय, दूसरों के कहने या करने पर उसकी अपनी प्रतिक्रिया महत्त्वपूर्ण होती है।

इस स्पष्टीकरण से उस आदमी के इलाज में मदद मिली। थोड़े अभ्यास के बाद उसने अपने सुबह के आवेश पर क़ाबू कर लिया। उसकी पत्नी ने बाद में मुझे बताया कि आख़िरकार उसने लेखकों की बातों पर हँसना सीख लिया। उसने अपनी प्रबल प्रतिक्रिया पर हँसना भी सीख लिया। अब अख़बार के लेखों में उसे विचलित करने, चिढ़ाने या परेशान करने की शक्ति नहीं रही। अब उसके बढ़े हुए भावनात्मक संतुलन और शांति के कारण उसका ब्लडप्रेशर क़ाबू में है।

मुझे औरतों से नफ़रत है, लेकिन पुरुष पसंद हैं

सिंथिया आर. एक बड़ी कंपनी में एक्ज़ीक्यूटिव सेक्रेटरी थी। वह मेरे पास इसलिए आई, क्योंकि उसके मन में अपने ऑफ़िस की कुछ महिलाओं के प्रति बहुत कड़वाहट भरी थी। उसे यक़ीन था कि वे उसके बारे में गपशप करती थीं और झूठी अफ़वाहें फैलाती थीं। जब मैंने पूछा तो उसने स्वीकार किया कि उसके महिलाओं के साथ संबंधों में उसे बहुत सी दिक़्क़तें आती हैं। उसने कहा, “मुझे औरतों से नफ़रत है, लेकिन पुरुष पसंद हैं।”

जब मैंने उससे आगे बातचीत की, तो मुझे पता चला कि सिंथिया अपने अधीनस्थ कर्मचारियों से बहुत दंभी, अक्खड़ और चिड़चिड़ी आवाज़ में बोलती थी। उसके बोलने के लहज़े में घमंड झलकता था और मैं समझ गया कि उसके अंदाज़ से कुछ लोग क्यों चिढ़ते थे। हालाँकि उसे इस बात

का अहसास भी नहीं था। उसके लिए महत्त्वपूर्ण मुद्दा यह था कि उसके साथ काम करने वाली औरतों को उसकी समस्याएँ बढ़ाने में मज़ा आता था।

अगर आपके ऑफ़िस या फ़ैक्ट्री के सभी लोगों से आपको चिढ़ होती है, तो क्या यह संभव नहीं है कि यह चिढ़ और परेशानी आपके ही किसी अवचेतन पैटर्न या मानसिक विचार से उत्पन्न हो रही हो? हम सभी जानते हैं कि अगर आप कुत्ते से नफ़रत करते हों या डरते हों, तो वह ख़ूँख़ार प्रतिक्रिया करेगा। दरअसल जानवर आपके अवचेतन कंपनों को भाँप लेते हैं और उसी के अनुसार प्रतिक्रिया करते हैं। क्या यह कहना उचित नहीं होगा कि इस मामले में इंसान भी कुत्तों, बिल्लियों और अन्य प्राणियों जितने संवेदनशील होते हैं?

औरतों से नफ़रत करने वाली इस महिला को मैंने प्रार्थना की एक प्रक्रिया सुझाई। मैंने उसे बताया कि जब वह ख़ुद को आध्यात्मिक मूल्यों से भर लेगी और जीवन की सच्चाइयों की सकारात्मक घोषणा करने लगेगी, तो औरतों के प्रति उसकी नफ़रत पूरी तरह ग़ायब हो जाएगी। इसके साथ ही उसकी आवाज़ से घमंड का पुट भी चला जाएगा, जिसके ज़रिये उसकी नफ़रत औरतों तक पहुँचती थी। वह यह जानकर हैरान थी कि हमारी भावनाएँ बोलने, कामों, लिखने और जीवन के बाक़ी पहलुओं में दिख जाती हैं।

हमारी बातचीत के बाद सिंथिया ने अपने द्वेषपूर्ण और गुस्सैल व्यवहार को ख़त्म कर दिया। उसने प्रार्थना की आदत डाल ली। वह हर दिन, सुनियोजित तरीक़े से और लगातार अपने ऑफ़िस में इसका अभ्यास करती थी।

उसने इस प्रार्थना का सफलतापूर्वक प्रयोग किया :

मैं प्रेम, शांति और आराम से सोचती हूँ, बोलती हूँ और काम करती हूँ। मैं अब उन सभी के प्रति प्रेम, शांति, सहिष्णुता और दयालुता प्रसारित करती हूँ, जो मेरी आलोचना करते हैं और मेरे बारे में गपशप करते हैं। मैंने अपने विचारों को सबके प्रति सद्भावना, शांति और सद्भाव पर स्थिर कर लिया है।

जब भी मैं नकारात्मक प्रतिक्रिया करने वाली होती हूँ, तो ख़ुद से दृढ़ता से कहती हूँ, "मैं अपने भीतर के सद्भाव, सेहत और शांति के

सिद्धांत के दृष्टिकोण से सोचती हूँ, बोलती हूँ और काम करती हूँ।" रचनात्मक ज्ञान सभी चीज़ों में मेरा नेतृत्व, नियंत्रण और मार्गदर्शन करता है।

प्रार्थना के इस अभ्यास ने उसकी ज़िंदगी बदल दी। उसने पाया कि उसके ऑफ़िस में आलोचना और चिढ़ का माहौल धीरे-धीरे ग़ायब हो गया। साथ काम करने वाली महिलाएँ जीवन की यात्रा में उसकी साथी और सहेलियाँ बन गईं। उसने यह सच्चाई जान ली कि हमारे पास दोष देने और बदलने के लिए हमारे सिवाय कोई नहीं होता।

उसकी आंतरिक भाषा ने उसका प्रमोशन रोक दिया

एक दिन जिम एस. नामक सेल्समैन मुझसे मिलने आया। वह अपने सेल्स मैनेजर के कारण परेशान और बहुत बुरी तरह विचलित था। जिम दस साल से कंपनी में था, लेकिन उसे कभी प्रमोशन या प्रशंसा नहीं मिली थी। उसने मुझे अपनी बिक्री के आँकड़े दिखाए। मैं आसानी से देख सकता था कि वे उस इलाक़े के अन्य सेल्समैनों के आँकड़ों से अच्छे थे। उसका स्पष्टीकरण यह था कि सेल्स मैनेजर उसे पसंद नहीं करता था। उसका दावा था कि उसके साथ भेदभाव किया जाता था। सम्मेलनों में मैनेजर उसके सुझावों की खिल्ली उड़ाता था और कई बार तो अपमानजनक व्यवहार भी करता था।

जिम की स्थिति पर विस्तार से बात करने के बाद मैंने उसे सुझाव दिया कि इसका कारण काफ़ी हद तक उसके भीतर था। मैनेजर के प्रति उसके विचार और विश्वास के कारण ही वह अधिकारी इस तरह प्रतिक्रिया कर रहा था। हम दूसरों के लिए जिस पैमाने का प्रयोग करेंगे, हम पर भी उसी पैमाने का प्रयोग किया जाएगा। सेल्स मैनेजर के प्रति जिम का मानसिक पैमाना या अवधारणा यह थी कि वह ओछा, पूर्वाग्रह से ग्रस्त और विरोधी था। जिम के मन में उसके प्रति कटुता और शत्रुता भरी थी। ऑफ़िस जाते समय वह रास्ते भर मन ही मन जो विचार सोचता था, उनमें सेल्स मैनेजर की आलोचना, मानसिक बहस, आरोप और निंदा भरी रहती थी।

जिम मानसिक रूप से जो देता था, अनिवार्य रूप से उसे भी वही वापस मिलता था। हमारी बातचीत के ख़त्म होने तक जिम को अहसास हो गया कि उसकी अंदरूनी भाषा बहुत विनाशकारी थी। उसके ख़ामोश विचारों

और भावों की शक्ति तथा गहनता, जिनसे वह सेल्स मैनेजर की मानसिक निंदा और बुराई करता था, उसके अवचेतन मन तक पहुँच गई थी। इसी कारण उसे अपने बॉस से नकारात्मक प्रतिक्रिया मिलती थी। इसके अलावा अन्य व्यक्तिगत, शारीरिक और भावनात्मक विकृतियाँ भी उत्पन्न होती थीं।

मेरे आग्रह पर जिम नीचे दी गई प्रार्थना बार-बार दोहराने लगा :

मैं ही ब्रह्मांड में एकमात्र चिंतक हूँ। मैं ही इस बात के लिए ज़िम्मेदार हूँ कि मैं अपने बॉस के बारे में क्या सोचता हूँ। मेरे सेल्स मैनेजर उस तरीक़े के लिए ज़िम्मेदार नहीं हैं, जिससे मैं उनके बारे में सोचता हूँ। मैं किसी भी व्यक्ति, स्थान या चीज़ को मुझे चिढ़ाने या विचलित करने की शक्ति नहीं देता हूँ। मैं अपने बॉस के लिए सेहत, सफलता, मानसिक शांति और ख़ुशी की कामना करता हूँ। मैं सच्चे दिल से उनका भला चाहता हूँ और मैं जानता हूँ कि सभी मामलों में उन्हें दैवी मार्गदर्शन मिलेगा।

उसने यह प्रार्थना धीरे से, शांति से और भावना से दोहराई। वह जानता था कि उसका मस्तिष्क एक बगीचे की तरह है। वह उस बगीचे में जो भी बोता है, उसे उसी तरह के फल मिलेंगे।

मैंने उसे सोने से पहले मानसिक तसवीरें बनाना भी सिखाया। उसने कल्पना की कि बॉस उसके अच्छे काम पर उसे बधाई दे रहे थे, उत्साह से उसकी प्रशंसा कर रहे थे और यह टिप्पणी कर रहे थे कि ग्राहक उसकी कितनी तारीफ़ करते हैं। उसने इस कल्पना में वास्तविकता के रंग भरे। उसने बॉस के हाथ की पकड़ महसूस की, उनकी आवाज़ का विशेष अंदाज़ सुना और उनकी मुस्कराहट देखी। उसने सर्वश्रेष्ठ नाटकीयकरण करके एक सच्ची मानसिक फ़िल्म बना ली। हर रात को वह इस मानसिक फ़िल्म को देखता था और जानता था कि उसका अवचेतन मन ही वह ग्रहणशील माध्यम है, जिस पर उसकी चेतन कल्पना प्रभाव छोड़ेगी।

इस प्रक्रिया से, जिसे हम मानसिक और आध्यात्मिक परासरण (osmosis) मान सकते हैं, उसके अवचेतन मन पर धीरे-धीरे असर हुआ। इसकी अभिव्यक्ति अपने आप सामने आई। जिम के सेल्स मैनेजर ने उसे सैन फ्रांसिस्को फ़ोन करके बधाई दी और डिवीज़न सेल्स मैनेजर पद पर प्रमोशन कर दिया। इससे उसकी ज़िम्मेदारियाँ और तनख़्वाह भी काफ़ी बढ़ गई। जब जिम ने बॉस के बारे में अपनी अवधारणा और आकलन को बदल

लिया, तो उसके अवचेतन मन ने यह सुनिश्चित किया कि उसका बॉस उसी अनुरूप प्रतिक्रिया करे।

भावनात्मक रूप से परिपक्व बनना

कोई दूसरा चाहे जो कहे, वह आपको तब तक सचमुच नहीं चिढ़ा सकता, जब तक कि आप उसे विचलित करने की अनुमति नहीं दें। दूसरा व्यक्ति आपको एक ही तरीक़े से विचलित कर सकता है और वह है आपके अपने विचार द्वारा। अगर आप गुस्सा होते हैं, तो आपको चार अवस्थाओं से गुज़रना होता है। आप सोचने लगते हैं कि क्या कहा गया। आप गुस्सा होने और गुस्से का भाव पैदा करने का फ़ैसला करते हैं। फिर आप काम करने का फ़ैसला करते हैं। शायद आप पलटकर जवाब देते हैं और उसी तरह की प्रतिक्रिया करते हैं। विचार, भावना, प्रतिक्रिया और क्रिया आपके अपने मस्तिष्क में होती है।

भावनात्मक रूप से परिपक्व बनने का क्या मतलब है? इसका मतलब है कि आप स्वाभाविक लेकिन बचकानी प्रवृत्ति से परे हो जाएँ। इसका मतलब है कि आप दूसरों की आलोचना और द्वेष पर नकारात्मक प्रतिक्रिया नहीं करें। कोई भी अपनी आलोचना या अपमान को पसंद नहीं करता है। बहरहाल, हममें यह चुनने की क्षमता होती है कि हम घटना पर कैसी प्रतिक्रिया करें। परिपक्व चुनाव नकारात्मक प्रतिक्रिया करने से बचना है। नकारात्मक प्रतिक्रिया करने का मतलब घटिया आलोचना के स्तर तक उतरना और सामने वाले के नकारात्मक माहौल में पहुँचना है। जीवन में अपने लक्ष्य याद रखें। किसी भी व्यक्ति, स्थान या वस्तु को यह अनुमति नहीं दें कि वह आपको शांति और सेहत के आंतरिक अहसास से दूर कर दे।

सद्भावनापूर्ण मानवीय संबंधों में प्रेम का अर्थ

मनोविश्लेषण के संस्थापक और मनोविज्ञान के इतिहास में बहुत महत्त्वपूर्ण भूमिका निभाने वाले सिगमंड फ्रॉयड ने कहा था कि अगर व्यक्तित्त्व के पास प्रेम नहीं हो, तो यह बीमार हो जाता है और मर जाता है। प्रेम में दूसरे व्यक्ति में मौजूद दैवी अंश के लिए समझ, सद्भावना और सम्मान शामिल है। आप जितना ज़्यादा प्रेम और सद्भावना प्रवाहित करेंगे, उतना ही ज़्यादा आपके पास लौटकर आएगा।

अगर आप किसी के अहं को चकनाचूर कर देते हैं और उसके स्वाभिमान को ठेस पहुँचाते हैं, तो आप उसकी सद्भावना नहीं पा सकते। यह जान लें, हर व्यक्ति चाहता है कि उससे प्रेम किया जाए और उसकी प्रशंसा की जाए। हर व्यक्ति को दुनिया में महत्त्वपूर्ण समझे जाने की ज़रूरत है। अहसास रखें कि सामने वाला व्यक्ति अपने सच्चे महत्त्व के बारे में सजग है। आपकी ही तरह वह भी महसूस करता है कि सभी लोगों में मौजूद जीवन-सिद्धांत की अभिव्यक्ति के कारण उसकी गरिमा है। जब आप इसे सचेतन रूप से करते हैं, तो आप सामने वाले को सशक्त करते हैं और वह आपके प्रेम तथा सद्भावना को लौटाता है।

वह दर्शकों से नफ़रत करती थी

मैरी सी. हमेशा अभिनेत्री बनने के सपने देखती थी। उसने कॉलेज में थिएटर का प्रशिक्षण लिया और फिर उसे एक महत्त्वपूर्ण क्षेत्रीय थिएटर कंपनी में काम मिल गया। वह देश के एक अपरिचित हिस्से में पहुँच गई। पहली बार उसने जब नाटक में अभिनय किया, तो दर्शकों ने उसकी खिल्ली उड़ाई। निराशा और गुस्से में उसने मान लिया कि उस इलाक़े के लोग मूर्ख, अज्ञानी और पिछड़े हुए थे। वह उन सबसे नफ़रत करने लगी। कई दुखद अनुभवों के बाद उसे कंपनी से निकाल दिया गया। वह उस पुराने इलाक़े में लौट आई, जहाँ वह पली-बढ़ी थी। उसने थिएटर छोड़कर वेटर का काम शुरू कर दिया।

एक दिन एक मित्र उसे न्यू यॉर्क सिटी के टाउन हॉल में एक लेक्चर सुनवाने ले गया। विषय था, "अपने साथ अच्छे से कैसे रहें।" इस भाषण ने उसकी ज़िंदगी बदल दी। वह जान गई कि उसने क्षेत्रीय कंपनी के अपने शुरुआती अनुभव में अति प्रतिक्रिया कर दी थी। उसने ख़ुद के सामने स्वीकार किया कि उसका पहला नाटक अच्छा नहीं था और नई होने के कारण शायद वह अपना सबसे अच्छा प्रदर्शन नहीं कर पाई थी। दोष श्रोताओं का नहीं था, बल्कि उस तरीक़े का था, जिससे उसने उनकी प्रतिक्रिया को स्वीकार किया, क्योंकि उसने उनकी नकारात्मक ऊर्जा को उनकी ओर वापस भेज दिया था।

मैरी ने मंच पर लौटने और अभिनेत्री बनने का अपना सपना साकार करने का फ़ैसला किया। वह सच्चे मन से दर्शकों और अपने लिए प्रार्थना करती रही। उसने हर रात मंच पर जाने से पहले प्रेम और सद्भावना

उड़ेली। उसने यह दावा करने की आदत डाली कि ईश्वर की शांति सभी मौजूद लोगों के हृदय में प्रवाहित हो रही है और वे प्रेरित हो चुके हैं। हर मंचन में वह दर्शकों की ओर प्रेम के विचार प्रवाहित करती थी। आज थिएटर में वह एक महत्त्वपूर्ण मुक़ाम पर पहुँच चुकी है। वह अपनी सद्भावना और आत्मसम्मान दूसरों की ओर संप्रेषित करती है और वे भी ऐसा ही जवाब देते हैं।

मुश्किल लोगों को सँभालना

इसमें कोई हैरानी नहीं होनी चाहिए कि दुनिया में कुछ लोग मुश्किल होते हैं। वे ऐंठे हुए और मानसिक रूप से विकृत होते हैं। वे ग़लत तरीक़े से कंडीशन्ड होते हैं। कई मानसिक अपराधी हैं, जो विवादशील, असहयोगी, झगड़ालू, दोषदर्शी और जीवन पर बदनुमा दाग़ बन चुके हैं। वे मनोवैज्ञानिक रूप से बीमार हैं। उनके मस्तिष्क विकृत और बेडौल हो गए हैं, शायद अतीत में मिले अनुभवों के कारण।

अगर ऐसे किसी व्यक्ति से आपका पाला पड़े, तो आप क्या करें? प्रलोभन यह है कि आप उसकी नकारात्मक ऊर्जा को नापसंदगी के रूप में उसी की ओर लौटा दें। लेकिन ऐसा करने के लिए आपको पहले उनकी नकारात्मकता को अपने भीतर उतारना होगा और सारे बुरे प्रभावों को ग्रहण करना होगा। इसके बजाय “बुराई के बदले भलाई” देने की कोशिश करें। इससे एक ढाल बनती है, जो उनके मुश्किल और अप्रिय नज़रियों से आप पर प्रभाव नहीं पड़ने देती है। आपकी करुणा और समझ के भाव उन्हें बदलने की प्रक्रिया को भी गतिमान कर देंगे।

दुखी व्यक्ति साथ पसंद करते हैं

नफ़रत, कुंठा और विकृति से भरा असामान्य व्यक्ति असीमित बुद्धिमत्ता के तालमेल में नहीं होता है। यह व्यक्ति शांत, ख़ुश और सुखी लोगों से द्वेष करता है। आम तौर पर वह उन्हीं की आलोचना करता है, निंदा करता है और बुराई करता है, जो उसके प्रति बहुत अच्छे और दयालु होते हैं। उसका नज़रिया यह होता है : जब मैं इतना दुखी हूँ, तो वे इतने ख़ुश क्यों हैं? वह उन्हें नीचे घसीटकर अपने स्तर तक लाना चाहता है। पुरानी कहावत अब भी सच है, “दुखी लोग साथ पसंद करते हैं।” जब आप

यह समझ लेते हैं, तो आप अविचलित, शांत और उदासीन रह सकते हैं।

ब्रूस टी. नाम के एक आदमी ने लंदन में मेरे भाषण सुने थे। उसने इस बारे में मुझे अपना अनुभव बताया। वह एक स्वैच्छिक संगठन में सक्रिय हो गया था, जो आस-पास के इलाक़े को सुंदर बनाने को लेकर चिंतित था। अधिकतर स्वयंसेवक बगीचे लगाने, ख़राब इलाक़ों को साफ़ करने और खंडहर इमारतों को सुधारने के काम में सचमुच रुचि लेते थे। बहरहाल, एक व्यक्ति दूसरों के हर प्रस्ताव का विरोध करता था। यही नहीं, वह लगातार दूसरों के उद्देश्यों पर हमला करता रहता था। वह समूह की बैठकों को इतना अप्रिय बना देता था कि इसके सदस्यों की संख्या घटने लगी।

कुछ अन्य सदस्य ब्रूस के पास आए। उन्होंने सुझाव दिया कि वे मिलकर उस चिड़चिड़े व्यक्ति को संगठन से बाहर निकाल दें। वह उनके साथ इस योजना में शामिल होने ही वाला था कि तभी उसे अहसास हुआ कि ऐसा करना तो उस व्यक्ति के भीतर के ख़राब नज़रिए को बढ़ाना होगा। इसके बजाय वह कल्पना करने लगा कि वह व्यक्ति समूह का ख़ुशनुमा, सहयोगी सदस्य बन रहा है। हर मीटिंग से पहले ब्रूस एक कोने में जाकर दोहराता था :

> **मैं अपने भीतर सद्भाव और शांति के सिद्धांत के साथ सच्चे सामंजस्य में सोचता, बोलता तथा काम करता हूँ। हमारे संगठन के सदस्य दैवी विधान में दयालुता और उद्देश्य के साथ काम करते हैं। कोई मतभेद, कोई अप्रियता नहीं है। रचनात्मक ज्ञान हम सभी के कार्यों में नेतृत्व, नियंत्रण और मार्गदर्शन दे रहा है।**

जिस आदमी ने इतनी सारी मुश्किलें पैदा की थीं, उसने कुछ सप्ताह बाद एक प्रस्ताव रखा। उसने इसे इतने अच्छे और सहयोगी ढंग से रखा कि उसे पूरे संगठन की सहमति मिल गई। इसमें वे लोग भी शामिल थे, जो पहले उसे बाहर निकालना चाहते थे।

मानवीय संबंधों में परानुभूति का अभ्यास

एलिस ओ. नामक एक युवती हाल ही में मुझसे मिलने आई। उसने बताया कि काफ़ी लंबे समय से ऑफ़िस की एक युवती से उसे नफ़रत थी। इसका कारण यह था कि दूसरी युवती उससे ज़्यादा सुंदर, ख़ुश

और समृद्ध थी। एलिस को सबसे बड़ा झटका तब लगा, जब उस दूसरी युवती की सगाई कंपनी के ही सीईओ से हो गई, जिसे एलिस काफ़ी समय से चाहती थी।

एलिस जिस युवती को नापसंद करती थी, वह शादी के एक दिन बाद अपनी बेटी के साथ ऑफ़िस आई, जो उसकी पिछली शादी से हुई थी। एलिस को पता नहीं था कि उस युवती की लड़की भी थी या वह पहले से शादी-शुदा थी। जन्मजात समस्या के कारण उस युवती की लड़की के पैरों में स्टील की प्लेट थी। एलिस ने सुना, वह लड़की अपनी माँ से कह रही थी, "मम्मी, क्या यहीं मेरे नए डैडी भी काम करते हैं? मैं इस जगह से प्यार करती हूँ, क्योंकि यह उन लोगों से भरी है, जिनसे मैं प्यार करती हूँ।"

"मेरा दिल अचानक उस छोटी लड़की पर आ गया," एलिस ने मुझे बताया। "मैं जानती थी कि वह कितनी ख़ुशी महसूस कर रही होगी! मुझे एक झलक दिखी कि यह युवती इतनी विपरीत परिस्थितियों के बावजूद कितनी ख़ुश थी, जिनके बारे में मैं जानती भी नहीं थी। अचानक मैंने उसके प्रति प्रेम महसूस किया। मैं उसके ऑफ़िस में गई और उसे बधाई देते हुए उसकी ख़ुशी की कामना की। मैंने यह दिल से किया।"

उस पल में एलिस ने वह अनुभव किया, जिसे मनोवैज्ञानिक परानुभूति (empathy) कहते हैं। यह सहानुभूति नहीं है, जिसमें हम दूसरों की भावनाओं को समझते हैं। यह इससे भी बढ़कर है। इसका मतलब है काल्पनिक रूप से ख़ुद को दूसरे व्यक्ति के मानसिक नज़रियों और अवस्थाओं में रखना। जब एलिस ने अपने मानसिक मूड या दिल को उस दूसरी युवती की जगह रखा, तो ऐसा लगा, जैसे वह दूसरी औरत की तरह सोचने लगी। वह दूसरी औरत की तरह महसूस कर रही थी और उस बच्ची की तरह भी, क्योंकि उसने ख़ुद को बच्ची की जगह भी रख लिया था।

जब भी आपके मन में किसी को चोट पहुँचाने या उसके बारे में बुरा सोचने की इच्छा हो, तो ख़ुद को मानसिक रूप से किसी महापुरुष के मस्तिष्क में रखें और धार्मिक नियम-क़ायदों के दृष्टिकोण से सोचें। अगर आप ईर्ष्यालु, जलनख़ोर या गुस्सा हों, तो ख़ुद को देवत्व से ओतप्रोत किसी महापुरुष के मस्तिष्क में रखें और उस दृष्टिकोण से सोचें। तब आप इन शब्दों की सच्चाई महसूस करेंगे, *एक-दूसरे से प्रेम करो।*

तुष्टिकरण कभी नहीं जीतता

कभी भी लोगों को इस बात की अनुमति नहीं दें कि वे आपका फ़ायदा उठाएँ या अपने व्यवहार के तमाशे, रोने के नाटक या भावनात्मक ब्लैकमेल के अन्य रूपों से अपनी बात मनवाएँ। ये लोग तानाशाह हैं, जो आपको गुलाम बनाने और आपसे अपनी बात मनवाने की कोशिश करते हैं। दृढ़ लेकिन दयालु रहें और झुकने से इनकार कर दें। तुष्टिकरण कभी नहीं जीतता है। उनके अपराध, स्वार्थ और अधिकारवादिता में योगदान देने से इनकार कर दें। याद रखें, सिर्फ़ सही काम करें। आप यहाँ अपने आदर्श पूरे करने और शाश्वत सच्चाइयों तथा जीवन के आध्यात्मिक मूल्यों के प्रति ईमानदार रहने के लिए आए हैं।

दुनिया में किसी को भी अपने जीवन के लक्ष्य या उद्देश्य से भटकाने की शक्ति नहीं दें, जो आपकी छिपी हुई प्रतिभाओं को दुनिया के सामने व्यक्त करना है, मानवता की सेवा करना है और ईश्वर की बुद्धिमानी, सत्य और सुंदरता को दुनिया के सारे लोगों के सामने प्रकट करना है। अपने आदर्श के प्रति ईमानदार रहें। निश्चित रूप से और पूरी तरह से जान लें कि जो भी आपकी शांति, खुशी और संतुष्टि में योगदान देता है, वह दुनिया के सभी लोगों के लिए वरदान होगा। अंश की खुशी संपूर्ण की खुशी है, क्योंकि संपूर्ण अंश में है और अंश संपूर्ण में है। जैसा एक संत कहते हैं, सबसे प्रेम करें। सेहत, खुशी और मानसिक शांति का नियम ही प्रेम को संतुष्टिदायक बनाता है।

मानवीय संबंधों में लाभकारी बातें

1. आपका अवचेतन मन एक रिकॉर्डिंग मशीन है, जिससे आपकी आदतन सोच उत्पन्न होती है। किसी दूसरे का भला सोचकर आप दरअसल ख़ुद का भला सोच रहे हैं।
2. नफ़रत या द्वेष का विचार मानसिक ज़हर है। किसी दूसरे का बुरा नहीं सोचें, क्योंकि ऐसा करना ख़ुद का बुरा सोचना है। आप ही अपने ब्रह्मांड में इकलौते चिंतक हैं और आपके विचार रचनात्मक हैं।
3. आपका मस्तिष्क रचनात्मक माध्यम है; इसलिए आप दूसरे के बारे में जो सोचते और महसूस करते हैं, उसे अपने ख़ुद के अनुभव में

ला रहे हैं। यही स्वर्णिम नियम का मनोवैज्ञानिक अर्थ है। जैसा आप चाहते हैं कि दूसरे आपके बारे में सोचें, उसी तरह से आप उनके बारे में सोचें।

4. किसी दूसरे को धोखा देना या छल करना अपने लिए कमी, नुक़सान और सीमा उत्पन्न करना है। आपका अवचेतन मन आपकी आंतरिक प्रेरणाओं, विचारों और भावनाओं का रिकॉर्ड रखता है। जब ये नकारात्मक होते हैं, तो आपको असंख्य तरीक़ों से नुक़सान, सीमा और कष्ट होते हैं। दूसरों के साथ आप जो करते हैं, वही आप ख़ुद के साथ कर रहे हैं।
5. आप जो भलाई करते हैं, दयालुता दिखाते हैं, प्रेम करते हैं, वह कई गुना होकर कई तरीक़ों से आपके पास लौटती है।
6. आप उस तरीक़े के लिए ज़िम्मेदार हैं, जिससे आप दूसरे के बारे में सोचते हैं। याद रखें, दूसरा व्यक्ति आपके सोचने के तरीक़े के लिए ज़िम्मेदार नहीं है। आपके विचार वैसे ही फल देते हैं। आप अभी दूसरे व्यक्ति के बारे में क्या सोच रहे हैं?
7. भावनात्मक रूप से परिपक्व बनें और दूसरे लोगों को मतभिन्नता रखने की अनुमति दें। उन्हें आपके साथ असहमत होने का पूरा अधिकार है और आपको भी उनके साथ असहमत होने की पूरी स्वतंत्रता है। आप बिना मतभेद के भी असहमत हो सकते हैं।
8. जानवरों की तरह ही लोग भी डर के कंपन भाँप लेते हैं। आपके छिपे हुए विचार दरअसल आपकी आवाज़, चेहरे के भाव और देहभाषा द्वारा प्रकट होते हैं। यह सकारात्मक और नकारात्मक दोनों तरह के विचारों के लिए सही है।
9. आपके मौन विचार और भावनाओं की आंतरिक भाषा दूसरों की प्रतिक्रियाओं में अनुभव की जाती है।
10. दूसरों के लिए वही कामना करें, जो आप ख़ुद के लिए करते हैं। यह सद्भावनापूर्ण मानवीय संबंधों की कुंजी है।
11. बॉस के प्रति निजी अवधारणा और राय बदल दें। महसूस करें और जानें कि वे स्वर्णिम नियम और प्रेम के नियम का अभ्यास कर रहे हैं। वे उसी अनुरूप प्रतिक्रिया करेंगे।

12. दूसरा व्यक्ति आपको तब तक चिढ़ा नहीं सकता, जब तक कि आप उसे ऐसा करने की अनुमति नहीं दें। आपका विचार रचनात्मक है; आप दूसरे व्यक्ति को वरदान दे सकते हैं। अगर कोई आपको अपमानजनक नाम से बुलाता है, तो आपको यह जवाब देने की स्वतंत्रता है, "ईश्वर की शांति आपकी आत्मा में भर जाए।"
13. प्रेम दूसरों के साथ तालमेल बैठाने का जवाब है। प्रेम समझ, सद्भावना और इंसान में निहित दैवी अंश के प्रति सम्मान है।
14. उन लोगों के प्रति करुणा और समझ रखें, जिनकी नकारात्मक कंडीशनिंग ने उन्हें मुश्किल और अप्रिय बना दिया है। दैवी चिंगारी उनके भीतर भी है, क्योंकि यह सबके भीतर है। सबको समझना सबको माफ़ करना है।
15. दूसरों की सफलता, प्रमोशन और ख़ुशक़िस्मती पर ख़ुश हों। ऐसा करके आप अच्छी क़िस्मत को अपनी ओर खींचेंगे।
16. कभी भी किसी के भावनात्मक चोंचलों और नाटक के सामने नहीं झुकें। तुष्टिकरण कभी नहीं जीतता है। पाँवपोश नहीं बनें। सही बात पर अटल रहें। अपने आदर्श पर टिके रहें और यह नहीं भूलें कि जो मानसिक नज़रिया आपको शांति, ख़ुशी और सुख देता है, वही शुभ, सही और सच है। जो आपको वरदान देता है, वह सबको वरदान देता है।
17. आपको इस दुनिया में हरेक को सिर्फ़ प्रेम देना है। प्रेम का मतलब हर एक के लिए वही कामना करना है, जो आप ख़ुद के लिए करते हैं - सेहत, ख़ुशी और जीवन की सारी नियामतें।

17 क्षमा के लिए अवचेतन मन का प्रयोग कैसे करें

जीवन किसी के साथ भेदभाव नहीं करता है। ईश्वर जीवन है और यह जीवन-सिद्धांत इस पल भी आपके भीतर प्रवाहित हो रहा है, जब आप इन शब्दों को पढ़ रहे हैं और इन पर विचार कर रहे हैं। ईश्वर आपके द्वारा सद्भाव, शांति, सुंदरता, ख़ुशी और प्रचुरता में व्यक्त होना पसंद करता है। इसे ईश्वर की इच्छा या जीवन की प्रवृत्ति कहा जाता है।

अगर आप इस आंतरिक जीवन-प्रवाह के ख़िलाफ़ अपने मस्तिष्क में अवरोध बना लेते हैं, तो यह भावनात्मक बाधा आपके अवचेतन मन को बहुत दुविधा में डाल देगी और हर तरह की नकारात्मक स्थितियाँ उत्पन्न कर देगी। ईश्वर का दुनिया की दुखी या अराजक परिस्थितियों से कोई लेना-देना नहीं है। ये स्थितियाँ तो हमारी ही नकारात्मक और विध्वंसात्मक सोच का नतीजा हैं। इसलिए अपनी मुश्किल या बीमारी के लिए ईश्वर पर दोष मढ़ना एक गंभीर ग़लती है।

कई लोग मानव जाति के पाप, बीमारी और कष्ट के लिए ईश्वर की आलोचना करके या ईश्वर पर आरोप लगाकर जीवन-प्रवाह के विरुद्ध आदतन मानसिक अवरोध बना लेते हैं। बाक़ी लोग अपने दुख-दर्द, प्रियजनों की मृत्यु, व्यक्तिगत दुखों और दुर्घटनाओं के लिए ईश्वर पर दोष मढ़ते हैं। वे ईश्वर पर गुस्सा होते हैं और उसे ही अपने दुख के लिए ज़िम्मेदार मानते हैं।

जब तक लोग ईश्वर के बारे में इस तरह की नकारात्मक अवधारणाएँ रखेंगे, तब तक उनका अवचेतन मन इन नकारात्मक चीज़ों को

साकार करता रहेगा। वे यह नहीं समझ पाते हैं कि वे ही ख़ुद को सज़ा दे रहे हैं। उन्हें सच देखना होगा, आत्मनिर्भर बनना होगा और किसी भी बाहरी व्यक्ति या शक्ति के प्रति निंदा, द्वेष और क्रोध को त्यागना होगा। वरना वे सेहतमंद, ख़ुश या रचनात्मक गतिविधि में अग्रणी नहीं बन सकते। जब ये लोग अपने दिलोदिमाग़ में प्रेमपूर्ण ईश्वर की कल्पना करने लगते हैं, जब वे यक़ीन करने लगते हैं कि ईश्वर प्रेमपूर्ण पिता है, जो उनकी देखभाल करता है, उनका मार्गदर्शन करता है, उन्हें शक्ति देता है, तो ईश्वर या जीवन-सिद्धांत के बारे में यह विश्वास तथा अवधारणा उनके अवचेतन मन में उतर जाएगी और वे असंख्य तरीक़ों से धन्य हो जाएँगे।

जीवन आपको हमेशा क्षमा करता है

जीवन-सिद्धांत में क्षमा का असीमित ख़ज़ाना है। जब आप अपनी अँगुली काट लेते हैं, तो यह आपको क्षमा कर देता है। आपके भीतर की अवचेतन बुद्धिमत्ता तत्काल इसकी मरम्मत के लिए सक्रिय हो जाती है। नई कोशिकाएँ घाव के ऊपर पुल बना देती हैं। अगर आपको कोई संक्रामक रोग हो जाता है, तो जीवन आपको क्षमा कर देता है और आक्रामक विषाणुओं को मिटाने में तत्काल जुट जाता है। अगर आप अपना हाथ जला लेते हैं, तो जीवन-सिद्धांत फफोलों और जलन को कम करता है तथा आपको नई त्वचा, ऊतक और कोशिकाएँ देता है।

जीवन आपके ख़िलाफ़ कोई बैर नहीं रखता है। यह हमेशा आपको क्षमा करता रहता है। जीवन आपको सेहत, स्फूर्ति, सद्भाव और शांति देता रहता है, बशर्ते आप प्रकृति के साथ सामंजस्य में सोचकर सहयोग करें। नकारात्मक, आहत करने वाली यादें, कटुता और दुर्भावना आपके भीतर के जीवन-सिद्धांत के मुक्त प्रवाह को रोक देती हैं।

उसने अपराधबोध से मुक्ति कैसे पाई

हैरियट जी. रोज़ ऑफ़िस में देर रात तक काम करती थी। वह अक्सर आधी रात के बाद तक घर नहीं लौट पाती थी। वह उम्मीद करती थी कि उसके वरिष्ठ अधिकारी और सहकर्मी उसकी मेहनत की दाद देंगे। लेकिन ऐसा कुछ नहीं होता था। चूँकि वह आम तौर पर अकेली ही इतनी देर तक ऑफ़िस में रुकती थी, इसलिए बाक़ी कर्मचारियों को तो उसकी असामान्य निष्ठा का

पता भी नहीं था। इसी दौरान उसका पारिवारिक जीवन गंभीर मुश्किल में पड़ गया। उसके पति और दो बेटे उसे पहचानना ही भूल गए। जब उसके छोटे बेटे की लिटिल लीग टीम ने स्थानीय मैच जीत लिए, तो हैरियट ने मैच तो देखे ही नहीं, बल्कि यह पूछना भी भूल गई कि कौन जीता। स्थिति तब और भी गंभीर हो गई, जब हैरियट के डॉक्टर ने उसे चेतावनी दे दी कि उसका हाई ब्लड प्रेशर ख़तरनाक रूप से बढ़ रहा था।

जब हैरियट के पति ने उससे कह दिया कि वह तलाक़ लेना चाहता है, तो वह मेरे पास आई। मैंने उससे पूछा कि उसने पति को अपने जीवन से बाहर क्यों कर दिया है और अपने बेटों में इतनी कम दिलचस्पी क्यों लेती है। पहले तो उसने कहा कि उसे नौकरी बनाए रखने के लिए इतनी कड़ी मेहनत करनी पड़ती है। लेकिन जब मैंने पूछा कि क्या उसके सहकर्मी भी उसके जितना ही समय देते हैं, तो उसने माना कि उसकी कंपनी के बाक़ी लोग सामान्य अवधि में काम करते थे और वे काम में उससे ज़्यादा माहिर भी नहीं थे।

मैंने पूछा कि वह इतनी मेहनत से काम क्यों कर रही थी।

"तुम्हारे मन में कोई चीज़ तुम्हें खाए जा रही है," मैंने उससे कहा। "अगर ऐसा नहीं होता, तो तुम इस तरह से काम नहीं करतीं। तुम ख़ुद को किसी चीज़ के लिए सज़ा दे रही हो।"

कुछ देर तक उसने इस सुझाव का प्रतिरोध किया। वह कहती रही कि उसकी काम की आदतें सामान्य थीं; बाक़ी लोग आलसी थे। बहरहाल, आख़िरकार उसने स्वीकार किया कि उसके मन में एक गहरा अपराधबोध था। पंद्रह साल पहले उसके पिता की मौत के बाद वह उनकी जायदाद की एक्ज़ीक्यूटर थी। उसने जान-बूझकर अपने छोटे भाई का बहुत सारा पैसा रोक लिया था।

"तुमने ऐसा क्यों किया?" मैंने पूछा। "क्या लालच के कारण?"

"बिलकुल नहीं!" उसने जवाब दिया। "मेरा भाई... देखिए, वह नशे की समस्या से बुरी तरह ग्रस्त था। मैं जानती थी कि अगर मैंने उसे पैसा दिया, तो क्या होगा। मैंने ख़ुद से कहा कि मैं इसे उसके लिए बचाकर रख लूँगी और उसके ठीक हो जाने पर उसे दे दूँगी।"

"और...?" मैंने आगे पूछा।

हैरियट ने गहरी साँस ली। "ऐसा कभी नहीं हो पाया। उसने ख़ुद को मार डाला। शायद उसने ऐसा जान-बूझकर नहीं किया था, लेकिन बात वही थी। तब वह सिर्फ़ छब्बीस साल का था। मैं सोचती रहती हूँ... अगर मैंने वह पैसा उसे दे दिया होता, तो क्या होता? शायद वह इससे किसी सुधारगृह में जाकर अपना इलाज करवा सकता था। वह अब भी ज़िंदा हो सकता था। मेरी ग़लती से उसकी मौत हुई है।"

मैंने उससे पूछा, "अगर तुम्हें यह दोबारा करना पड़े, तो तुम क्या करोगी?"

"मैं नहीं जानती," उसने अपना सिर हिलाते हुए कहा। "लेकिन मैं इतना ज़रूर जानती हूँ कि मैं अपने भाई की समस्या पर उसे डाँटने-फटकारने के बजाय उसकी मदद करने की ज़्यादा कोशिश करूँगी।"

"लेकिन साथ ही तुम महसूस करती हो कि तुमने उचित काम किया?" मैंने पूछा। "क्या तुम्हें महसूस हुआ कि तुम सही काम कर रही थीं?"

"बिलकुल," उसने मुझसे कहा। "लेकिन अब मुझे यक़ीन हो गया है कि मैं ग़लत थी। वह पैसा मेरा नहीं था।"

"तो अब तुम वह काम नहीं करोगी?"

"नहीं, मैं नहीं करूँगी," उसने जवाब दिया। उसका चेहरा सख़्त हो गया। "लेकिन उससे कोई फ़र्क़ नहीं पड़ता। मुझे उस काम के लिए कभी माफ़ नहीं किया जा सकता। मैंने अपने इकलौते भाई का पैसा चुराया है और वह मर गया है। यह सही है कि ईश्वर मुझे सज़ा दे रहा है। मैं इसी क़ाबिल हूँ।"

मैंने उसे समझाया कि ईश्वर उसे सज़ा नहीं दे रहा है। वह ख़ुद को सज़ा दे रही है। अगर आप जीवन के नियमों का दुरुपयोग करते हैं, तो आपको उसी अनुसार कष्ट उठाना पड़ेगा। अगर आप बिजली के खुले तार पर हाथ रखेंगे, तो आपको झटका लगेगा। प्रकृति की शक्तियाँ बुरी नहीं हैं। यह तो आपके प्रयोग से तय होता है कि उनका प्रभाव अच्छा पड़ता है या बुरा। बिजली बुरी नहीं है। यह तो इस बात पर निर्भर करता है कि आप इसका इस्तेमाल अपने घर को रोशन करने के लिए करते हैं या किसी को प्राणघातक झटका देने के लिए। इकलौता पाप नियम का अज्ञान है और इकलौती सज़ा इस नियम के दुरुपयोग की स्वतः प्रतिक्रिया है।

अगर आप रसायनशास्त्र के सिद्धांतों का दुरुपयोग करें, तो अपने घर में विस्फोट करके उसे तबाह कर सकते हैं। अगर आप अपना हाथ किसी

पटिए पर मारें, तो हाथ से ख़ून निकल सकता है। ग़लती पटिए की नहीं है। ग़लती तो आपकी है कि आपने इसका दुरुपयोग किया।

अंततः मैंने हैरियट को अहसास दिला दिया कि ईश्वर किसी को सज़ा नहीं देता है। उसका सारा कष्ट उसके नकारात्मक और विध्वंसात्मक सोच पर अवचेतन मन की प्रतिक्रिया के कारण था। उसे क्षमा की ज़रूरत थी, लेकिन माफ़ का सच्चा अर्थ ख़ुद को क्षमा करना है। क्षमा अपने विचारों को सामंजस्य के दैवी नियम के तारतम्य में लाना है। आत्म-निंदा को नरक (बंधन और सीमाएँ) कहा जाता है; क्षमा को स्वर्ग (सामंजस्य और शांति) कहा जाता है।

अपराधबोध और आत्म-निंदा का बोझ उसके दिमाग़ से उतर गया और वह पूरी तरह ठीक हो गई। अगली बार जब उसने जाँच करवाई, तो उसका ब्लड प्रेशर सामान्य निकला। स्पष्टीकरण ही इलाज था।

एक हत्यारे ने ख़ुद को माफ़ करना सीखा

आर्थर ओ. ने कई साल पहले यूरोप में एक आदमी की हत्या कर दी थी। जब वह मेरे पास आया, तो बहुत मानसिक कष्ट और यातना से गुज़र रहा था। उसे यक़ीन था कि ईश्वर उसके भयंकर काम की सज़ा देगा। मैंने उससे पूछा कि क्या हुआ था। उसने बताया कि जिस आदमी की उसने हत्या की थी, उसका उसकी पत्नी के साथ प्रेम-संबंध चल रहा है। एक दिन जब वह शिकार से लौटा, तो उसने उन दोनों को अप्रत्याशित रूप से रंगे हाथों पकड़ लिया और क्रोध के उन्माद में उसने उस आदमी को गोली मार दी। क़ानून ने उसके इस काम को बहुत सख़्ती से नहीं देखा और उसे सिर्फ़ कुछ महीने की सज़ा मिली।

जेल से छूटने पर आर्थर ने पत्नी को तलाक़ दे दिया और अमेरिका में बस गया। कुछ साल बाद वह एक अमेरिकी महिला से मिला और उससे शादी कर ली। अब उसके तीन प्यारे बच्चे हैं। उसने सफल करियर बना लिया है, जहाँ वह कई लोगों की मदद करने की स्थिति में है। उसके सहयोगी उसे पसंद करते हैं और उसका सम्मान करते हैं। बहरहाल, इनमें से किसी भी चीज़ से उसे शांति नहीं मिल रही थी। अब भी वह अपने उस काम के लिए ख़ुद को दोष देता था।

आर्थर की कहानी सुनने के बाद मैंने उसे समझाया कि वैज्ञानिकों के अनुसार हमारे शरीर की सभी कोशिकाएँ हर ग्यारह महीने बाद बदल जाती हैं। इसलिए, शारीरिक और मनोवैज्ञानिक रूप से अब वह वही व्यक्ति नहीं था, जिसने हत्या की थी। उसे तो बदले हुए कई साल हो चुके थे। यही नहीं, उसने ख़ुद को मानसिक और आध्यात्मिक रूप से भी बदल लिया था। अब वह मानवता के प्रति प्रेम और सद्भाव से भरा था। जिस व्यक्ति ने बरसों पहले वह अपराध किया था, वह तो मानसिक और आध्यात्मिक रूप से कभी का मर चुका है। ख़ुद को क्षमा नहीं करके आर्थर एक निरपराध व्यक्ति को सज़ा दे रहा था।

इस स्पष्टीकरण का उस पर गहरा प्रभाव पड़ा। उसे ऐसा लगा, जैसे उसके दिमाग़ से बहुत भारी बोझ हट गया हो। उसे एक पवित्र ग्रंथ की इस सच्चाई के आंतरिक महत्त्व का पहली बार अहसास हुआ :

> अब आओ, हम तर्क करते हैं, ईश्वर ने कहा : हालाँकि तुम्हारे पाप ख़ून से रंगे होंगे, लेकिन वे बर्फ़ जैसे सफ़ेद हो जाएँगे; हालाँकि वे ख़ून की तरह लाल होंगे, लेकिन वे ऊन जैसे बन जाएँगे।
>
> *ईसाइया 1:18*

आलोचना आपकी सहमति के बिना आपको चोट नहीं पहुँचा सकती

रैमोना के. नाम की एक स्कूल टीचर मेरे एक भाषण के बाद मेरे पास आई। उसने बताया कि हाल ही में उसे एक भाषण देना पड़ा। भाषण के बाद उसकी एक साथी स्कूल टीचर ने उसे एक आलोचना भरी चिट्ठी भेजी। उसमें लिखा था कि रैमोना बहुत जल्दबाज़ी में बोली थी, कुछ शब्द खा गई थी और उसकी आवाज़ सुनाई नहीं दे रही थी, उसका वाक्य-गठन कमज़ोर था तथा उसकी बात सारगर्भित नहीं थी।

इससे रैमोना आहत और नाराज़ हो गई। वह अपनी आलोचक से द्वेष करने लगी और स्कूल में उससे दूर-दूर रहने लगी।

जब मैंने रैमोना से सवाल किया, तो उसने अंततः स्वीकार किया कि आलोचना दरअसल सही थी। उसे वयस्क श्रोताओं के सामने बोलने का कोई अनुभव नहीं था। वह भाषण देने से पहले घबरा रही थी और बाद में वह

ख़ुश थी कि उसने यह काम कर दिखाया था। यही कारण था कि वह अपनी साथी टीचर की आलोचना से इतनी आहत हुई थी। यह तो ऐसा था, जैसे किसी नन्हे बच्चे को इस बात पर डाँटा जा रहा हो कि वह ज़्यादा तेज़ नहीं दौड़ा, जबकि उसके लिए सिर्फ़ चलना ही अद्‌भुत काम था।

हमारी बातचीत के बाद रैमोना ने पाया कि उसकी पहली प्रतिक्रिया बचकानी थी। वह सहमत हुई कि आलोचना भरी चिट्ठी सचमुच एक वरदान थी और उसे इन सुधारों की सचमुच ज़रूरत थी। उसने भाषण कला को निखारने के लिए पास के एक कॉलेज में पब्लिक स्पीकिंग कोर्स करने का फ़ैसला किया। इस बीच उसने चिट्ठी लिखने वाली टीचर को उसकी दिलचस्पी और जानकारी के लिए धन्यवाद दिया।

करुण कैसे बनें

क्या होता, अगर रैमोना को मिली चिट्ठी पूरी तरह ग़लत होती? क्या होता, अगर उसके पास यह सोचने का अच्छा कारण होता कि उसके भाषण की यह आलोचना बिलकुल ग़लत है? उस मामले में रैमोना को यह अहसास होता कि उसके भाषण के शब्दों या अंदाज़ में ऐसा कुछ था, जिससे उस चिट्ठी लिखने वाली के पूर्वाग्रहों, अंधविश्वासों या संकीर्ण विश्वासों को झटका लगा होगा। समस्या उसके साथ नहीं, बल्कि लेखिका के साथ होती।

इसे समझना करुणा की दिशा में पहला अनिवार्य क़दम उठाना है। अगला तार्किक क़दम सामने वाले की शांति, सद्‌भाव और समझ के लिए प्रार्थना करना है। जब आप जानते हैं कि आप अपने विचारों, प्रतिक्रियाओं और भावनाओं के मालिक हैं, तो आप आहत नहीं हो सकते। भावनाएँ विचारों का अनुसरण करती हैं और आपमें उन सभी विचारों को अस्वीकृत करने की शक्ति है, जो आपको विचलित या परेशान कर सकते हैं।

विवाह की वेदी पर अकेली

कुछ साल पहले मैं एक पास वाले चर्च में शादी कराने गया। दूल्हा बनने वाला युवक काफ़ी समय बीतने के बाद भी नहीं आया। होने वाली दुल्हन ने दो घंटे बाद कुछ आँसू बहाए। फिर उसने मुझसे कहा, "मैंने दैवी मार्गदर्शन के लिए प्रार्थना की थी। युवक का नहीं आना शायद मेरी प्रार्थना का जवाब है, क्योंकि ईश्वर कभी ग़लत मार्गदर्शन नहीं देता है।"

उसकी प्रतिक्रिया ईश्वर और सभी अच्छी चीज़ों में अपनी आस्था को दोबारा व्यक्त करना था। उसके दिल में कोई कटुता नहीं थी, क्योंकि जैसा उसने कहा, “हालाँकि मैं इस विवाह के लिए बेताब थी, लेकिन मुझे लगता है कि यह विवाह सही कर्म नहीं होता, क्योंकि मेरी प्रार्थना सही कर्म के लिए थी - सिर्फ़ मेरे लिए नहीं, बल्कि हम दोनों के लिए।” यह युवती एक ऐसे अनुभव से आसानी से बाहर निकल आई, जिस पर कोई और व्यक्ति भावनात्मक हंगामा मचा देता।

अपनी अवचेतन गहराइयों में मौजूद असीमित बुद्धिमत्ता के अनुकूल बनें। इसके जवाब पर बिना किसी शंका के उसी तरह भरोसा करें, जिस तरह आपको बचपन में माता-पिता पर था। यही संतुलन और मानसिक तथा भावनात्मक सेहत की राह है।

विवाह करना ग़लत है; सेक्स बुरा है और मैं बुरी हूँ

एक युवती मेरा प्रवचन सुनने के बाद मेरे पास आई। उसने बताया कि उसका नाम कैरोल था। मुझे उसकी पोशाक अजीब लगी। वह बहुत सादी काली पोशाक और काले मोज़े पहने थी। उसका चेहरा पीला और रूखा था। उस पर लिपस्टिक या कोई मेकअप नहीं था। उसका अंदाज़ भी सकुचाया हुआ लेकिन थोड़ा सतर्क था, जैसे उसे लग रहा हो कि उसके आस-पास के लोग अचानक ग़लत व्यवहार करने लगेंगे।

जल्दी ही कैरोल मुझे अपने लालन-पालन के बारे में बताने लगी। उसे उसकी माँ ने पाला था, जिसने उसे यक़ीन दिला दिया था कि नाचना, ताश खेलना, तैरना या पुरुषों के साथ घूमना-फिरना पाप है। उसकी माँ के अनुसार, सभी मर्द बुरे होते हैं और सेक्स पाप है, जिसे शैतान प्रेरित करता है। अगर वह इन दैवी आदेशों का उल्लंघन करेगी, अगर वह इनका अक्षरशः पालन नहीं करेगी, तो वह अनंत काल तक नरक की आग में जलती रहेगी।

जब कैरोल अपने ऑफ़िस के युवकों के साथ घूमने जाती थी, तो उसे गहरा अपराधबोध होता था। उसे लगता था कि ईश्वर उसे सज़ा देंगे। उसे एक युवक थोड़ा पसंद था, जिसने उसके सामने विवाह का प्रस्ताव रखा, लेकिन उसने ठुकरा दिया। जैसा उसने मुझसे कहा, “विवाह करना ग़लत है; सेक्स बुरा है और मैं बुरी हूँ।” यह वह नहीं, उसकी माँ की कंडीशनिंग बोल रही थी।

ज़ाहिर है, इस युवती को अपराधबोध हुआ। उसे कैसे नहीं होता? उसके लिए माँ के विश्वासों के साथ जीना असंभव था। इस विचार से बचना असंभव था कि उन विश्वासों में कुछ गड़बड़ थी। जो जीवन-सिद्धांत हम सभी में प्रवाहित होता है, वह अपनी पहचान और अभिव्यक्ति के लिए जूझ रहा था।

मैंने कैरोल को सुझाव दिया कि वह ख़ुद को क्षमा करना सीखे। क्षमा करने का मतलब है किसी चीज़ के लिए कुछ छोड़ना। जीवन की सच्चाइयों और अपने नए आकलन को पाने के लिए उसे सारे झूठे विश्वास छोड़ने होंगे।

ढाई महीने तक कैरोल मेरे पास सप्ताह में एक बार आती रही। मैंने उसे चेतन और अवचेतन मन की कार्यविधि के बारे में वह सब सिखाया, जो मैंने इस पुस्तक में बताया है। जब वह धीरे-धीरे यह समझ गई कि अज्ञानी, अंधविश्वासी, कट्टर और कुंठित माँ ने उसे ग़लत विचार दिए हैं, सम्मोहित किया है और कंडीशन किया है, तो वह अद्भुत जीवन जीने लगी।

मेरे सुझाव पर कैरोल अधिक आकर्षक कपड़े पहनने लगी। अपने हुलिए में आमूलचूल परिवर्तन करने के लिए वह एक फ़ैशनेबल स्टोर के कॉस्मेटिक्स सेक्शन में गई। उसने नाचना और कार चलाना सीखा। उसने तैरना, ताश खेलना और युवकों के साथ बातचीत करना सीखा। वह अपने परिवार से पूरी तरह अलग हो गई और जीवन को प्रेम करने तथा महत्त्व देने लगी।

अपनी आंतरिक प्रकृति को जानने के बाद कैरोल आदर्श जीवनसाथी के लिए प्रार्थना करने लगी। वह यह दावा करने लगी कि असीमित बुद्धिमत्ता उसकी ओर ऐसे व्यक्ति को आकर्षित करेगी, जो पूरी तरह उसके साथ सामंजस्य में होगा। एक शाम जब वह मेरे ऑफ़िस से निकल रही थी, तो एक व्यक्ति मुझसे मिलने का इंतज़ार कर रहा था। मैंने उन दोनों का परिचय करा दिया। छह महीने बाद उन दोनों ने शादी कर ली। वे अब भी शादी-शुदा हैं और एक-दूसरे के साथ बहुत ख़ुश हैं।

क्षमा उपचार के लिए आवश्यक है

> और अगर तुम्हारे मन में किसी के ख़िलाफ़ कुछ है, तो तुम खड़े होकर प्रार्थना करो, क्षमा करो...
>
> *मार्क 11:25*

दूसरों को क्षमा करना मानसिक शांति और अच्छी सेहत के लिए अनिवार्य है। अगर आप अच्छी सेहत और ख़ुशी चाहते हैं, तो आपको हर उस व्यक्ति को क्षमा करना चाहिए, जिसने आपको चोट पहुँचाई है। अपने विचारों को दैवी नियमों और व्यवस्था के सामंजस्य में लाकर ख़ुद को क्षमा करें। आप ख़ुद को तब तक पूरी तरह क्षमा नहीं कर सकते, जब तक कि दूसरों को क्षमा नहीं कर दें। ख़ुद को क्षमा नहीं करना सिर्फ़ आध्यात्मिक अहंकार या अज्ञान है।

आज की मनोदैहिक चिकित्सा में इस बात पर लगातार ज़ोर दिया जा रहा है कि द्वेष, दूसरों की आलोचना, पश्चाताप और शत्रुता कई रोगों के कारण हैं, जिनमें आर्थ्राइटिस से लेकर हृदय रोग तक शामिल हैं। इन नकारात्मक भावनाओं से उत्पन्न तनाव सीधे शरीर के प्रतिरोधक तंत्र को प्रभावित करता है, जिससे आप संक्रमण और रोग का शिकार हो जाते हैं।

तनाव संबंधी विकारों के विशेषज्ञ बताते हैं कि दुर्व्यवहार के शिकार, धोखा खा चुके या आहत लोग अक्सर प्रतिक्रिया करते हुए द्वेष और नफ़रत पाल लेते हैं। यह प्रतिक्रिया उनके अवचेतन मन में गहरा घाव उत्पन्न कर देती है, जो लगातार टीस मारता रहता है। सिर्फ़ एक ही इलाज है। उन्हें अपनी चोट को काटकर हटाना होगा और इसका एकमात्र अचूक तरीक़ा है : क्षमा।

क्षमा सक्रिय प्रेम है

क्षमा की कला में अनिवार्य तत्त्व क्षमा करने की इच्छा होना है। अगर आप सच्चे दिल से किसी को क्षमा करने की इच्छा करते हैं, तो आपने आधी बाधा पार कर ली है। ज़ाहिर है, आप जानते हैं कि किसी को क्षमा करने का यह मतलब नहीं है कि आप उसे पसंद करते हैं या उसके साथ संबंध बढ़ाना

चाहते हैं। आप किसी को पसंद करने के लिए बाध्य नहीं हैं। यह तो ऐसा ही होगा, जैसे सरकार सद्भाव, प्रेम, शांति या सहिष्णुता के बारे में क़ानून बनाने की कोशिश करे। आप किसी व्यक्ति को सिर्फ़ इसलिए पसंद नहीं कर सकते, क्योंकि कोई आपको ऐसा करने का आदेश देता है। बहरहाल - और यह काफ़ी महत्त्वपूर्ण बात है - हम लोगों को पसंद किए बिना उनसे प्रेम कर सकते हैं।

धार्मिक ग्रंथ कहते हैं, एक-दूसरे से प्रेम करो। यह पहली नज़र में असंभव लग सकता है, लेकिन यह काम कोई भी कर सकता है, बशर्ते वह इसे सचमुच करना चाहे। प्रेम का मतलब यह है कि आप सामने वाले के लिए सेहत, ख़ुशी, शांति, सुख और जीवन की सभी नियामतों की कामना करें। सिर्फ़ एक ही शर्त है और वह है ईमानदारी। आप क्षमा करते समय दरअसल उदार नहीं, बल्कि स्वार्थी होते हैं, क्योंकि आप दूसरों के लिए जो कामना करते हैं, वास्तव में वह अपने लिए कर रहे हैं। इसका कारण यह है कि आप ही इसे सोचते और महसूस करते हैं। जैसा आप सोचते और महसूस करते हैं, वैसे ही आप बन जाते हैं। क्या इससे सरल कोई चीज़ हो सकती है?

क्षमा की तकनीक

क्षमा करने की एक सरल लेकिन कारगर विधि है। इसका अभ्यास करने पर यह आपके जीवन में चमत्कार कर देगी। अपने दिमाग़ को शांत कर लें, शिथिल हो जाएँ और मुक्त रहें। ईश्वर के बारे में, अपने प्रति उसके प्रेम के बारे में सोचें और फिर सकारात्मक घोषणा करें :

मैं पूरी तरह से... (आहत करने वाले का नाम सोचें) को क्षमा करता हूँ। मैं उसे मानसिक और आध्यात्मिक रूप से मुक्त करता हूँ। मैं उसे इस मुद्दे से संबंधित हर चीज़ के लिए पूरी तरह से माफ़ करता हूँ। मैं मुक्त हूँ और वह मुक्त है। यह अद्भुत भावना है।

मेरे लिए यह आम क्षमादान का दिन है। मैं हर उस व्यक्ति को मुक्त करता हूँ, जिसने मुझे कभी आहत किया है और मैं हर एक के लिए सेहत, ख़ुशी, शांति तथा जीवन की सभी नियामतों की कामना करता हूँ। मैं यह काम मुक्तता, ख़ुशी और प्रेम से करता हूँ। जब भी मेरे मन में

अपने को आहत करने वालों के बारे में विचार आता है, तो मैं कहता हूँ, "मैंने तुम्हें मुक्त कर दिया है और जीवन की सभी नियामतें तुम्हें मिलें।" मैं आज़ाद हूँ और वे भी आज़ाद हैं। यह अद्भुत है!

सच्ची क्षमा का महान रहस्य यह है कि जब आप एक बार व्यक्ति को क्षमा कर दें, तो प्रार्थना को दोहराना अनावश्यक है। जब भी वह व्यक्ति आपके मन में आए या वह ख़ास चोट आपके दिमाग़ में उभरे, तो उसके प्रति अच्छे विचार व्यक्त करें और कहें, "तुम्हें शांति मिले।" जितनी बार विचार मन में आए, उतनी ही बार यह काम करें। आप पाएँगे कि कुछ दिनों के बाद उस व्यक्ति या अनुभव का विचार कम बार आएगा और फिर गुमनामी में खो जाएगा।

क्षमा का एसिड टेस्ट

सुनार यह जाँच करने के लिए एसिड टेस्ट का प्रयोग करते हैं कि सोना असली है या नक़ली। क्षमा के लिए भी एक एसिड टेस्ट है। मान लीजिए कि मैं आपको किसी के बारे में कोई बहुत अच्छी ख़बर सुनाने जा रहा हूँ, जिसने आपको चपत लगाई है, धोखा दिया है या छल किया है। अगर आप उस व्यक्ति के बारे में अच्छी ख़बर सुनकर कुढ़ जाते हैं, तो यह जान लें कि नफ़रत की जड़ें अब भी आपके अवचेतन मन में हैं और नुक़सान पहुँचा रही हैं।

मान लें कि पिछले साल आपका बहुत दुखने वाला दाँत निकाला गया था और आप मुझे इसके बारे में इस समय बताते हैं। अगर मैं पूछता हूँ कि क्या इस समय दर्द हो रहा है, तो आप मुझे हैरानी से देखकर कहते हैं, "ज़ाहिर है नहीं! मुझे दर्द याद है, लेकिन अब मुझे यह महसूस नहीं होता है।"

यही पूरी कहानी है। अगर आपने सचमुच किसी को क्षमा कर दिया है, तो आपको घटना तो याद होगी, लेकिन आपको अब उसकी चोट या डंक महसूस नहीं होगा। यह क्षमा का एसिड टेस्ट है। आपको इसे मनोवैज्ञानिक और आध्यात्मिक तरीक़े से करना होगा। वरना आप ख़ुद को धोखा दे रहे हैं; आप क्षमा की सच्ची कला का अभ्यास नहीं कर रहे हैं।

सबको समझना सबको क्षमा करना है

जब आप अपने मस्तिष्क के रचनात्मक नियम को समझ लेते हैं, तो आप दूसरे लोगों और परिस्थितियों को दोष देना बंद कर देते हैं कि वे आपके जीवन को बना या बिगाड़ रही हैं। आपको अहसास हो जाता है कि आपके ख़ुद के विचार और भावनाएँ ही आपकी क़िस्मत बनाते हैं। इससे भी बढ़कर आप जान जाते हैं कि बाहरी चीज़ें कारण नहीं हैं। वे आपके जीवन तथा अनुभवों के कारण या निर्माता नहीं हैं। यह सोचना ग़लत है कि दूसरे आपकी ख़ुशी में बाधा डाल सकते हैं, कि आप बेरहम क़िस्मत की मार झेल रहे हैं, कि आपको जीने के लिए दूसरों का विरोध करना पड़ेगा और उनसे लड़ना पड़ेगा- ये सभी विचार अपनी विध्वंसात्मक प्रकृति को प्रकट कर देते हैं, जब आप यह समझ लेते हैं कि विचार ही वस्तु है। यह सिद्धांत बाइबल में स्पष्टता से बताया गया है :

> जैसा व्यक्ति अपने दिल में सोचता है, वैसा ही वह होता है।
>
> *प्रोवर्ब्स 23:7*

क्षमा में सहायक बिंदुओं का सारांश

1. ईश्वर या जीवन व्यक्तियों में भेद नहीं करता है। जीवन किसी के साथ भेदभाव नहीं करता है। जब आप सद्भाव, सेहत, ख़ुशी और शांति के सिद्धांतों का पालन करने लगते हैं, तो जीवन या ईश्वर आपके पक्ष में काम करने लगता है।
2. ईश्वर या जीवन बीमारी, रोग, दुर्घटना या कष्ट नहीं भेजता है। हम ये चीज़ें अपने नकारात्मक विध्वंसात्मक सोच से ख़ुद अपने ऊपर लादते हैं और इस बारे में यही नियम काम करता है, जैसा बोओगे, वैसा काटोगे।
3. ईश्वर के बारे में आपकी अवधारणा आपके जीवन की सबसे महत्त्वपूर्ण चीज़ है। अगर आप सचमुच प्रेमपूर्ण ईश्वर में विश्वास करते हैं, तो आपका अवचेतन मन प्रतिक्रिया करके आपको असंख्य नियामतें देगा। प्रेमपूर्ण ईश्वर में यक़ीन करें।
4. जीवन या ईश्वर आपके ख़िलाफ़ कोई बैर नहीं रखता है। जीवन कभी

आपकी निंदा नहीं करता है। अगर आपके हाथ में घाव हो जाता है, तो जीवन उसे ठीक कर देता है। अगर आप अपनी अँगुली जला लेते हैं, तो जीवन आपको क्षमा करता है, घाव को भरता है, फफोलों को मिटाता है और उस हिस्से को पूर्ण बना देता है।

5. आपका अपराधबोध ईश्वर और जीवन की ग़लत अवधारणा है। ईश्वर या जीवन आपको सज़ा नहीं देता है या मूल्यांकन नहीं करता है। आप ख़ुद अपने झूठे विश्वासों, नकारात्मक चिंतन और आत्म-निंदा के अवचेतन प्रभावों द्वारा अपने साथ ऐसा करते हैं।
6. ईश्वर या जीवन आपको सज़ा नहीं देता है या निंदा नहीं करता है। प्रकृति की शक्तियाँ बुरी नहीं हैं। उनका प्रभाव तो इस बात पर निर्भर करता है कि आप अपने भीतर की शक्ति का कैसा प्रयोग करते हैं। आप बिजली का प्रयोग किसी को मारने या घर को रोशन करने के लिए कर सकते हैं। आप पानी का प्रयोग किसी बच्चे को डुबाने या उसकी प्यास बुझाने के लिए कर सकते हैं। अच्छाई और बुराई व्यक्ति के मस्तिष्क के विचार और उद्देश्य पर निर्भर करती हैं।
7. ईश्वर या जीवन कभी सज़ा नहीं देता है। लोग ईश्वर, जीवन और ब्रह्मांड की ग़लत अवधारणाओं के कारण ख़ुद को सज़ा देते हैं। उनके विचार रचनात्मक होते हैं, इसलिए वे अपने दुख की रचना ख़ुद कर लेते हैं।
8. अगर कोई आपकी आलोचना करे और आपके भीतर वे कमियाँ हों, तो ख़ुश होकर उसे धन्यवाद दें और उसकी टिप्पणियों की प्रशंसा करें। इससे आपको उस ख़ास दोष को सुधारने का अवसर मिलता है।
9. आप आलोचना से आहत नहीं होते हैं, क्योंकि आप जानते हैं कि आप अपने विचारों, प्रतिक्रियाओं और भावनाओं के स्वामी हैं। इससे आपको सामने वाले के लिए प्रार्थना करने और उसे दुआएँ देने का अवसर मिलता है, जिसके द्वारा आप स्वयं को दुआ देते हैं।
10. जब आप मार्गदर्शन और सही कर्म के लिए प्रार्थना करें, तो जो जवाब मिले उसे मान लें। अहसास करें कि यह अच्छा है, बहुत अच्छा है। फिर आत्म-करुणा, आलोचना या नफ़रत का कोई कारण नहीं है।

11. कोई भी चीज़ अच्छी या बुरी नहीं है, इंसान की सोच उसे ऐसा बना देती है। भोजन, सेक्स, दौलत या सच्ची अभिव्यक्ति की इच्छा में कोई बुराई नहीं है। यह इस पर निर्भर करता है कि आप इन इच्छाओं, आकांक्षाओं और हसरतों का प्रयोग कैसे करते हैं। आपकी भोजन की इच्छा किसी की जान लिए बिना भी पूरी हो सकती है।
12. द्वेष, नफ़रत, दुर्भावना और शत्रुता कई रोगों का कारण हैं। प्रेम, जीवन, ख़ुशी और सद्भावना सबके प्रति उड़ेलकर अपने को आहत करने वालों तथा ख़ुद को क्षमा करें। ऐसा तब तक करते रहें, जब तक कि आप उनसे अपने मन में नहीं मिल लें और यह नहीं जान लें कि आप उनके साथ शांति से हैं।
13. क्षमा करना किसी चीज़ के लिए कुछ देना है। प्रेम, शांति, ख़ुशी, बुद्धि और जीवन की सारी नियामतें तब तक दूसरों को दें, जब तक कि आपके दिमाग़ में कोई दंश नहीं बचे। यह क्षमा का एसिड टेस्ट है।
14. अगर किसी ने आपको चोट पहुँचाई है, आपके बारे में झूठ बोला है, निंदा की है और आपकी बहुत बुराई की है। क्या उस व्यक्ति के बारे में आपका विचार नकारात्मक है? अगर ऐसा है, तो आप उसे अभी तक क्षमा नहीं कर पाए हैं। नफ़रत की जड़ें अब भी आपके अवचेतन मन में हैं और आपको हानि पहुँचा रही हैं। उन जड़ों को उखाड़ने का एकमात्र तरीक़ा प्रेम है। उस व्यक्ति के लिए जीवन की सभी नियामतों की कामना करें। यही सात बार के सत्तर गुना तक क्षमा करने का मतलब है।

18 आपका अवचेतन मानसिक अवरोध कैसे हटाता है

अगर आपके सामने कोई मुश्किल स्थिति आ जाए और आपको रास्ता स्पष्ट नहीं दिख रहा हो, तो आप क्या कर सकते हैं? समाधान समस्या के भीतर ही होता है। हर सवाल में इसका जवाब निहित होता है। आपके अवचेतन मन की असीमित बुद्धिमत्ता सब कुछ जानती है और सब कुछ देखती है। इसके पास जवाब है और यह आपको वह जवाब अभी बता रही है... लेकिन आपको सुनना होगा। आपको पूर्ण विश्वास के साथ अवचेतन मन के सुझाए मार्ग का अनुसरण करना होगा। जब आप इस नए मानसिक नज़रिए को हासिल कर लेते हैं कि आपके भीतर का रचनात्मक ज्ञान सुखद समाधान सुझा रहा है, तो फिर आपको वह जवाब मिल जाएगा, जिसे आप खोज रहे हैं। आश्वस्त रहें कि इस तरह का मानसिक नज़रिया आपके सभी कामों में व्यवस्था, शांति और अर्थ लाएगा।

किसी आदत को कैसे बनाएँ या तोड़ें

हम सभी आदतों के हिसाब से जीने वाले प्राणी हैं। आदत हमारे अवचेतन मन का कार्य है। हमने तैरना, साइकल चलाना, नाचना और कार चलाना चेतन रूप से इन कामों को बार-बार करके सीखा था, जब तक कि ये कार्य हमारे अवचेतन मन में स्थापित नहीं हो गए। फिर अवचेतन मन की आदत ने उस काम को अपने ज़िम्मे ले लिया। इसे कई बार "दूसरी प्रकृति" भी कहा जाता है, यानी हमारी "पहली" प्रकृति के चिंतन और क्रिया पर अवचेतन मन की प्रतिक्रिया।

अगर हम अपनी ख़ुद की आदतें बनाते हैं, तो इसका मतलब है कि हम अच्छी या बुरी आदतें चुनने के लिए स्वतंत्र हैं। अगर आप कोई नकारात्मक विचार या कार्य कुछ समय तक दोहराते हैं, तो आप ख़ुद को एक आदत के दबाव में रख रहे हैं। आपके अवचेतन मन का नियम दबाव है।

उसने बुरी आदत कैसे छोड़ी

जब बॉब जे. मेरे पास आया, तो वह बहुत निराश था। उसने मुझसे कहा, "शराब मेरी नौकरी, पत्नी और परिवार को पी गई। मेरी पत्नी मुझसे फ़ोन पर भी बात नहीं करती है। वह मुझे अपनी बेटी से मिलने भी नहीं देती है। मैं नहीं जानता कि क्या करूँ।"

मैंने पूछा, "क्या आपने शराब छोड़ने की कोशिश की है?"

"ज़ाहिर है, की है," उसने कहा। "बहुत बार। और मैंने छोड़ी भी है, कुछ समय के लिए। लेकिन मन बेक़ाबू हो जाता है और मैं दो सप्ताह तक लगातार नशे में डूबा रहता हूँ। यह भयंकर है!"

इस दुर्भाग्यशाली व्यक्ति के साथ ऐसा बार-बार हुआ। उसे अहसास था कि लगातार पीना उसकी आदत बन चुकी है और वह जानता था कि उसे इस आदत को बदलकर एक नई आदत डालनी थी। बहरहाल, इच्छाओं को दबाने की कोशिश से हालत सुधरने के बजाय बिगड़ती जा रही थी। उसकी लगातार असफलताओं ने उसे विश्वास दिला दिया कि वह असफल है और उसके पास अपनी इच्छा को नियंत्रित करने की शक्ति नहीं है। शक्तिहीनता के इस विचार ने उसके अवचेतन मन पर ज़बर्दस्त सुझाव के रूप में काम किया। इस कारण उसकी कमज़ोरी बढ़ गई और उसका जीवन असफलताओं का सिलसिला बन गया।

मैंने उसे चेतन और अवचेतन मन के कार्यों में तालमेल बैठाना सिखाया। इन दोनों के सहयोग से अवचेतन मन में बोई गई इच्छा या विचार साकार हो जाता है। उसका तार्किक मन सहमत था कि अगर उसकी आदत के पुराने मार्ग ने उसे मुश्किल में डाल दिया है, तो वह चेतन रूप से स्वतंत्रता, संयम और मानसिक शांति का नया मार्ग बना सकता है।

वह जानता था कि हालाँकि उसकी विनाशक आदत अब स्वचालित बन गई है, लेकिन उसने इसे सचेतन विकल्प चुनकर ख़ुद बनाया था। उसे अहसास था कि अगर उसने अपनी कंडीशनिंग नकारात्मक कर ली है, तो

वह इस कंडीशनिंग को सकारात्मक भी बना सकता है। परिणामस्वरूप, उसने यह सोचना छोड़ दिया कि वह इस आदत को नहीं छोड़ सकता। उसने एक स्पष्ट समझ हासिल की कि उसके अपने विचार के अलावा उसके उपचार में कोई बाधा नहीं है। इसलिए बहुत ज़्यादा मानसिक कोशिश या मानसिक दबाव की कोई ज़रूरत नहीं है।

उसकी मानसिक तसवीर की शक्ति

बॉब ने अपने शरीर को शिथिल करने का अभ्यास किया और मनन की निष्क्रिय अवस्था में पहुँच गया। फिर उसने यह जानते हुए मस्तिष्क में इच्छित परिणाम की तसवीर भरी कि उसका अवचेतन मन सबसे आसान तरीक़े से इसे साकार कर सकता है। उसने कल्पना की कि उसकी बेटी गले लगते हुए स्वागत कर रही है और कह रही है, "ओह डैडी, कितना अच्छा हुआ कि आप दोबारा घर लौट आए!"

नियमित रूप से, सुनियोजित तरीक़े से वह इस तरह से बैठकर सोचता रहा। ध्यान भटकने पर उसने तत्काल अपनी बेटी की मानसिक तसवीर याद करने की आदत डाल ली, उसकी मुस्कान के साथ और उसके घर का दृश्य, जो बेटी की चहकती आवाज़ से जीवंत था। इन सबसे उसके दिमाग़ की दोबारा कंडीशनिंग हो गई। यह क्रमिक प्रक्रिया थी। उसने इसे जारी रखा। वह लगा रहा, क्योंकि वह जानता था कि देर-सबेर वह अपने अवचेतन मन में आदत का नया पैटर्न बना लेगा।

मैंने उसे बताया कि वह अपने चेतन मन को कैमरे की तरह माने, जबकि उसका अवचेतन मन वह संवेदनशील प्लेट है, जिस पर वह तसवीर की छाप छोड़ता है। इस सुझाव का उस पर गहरा प्रभाव पड़ा। उसका पूरा लक्ष्य यह बन गया कि वह अपने मन की तसवीर की दृढ़ छाप छोड़े और उसे डेवलप करे। फ़िल्म अँधेरे में डेवलप की जाती है; ऐसे ही मानसिक तसवीरें अवचेतन मन के डार्क रूम में डेवलप की जाती हैं।

केंद्रित ध्यान

बॉब समझ गया कि उसका चेतन मन कैमरे की तरह है, इसलिए उसने कोई कोशिश नहीं की। कोई मानसिक संघर्ष नहीं हुआ। उसने शांति से अपने विचारों को संतुलित किया और अपना ध्यान अपने सामने के दृश्य पर केंद्रित

किया, जब तक कि वह तसवीर के साथ क्रमशः एकाकार नहीं हो गया। वह मानसिक माहौल में डूब गया और मानसिक फ़िल्म को बार-बार देखने लगा।

उपचार होने के बारे में कोई शंका ही नहीं थी। जब भी पीने की तलब लगती थी, तो वह अपनी कल्पना को शराब के विचार से दूर मोड़कर अपने परिवार के साथ घर पर रहने की भावना की ओर मोड़ लेता था। वह सफल था, क्योंकि उसे विश्वास भरी उम्मीद थी कि वह अपने मस्तिष्क में जो फ़िल्म डेवलप कर रहा था, वह अवश्य घटेगी। आज वह संयमपूर्ण जीवन जी रहा है, अपने परिवार के साथ दोबारा रहने लगा है, करियर में सफल और ख़ुश है।

उसने कहा कि बदक़िस्मती उसके पीछे पड़ी है

"पिछले तीन महीनों से मेरे सामने एक के बाद एक बाधा आती जा रही है। मुझे सचमुच लगता है कि बदक़िस्मती मेरे पीछे पड़ी है!"

रूथ बी. एक कंपनी की संस्थापक थीं, जो प्रोफ़ेशनल्स के लिए बिलिंग और रिकॉर्ड-कीपिंग का काम करती थी। उसकी कंपनी पहले तो बहुत सफल थी, फिर कुछ हो गया और स्थिति बदल गई।

"मुझे समझ में नहीं आता है," उसने मुझसे कहा। "अचानक ऐसा लगता है, जैसे जो दरवाज़े मेरे लिए खुल रहे थे, वे सभी अब कसकर बंद हो चुके हैं। मैं बार-बार संभावित ग्राहकों से साइन कराने के क़रीब पहुँच जाती हूँ। फिर आख़िरी मिनट पर वे पीछे हट जाते हैं। क्या हो रहा है?"

"आपको यह समस्या कब से आ रही है?" मैंने पूछा।

"जैसा मैंने कहा, लगभग तीन महीने से," उसने जवाब दिया। "अप्रैल के बीच से।"

उत्सुकता से मैंने पूछा, "आपको तारीख़ के बारे में इतना यक़ीन कैसे है? क्या उस समय कोई ख़ास चीज़ हुई थी?"

उसने त्योरियाँ चढ़ाईं। "मेरा यक़ीन मानें! मैं एक दंतचिकित्सक को ग्राहक बनाने की कोशिश कर रही थी। मैं उसका नाम नहीं लूँगी, लेकिन अगर आपने अपने बच्चे के दाँतों में तार लगवाए हों, तो आप शायद उसे जानते होंगे। मैंने सब कुछ साफ़-साफ़ बता दिया। मैंने उसे बताया कि अगर मेरी कंपनी उसका सारा काग़ज़ी काम सँभाल लेगी, तो उसका कितना समय,

मेहनत और पैसा बचेगा। उसे इस बात में समझदारी दिखी और उसने मौखिक सहमति दे दी। लेकिन जब मैंने उसे डाक से अनुबंध भेजा, तो पहले तो उसने आनाकानी की, फिर पीछे हट गया। मैं आगबबूला थी!"

"और उसके बाद...?" मैंने पूछा।

"उसके बाद यह बार-बार होने लगा," रूथ ने कहा। एक पल के लिए उसने अपनी आँखें ढँक लीं। "बदक़िस्मती मेरे पीछे पड़ी है! कोई दूसरा कारण ही नहीं है।"

"हाँ, है," मैंने उससे कहा। मैंने समझाया कि दंतचिकित्सक के प्रति उसकी चिढ़ और द्वेष ने उसे यह अवचेतन विश्वास दिला दिया था कि उसके अन्य संभावित ग्राहक भी बाद में पीछे हट जाएँगे। इस विश्वास ने कुंठा, शत्रुता और बाधाओं का पैटर्न बना दिया। उसने अपने मन में आख़िरी मिनट में अनुबंध कैंसल होने की आशंका बना ली। एक बार जब उसके अवचेतन मन पर यह छाप छूट गई, तो यह उन परिस्थितियों को उत्पन्न करने लगा, जिनका उसे डर था। हर असफलता इस विश्वास को दृढ़ बनाती थी कि वह असफल होने के लिए बाध्य है। उसने एक दुष्चक्र बना लिया था।

बातचीत के दौरान रूथ को समझ में आने लगा कि समस्या उसके अपने मस्तिष्क में थी। उसे अहसास हो गया कि इलाज तभी हो सकता है, जब वह अपने मानसिक नज़रिए को बदल ले। वह इस तरीक़े से मनन करने लगी :

> **मुझे अहसास है कि मैं अपने अवचेतन मन की असीमित बुद्धिमत्ता के साथ एकाकार हूँ, जो किसी बाधा, मुश्किल या विलंब को नहीं जानती है। मैं सर्वश्रेष्ठ की सुखद उम्मीद में जीती हूँ। मेरा अधिक गहरा मन मेरे विचारों पर प्रतिक्रिया करता है। मैं जानती हूँ कि मेरे अवचेतन की असीमित शक्ति का काम रोका नहीं जा सकता। असीमित बुद्धिमत्ता जो भी शुरू करती है, उसे हमेशा सफलतापूर्वक पूरा करती है।**
>
> **रचनात्मक ज्ञान मेरे माध्यम से काम करके मेरी सारी योजनाओं और उद्‌देश्यों को पूरा करता है। मैं जो भी शुरू करती हूँ, उसे सफलता से पूरा करती हूँ। जीवन में मेरा लक्ष्य अद्‌भुत सेवा देना है और मैं जिनके भी संपर्क में आती हूँ, वे मेरी सेवाओं से धन्य हो जाते हैं। मेरे सभी काम दैवी विधान में पूर्ण परिणिति तक पहुँचते हैं।**

उसने यह प्रार्थना हर सुबह ग्राहकों से मिलने जाने से पहले दोहराई। उसने हर रात सोने से पहले भी यह प्रार्थना दोहराई। कुछ ही समय में उसने अवचेतन मन में एक नई आदत का पैटर्न बना लिया। जल्दी ही वह एक बार फिर से संभावित ग्राहकों को कंपनी के सौदों पर साइन कराने में सफल होने लगी। अब वह बदक़िस्मती का शिकार होने के सभी विचार भूल चुकी थी।

आप जो चाहते हैं, उसे कितना चाहते हैं?

कहा जाता है कि एक युवक ने सुकरात से पूछा कि उसे बुद्धि कैसे मिल सकती है।

"मेरे साथ आओ," सुकरात ने जवाब दिया। वे उस लड़के को नदी तक ले गए और उसका सिर पानी में डुबा दिया। उन्होंने उसे तब तक डुबाए रखा, जब तक कि लड़का हवा के लिए बुरी तरह छटपटाने नहीं लगा। फिर उन्होंने उसे छोड़ दिया।

जब लड़के की हालत ठीक हो गई, तो सुकरात ने उससे पूछा, "जब तुम्हारा सिर पानी में डूबा था, तो तुम्हें किस चीज़ की सबसे ज़्यादा चाहत थी?"

"हवा की," लड़के ने जवाब दिया।

सुकरात ने धीरे से सिर हिलाया, "जब तुम बुद्धिमानी को उतना चाहने लगोगे, जितना कि पानी में डूबते समय हवा को चाहते थे, तो यह तुम्हें मिल जाएगी।"

इसी तरह, जब

- आपके मन में जीवन की किसी निश्चित बाधा को पार करने की गहन, प्रबल, सच्ची इच्छा होगी;
- आप एक निश्चित निर्णय पर पहुँचेंगे कि कोई रास्ता है;
- आप विश्वास से फ़ैसला करेंगे कि यही वह रास्ता है जिस पर आप चलना चाहते हैं,

तो विजय सुनिश्चित है।

अगर आप सचमुच मानसिक और आंतरिक शांति चाहते हैं, तो आपको यह मिल जाएगी। इससे कोई फ़र्क़ नहीं पड़ता है कि आपके साथ

कितना भेदभावपूर्ण व्यवहार हुआ है या बॉस ने कितना अनुचित पक्षपात किया है या किसी ने आपके साथ कितना घटिया काम किया है। जब आप अपनी मानसिक और आध्यात्मिक शक्तियों के बारे में जाग्रत हो जाते हैं, तो आपको इससे कोई फ़र्क़ नहीं पड़ता है। आप जानते हैं कि आप क्या चाहते हैं, और आप निश्चित रूप से नफ़रत, गुस्से, शत्रुता तथा दुर्भावना के चोरों (विचारों) को अपनी शांति, सद्भाव, सेहत और ख़ुशी नहीं लूटने देंगे।

जब आप अपने विचारों को जीवन के लक्ष्य के साथ एकाकार करने की आदत सीख लेते हैं, तो आप लोगों, परिस्थितियों, ख़बरों और घटनाओं पर विचलित होना छोड़ देते हैं। आपका लक्ष्य शांति, सेहत, प्रेरणा, सद्भाव और समृद्धि है। महसूस करें कि शांति की नदी आपके भीतर इसी समय प्रवाहित हो रही है। आपका विचार अमूर्त और अदृश्य शक्ति है तथा आप इसका चुनाव ख़ुद को दुआ देने, प्रेरित करने और शांति पाने के लिए करते हैं।

उसका उपचार क्यों नहीं हो पाया

एलन एस. एक प्रमुख पाठ्यपुस्तक वितरक का फ़ील्ड रिप्रज़ेन्टेटिव था। वह शादी-शुदा था, उसके चार बच्चे थे, लेकिन बिज़नेस यात्राओं के दौरान एक अन्य महिला के साथ उसका अवैध संबंध चलता था। जब वह मुझसे मिलने आया, तो निराश और चिड़चिड़ा था। उसे बिना गोलियों के नींद नहीं आती थी। उसे हाई ब्लड प्रेशर और बहुत से अंदरूनी दर्द थे, जिन्हें उसका डॉक्टर ना तो पकड़ पा रहा था, ना ही इलाज कर पा रहा था। स्थिति और भी बिगड़ गई, जब वह बहुत शराब पीने लगा।

जैसा हमें जल्दी ही पता चल गया, इस सबका कारण अपराध का उसका गहरा अवचेतन बोध था। वह जिस धार्मिक आस्था में पला-बढ़ा था, वह उसके अवचेतन मन की गहराई में विद्यमान थी। उसकी धार्मिक आस्था विवाह की क़समों की पवित्रता पर बहुत ज़ोर देती थी, लेकिन वह लगातार उनकी खुली अवहेलना कर रहा था। वह अपराधबोध के घाव को भरने की निरर्थक कोशिश में ज़्यादा पीने लगा था। जिस तरह कोई रोगी अपने भयंकर दर्द के लिए मॉर्फ़ीन और कोडीन लेता है, उसी तरह वह अपने मानसिक दर्द या घाव के लिए शराब पीने लगा। यह आग में घी डालने वाली पुरानी कहानी है।

स्पष्टीकरण और इलाज

उसने मेरा स्पष्टीकरण सुना कि उसका मस्तिष्क कैसे काम करता है। उसने अपनी समस्या का सामना किया, इस पर ग़ौर से विचार किया और अंततः अवैध संबंध छोड़ने का फ़ैसला कर लिया। उसे यह भी अहसास हुआ कि उसका पीना पलायन की अचेतन कोशिश थी। छिपा हुआ कारण उसके अवचेतन मन में निहित था और उसका सफ़ाया किया जाना था। इसके बाद ही उपचार हो सकता था।

वह दिन में तीन बार इस प्रार्थना से अपने अवचेतन मन पर छाप छोड़ने लगा :

> **मेरा मस्तिष्क शांति, संतुलन और सद्भाव से भरा है। ईश्वर मेरे भीतर मुस्कराती शांति में विश्राम कर रहा है। मैं अतीत, वर्तमान या भविष्य की किसी चीज़ से नहीं डरता हूँ। मेरे अवचेतन मन की असीम बुद्धिमत्ता सभी तरीक़ों से मेरा नेतृत्व, निर्देशन और मार्गदर्शन कर रही है।**
>
> **मैं अब हर स्थिति का सामना आस्था, संतुलन, शांति और विश्वास से करता हूँ। मैं अब इस आदत से पूरी तरह मुक्त हूँ। मेरा मस्तिष्क आंतरिक शांति, स्वतंत्रता और ख़ुशी से भरा है। मैं ख़ुद को क्षमा करता हूँ; फिर मुझे भी क्षमा किया जाता है। शांति, संयम और विश्वास मेरे मस्तिष्क पर शासन करते हैं।**

जब उसने यह प्रार्थना दोहराई, तो वह पूरी तरह से जानता था कि वह क्या कर रहा था और क्यों कर रहा था। वह क्या कर रहा था, इसके ज्ञान ने उसे आवश्यक विश्वास और आस्था दी। मैंने उसे समझाया कि जब वह इन वाक्यों को ज़ोर से, धीरे-धीरे, प्रेमपूर्वक और अर्थपूर्ण ढंग से दोहराएगा, तो वे धीरे-धीरे उसके अवचेतन मन में उतर जाएँगे। बीजों की तरह वे भी बड़े होकर फल देंगे। उसके कान आवाज़ सुनते थे और शब्दों के उपचारक कंपन उसके अवचेतन मन तक पहुँचकर उन सभी नकारात्मक मानसिक पैटर्नों को मिटा देते थे, जिन्होंने उसकी समस्याओं को पैदा किया था। प्रकाश अंधकार को दूर कर देता है। सृजनात्मक विचार नकारात्मक विचार को नष्ट कर देता है। वह महीने भर में बदल गया।

मानने से इनकार करना

अगर आप शराबी या मादक पदार्थ के आदी हैं, तो इसे स्वीकार करें। बचने की कोशिश नहीं करें। कई लोग शराबी इसलिए बने रहते हैं, क्योंकि वे इसे स्वीकार ही नहीं करते हैं।

आपकी बीमारी एक अस्थिरता है, एक आंतरिक डर है। आप जीवन का सामना करने से इनकार कर रहे हैं, इसलिए आप शराब के माध्यम से अपनी ज़िम्मेदारियों से पलायन करने की कोशिश कर रहे हैं। शराबी के रूप में आपकी कोई स्वतंत्र इच्छा नहीं है, हालाँकि आप सोच सकते हैं कि हो सकता है आप अपनी इच्छाशक्ति के बारे में डींगें हाँकते हों।

अगर आप आदतन शराबी हैं और साहस के साथ यह घोषणा करते हैं, "अब मैं इसे कभी नही छुऊँगा," तो आपमें इस घोषणा को सही साबित करने की शक्ति नहीं है। कारण यह है कि आप यह नहीं जानते हैं कि शक्ति को कहाँ खोजना है।

दरअसल आप ख़ुद की बनाई मनोवैज्ञानिक जेल में रह रहे हैं। आप अपने विश्वासों, रायों, प्रशिक्षण और माहौल के प्रभावों की बेड़ियों में जकड़े हुए हैं। अधिकतर लोगों की तरह आप भी आदत के गुलाम हैं। आप जिस तरह से प्रतिक्रिया करते हैं, उसके लिए कंडीशन्ड हैं।

स्वतंत्रता के विचार बनाना

आप अपनी मानसिकता में स्वतंत्रता और मानसिक शांति का विचार भर सकते हैं, ताकि यह आपकी अवचेतन गहराइयों तक पहुँच जाए। अवचेतन मन सर्वशक्तिमान है, इसलिए यह आपको शराब पीने की इच्छा से मुक्त कर देगा। उस मोड़ पर आपको एक नई समझ मिलेगी कि आपका दिमाग़ कैसे काम करता है। आपको अपने भीतर असीमित संसाधन मिलेंगे, जिनके द्वारा आप अपनी बात को सच साबित कर सकते हैं।

इक्यावन प्रतिशत उपचार

अगर आपके मन में किसी विनाशक आदत से छुटकारा पाने की प्रबल इच्छा है, तो आपका इक्यावन प्रतिशत इलाज पहले ही हो चुका है। जब आपकी बुरी आदत को छोड़ने की इच्छा इसे जारी रखने की आवश्यकता से अधिक

बड़ी हो जाती है, तो आपको यह जानकर हैरानी होगी कि पूर्ण स्वतंत्रता सिर्फ़ एक क़दम दूर है।

जो भी विचार आप अपने दिमाग़ में स्थिर करते हैं, आपका मस्तिष्क उसका विस्तार करता है। मस्तिष्क को स्वतंत्रता की अवधारणा (यानी, विनाशक आदत से छुटकारा) और मानसिक शांति पर केंद्रित करें। इसे ध्यान की नई दिशा पर केंद्रित करें। इससे आप ऐसी भावनाएँ उत्पन्न करते हैं, जो स्वतंत्रता और शांति की अवधारणा को धीरे-धीरे ग्रहण कर लेती हैं। आप जिस भी विचार को इस तरीक़े से भावात्मक बनाते हैं, उसे आपका अवचेतन मन स्वीकार कर लेता है और साकार कर देता है।

प्रतिस्थापन का नियम

यह जान लें कि आपके कष्ट से कोई अच्छी चीज़ उत्पन्न हो सकती है। आपने नाहक कष्ट नहीं उठाया है। बहरहाल, कष्ट उठाते रहना मूर्खता है।

अगर आप शराबी बने रहते हैं, तो इससे मानसिक और शारीरिक क्षरण होगा। महसूस करें कि अवचेतन की शक्ति आपका साथ दे रही है। हालाँकि आपको मानसिक अवसाद हो सकता है, लेकिन आप भावी स्वतंत्रता की सुखद कल्पना शुरू कर सकते हैं, जो आपके भीतर भरी हुई है।

यह प्रतिस्थापन (substitution) का नियम है। आपकी कल्पना आपको शराब की बोतल तक ले गई। इसे अब ख़ुद को स्वतंत्रता और मानसिक शांति तक ले जाने दें। आपको थोड़ा कष्ट होगा, लेकिन यह सृजनात्मक उद्देश्य के लिए होगा। आप इसे उसी तरह सहन करेंगे, जिस तरह माँ प्रसव पीड़ा को करती है और आप मस्तिष्क में एक बच्चे को जन्म देंगे। आपका अवचेतन संयम को जन्म देगा।

शराबख़ोरी के कारण

शराबख़ोरी का असली कारण नकारात्मक और विनाशक सोच है; *जैसा इंसान सोचता है, वैसा ही वह होता है।* शराबी में हीन भावना, अक्षमता, कुंठा और पराजय का गहरा अहसास होता है। अक्सर इनके साथ गहरी आंतरिक शत्रुता भी होती है। व्यक्ति के पास अनंत बहाने होते हैं, जिनसे

वह अपने शराबीपन का बचाव कर सकता है, लेकिन असली कारण व्यक्ति का *वैचारिक* जीवन होता है।

तीन जादुई क़दम

पहला क़दम : स्थिर हो जाएँ, मस्तिष्क को शांत कर लें। उनींदी, निष्क्रिय अवस्था में पहुँच जाएँ। इस शिथिल, शांत, ग्रहणशील अवस्था में आप दूसरे क़दम की तैयारी कर रहे हैं।

दूसरा क़दम : एक संक्षिप्त वाक्य लें, जिसे आसानी से याददाश्त पर उकेरा जा सके और लोरी की तरह बार-बार दोहराया जा सके। इस वाक्य का प्रयोग करें, "अब मुझमें संयम और मानसिक शांति है और मैं धन्यवाद देता हूँ।" मस्तिष्क को भटकने से रोकने के लिए इसे ज़ोर से दोहराएँ और मन में बोलते समय इसके उच्चारण में होंठों और जीभ को चलाएँ। इससे अवचेतन मन तक पहुँचने में मदद मिलती है। इसे पाँच मिनट या इससे ज़्यादा समय तक करते रहें। आप एक गहरी भावनात्मक प्रतिक्रिया पाएँगे।

तीसरा क़दम : सोने से ठीक पहले वह करें, जो महान जर्मन कवि जोहानन वॉन गेटे करते थे। कल्पना करें कि कोई मित्र या प्रियजन आपके साथ है। आपकी आँखें बंद हैं, आप शिथिल और शांत हैं। यह प्रियजन या मित्र कल्पना में आपसे कह रहा है, "बधाइयाँ!"

आप उसकी मुस्कराहट देखते हैं; आप उसकी आवाज़ सुनते हैं। आप मानसिक रूप से उसका हाथ छूते हैं। सब कुछ वास्तविक और चित्रात्मक है। बधाइयाँ शब्द पूर्ण स्वतंत्रता का द्योतक है। इसे बार-बार सुनें, जब तक कि आपको संतोषजनक अवचेतन प्रतिक्रिया नहीं मिल जाए।

लगातार करते रहें

जब डर आपके मस्तिष्क का दरवाज़ा खटखटाए या चिंता, तनाव या शंका आपके दिमाग़ में आए, तो अपने सपने, अपने लक्ष्य को देखते रहें। अपने अवचेतन मन के भीतर की असीमित शक्ति के बारे में सोचें, जो आपके चिंतन और कल्पना को पैदा कर सकती है। इससे आपको विश्वास, शक्ति और साहस मिलेगा। लगातार करते रहें, जुटे रहें, *जब तक कि दिन नहीं निकल आए और अँधेरा दूर नहीं भाग जाए।*

अपने विचार की शक्ति की समीक्षा करें

1. समाधान समस्या में निहित है। हर सवाल में इसका जवाब छिपा है। आपका ज्ञान आपकी पुकार पर प्रतिक्रिया करता है, जब आप इसे आस्था और विश्वास से आवाज़ देते हैं।
2. आदत आपके अवचेतन मन का कार्य है। आपके अवचेतन मन की अद्‌भुत शक्ति का इससे बड़ा प्रमाण नहीं है कि आपके जीवन पर आदत की कितनी शक्ति और नियंत्रण है। आप आदतों के गुलाम होते हैं।
3. आप किसी विचार या काम को दोहराकर अपने अवचेतन मन में आदतों के पैटर्न बनाते हैं, जब तक कि यह आपके अवचेतन मन में खाँचे नहीं बना लेता और स्वचालित नहीं बन जाता।
4. आपके पास चुनने की स्वतंत्रता है। आप अच्छी या बुरी आदत को चुन सकते हैं। प्रार्थना एक अच्छी आदत है।
5. जो भी मानसिक तसवीर आप अपने अवचेतन मन में आस्था के साथ देखते हैं, यह उसे साकार कर देता है।
6. आपकी सफलता और उपलब्धि में एकमात्र बाधा आपका अपना विचार या मानसिक छवि है।
7. जब आपका ध्यान भटके, तो अच्छाई या लक्ष्य के विचार से इसे वापस लौटा लें। इसकी आदत डाल लें। इसे मस्तिष्क को अनुशासित करना कहते हैं।
8. आपका चेतन मन कैमरा है और आपका अवचेतन मन वह संवेदनशील प्लेट है, जिस पर आप तसवीर की छाप छोड़ते हैं।
9. इंसान के पीछे जो एकमात्र बदक़िस्मती पड़ी रहती है, वह डर का विचार है, जिसे बार-बार दिमाग़ में दोहराया जाता है। इस ज्ञान के साथ बदक़िस्मती से पीछा छुड़ाएँ कि आप जो भी काम शुरू करते हैं, उसे आप दैवी विधान में सुखद परिणाम तक पहुँचाएँगे। सुखद अंत की तसवीर बनाएँ और इसे विश्वास के साथ बनाए रखें।
10. नई आदत डालने के लिए आपको विश्वास होना चाहिए कि यह वांछित है। जब बुरी आदत को छोड़ने की आपकी इच्छा इसे जारी

रखने की इच्छा से ज़्यादा बड़ी हो, तो समझ लीजिए, आपका इक्यावन प्रतिशत उपचार तो हो चुका है।

11. दूसरों की बातें आपको तब तक चोट नहीं पहुँचा सकतीं, जब तक कि आपकी ख़ुद की वैचारिक और मानसिक सहमति नहीं हो। ख़ुद को अपने लक्ष्य के साथ एकाकार करें, जो शांति, सद्भाव और ख़ुशी है। आप ही अपने ब्रह्मांड में इकलौते चिंतक हैं।
12. बहुत शराब पीना पलायन की अवचेतन इच्छा है। शराब पीने का कारण नकारात्मक और विध्वंसात्मक चिंतन है। उपचार है स्वतंत्रता, संयम, पूर्णता के बारे में सोचना तथा उपलब्धि के रोमांच को महसूस करना।
13. कई लोग शराबी इसलिए बने रहते हैं, क्योंकि वे अपनी समस्या को स्वीकार करने से इनकार कर देते हैं।
14. आपके अवचेतन मन का नियम, जिसने आपको बंधन में रखा और आपके कार्य की स्वतंत्रता को सीमित किया, आपको स्वतंत्रता और ख़ुशी देगा। यह इस बात पर निर्भर करता है कि आप इसका कैसा प्रयोग करते हैं।
15. आपकी कल्पना आपको शराब की बोतल तक ले गई थी; अब स्वतंत्र होने की कल्पना करके इसे स्वतंत्रता की ओर ले जाने दें।
16. अल्कोहलिज़्म का असली कारण नकारात्मक और विनाशक सोच है। जैसा व्यक्ति अपने दिल (अवचेतन मन) में सोचता है, वैसा ही वह होता है।
17. जब डर आपके मन का दरवाज़ा खटखटाए, तो ईश्वर में आस्था और सभी अच्छी चीज़ों को दरवाज़ा खोलने दें।

19 | डर भगाने के लिए अवचेतन मन का प्रयोग कैसे करें

मेरे एक विद्यार्थी को किसी सम्मेलन में भाषण देने के लिए आमंत्रित किया गया था। उसने मुझे बताया कि एक हज़ार लोगों के सामने भाषण देने के बारे में सोचकर ही वह दहशत में आ गया था, जिनमें से कई उसके क्षेत्र में विशेषज्ञ थे। उसने अपने डर पर इस तरह विजय पाई : कई रातों तक वह लगभग पाँच मिनट तक कुर्सी पर शांति से बैठा। उसने ख़ुद से धीरे से, शांति से और सकारात्मक तरीक़े से कहा :

मैं इस डर पर विजय पाने वाला हूँ। मैं इस पर अभी विजय पा रहा हूँ। मैं संतुलन और विश्वास से बोलता हूँ। मैं शांत और आरामदेह हूँ।

इस तरीक़े से उसने मस्तिष्क के एक निश्चित नियम से कार्य करवाया। जब समय आया, तो उसने अपने डर पर विजय पाई और बहुत सफल भाषण दिया।

अवचेतन मन सुझाव के प्रति बहुत ग्रहणशील होता है। यह सुझाव द्वारा *नियंत्रित* होता है। जब आप अपने मस्तिष्क को स्थिर कर लेते हैं और शिथिल हो जाते हैं, तो आपके चेतन मन के विचार आपके अवचेतन में उतर जाते हैं। यह प्रक्रिया परासरण जैसी ही है, जिसमें छिद्र वाली झिल्लियों द्वारा विभाजित द्रव आपस में मिल जाते हैं। जब ये सकारात्मक बीज या विचार अवचेतन क्षेत्र में उतरते हैं, तो वे अपनी तरह के फल देते हैं तथा आप संतुलित, शांत और सद्भावनापूर्ण बन जाते हैं।

लोगों का सबसे बड़ा शत्रु

यह कहा गया है कि डर लोगों का सबसे बड़ा शत्रु है। डर ही असफलता, बीमारी और कमज़ोर मानवीय संबंधों का कारण होता है। लाखों-करोड़ों लोग अतीत, भविष्य, बुढ़ापे, पागलपन और मौत से डरते हैं। लेकिन डर आपके दिमाग़ का एक विचार है। इसका मतलब है कि आप अपने ही विचारों से डरे हुए हैं।

कोई छोटा बच्चा डर के मारे दहशत में आ सकता है, जब उसका साथी कहता है कि बिस्तर के नीचे एक राक्षस है, जो रात को उसे पकड़ लेगा। लेकिन जब माता या पिता लाइट जलाकर दिखाते हैं कि कोई राक्षस नहीं है, तो उसका डर दूर हो जाता है। बच्चे के दिमाग़ का डर उतना ही असली था, जितना कि असली राक्षस होने पर होता। उसके मन के झूठे विचार का उपचार हो गया। जिस चीज़ का उसे डर था, वह मौजूद ही नहीं थी। इसी तरह से आपके अधिकतर डर वास्तविक नहीं होते हैं। वे महज़ दुष्ट छायाओं का समूह होते हैं और छायाएँ असली नहीं होती हैं।

वह काम करें, जिससे आप डरते हों

उन्नीसवीं सदी के महान दार्शनिक और कवि राल्फ़ वाल्डो एमर्सन ने कहा था, "जिस काम से आप डरते हों, उसे कर दें और डर का मरना तय है।"

एक समय था, जब मैं श्रोताओं के सामने खड़े होने और भाषण देने के विचार से बुरी तरह घबराता था। अगर मैंने इस भयंकर डर के सामने हार मान ली होती, तो मुझे यक़ीन है कि आप इस समय यह पुस्तक नहीं पढ़ रहे होते। मैंने अवचेतन मन की कार्यविधि के बारे में जो भी सीखा है, उसे दूसरों तक कभी नहीं पहुँचा पाता।

मैंने एमर्सन की सलाह पर अमल करके इस डर पर विजय पाई। अंदर से काँपने के बावजूद मैं श्रोताओं के सामने गया और बोलने लगा। धीरे-धीरे मेरा डर कम होने लगा और आख़िरकार मैं इतना आरामदेह हो गया कि मैं इसमें आनंद लेने लगा। इसके बाद तो यह स्थिति आ गई कि मैं भाषण देने के लिए उत्सुक होने लगा। मैंने वह काम किया, जिसे करने से मैं डरता था और डर का मरना तय था।

जब आप सकारात्मक रूप से घोषणा करते हैं कि आप अपने डर पर विजय पाने वाले हैं और अपने चेतन मन में एक निश्चित निर्णय पर पहुँचते

हैं, तो आप अवचेतन की शक्ति को मुक्त कर देते हैं, जो आपके विचार की प्रकृति की प्रतिक्रिया में प्रवाहित होती है।

मंच के डर को दूर भगाना

पहले एक अध्याय में मैंने जेनेट आर. का उदाहरण दिया था। इस युवा ऑपेरा सिंगर का करियर मंच के डर के कारण ख़तरे में पड़ गया था। जब उसे एक ऑपेरा प्रॉडक्शन में प्रमुख भूमिका के ऑडिशन के लिए बुलाया गया, तो उसे अहसास था कि शायद यह सफल होने का उसका आख़िरी मौक़ा था। लेकिन उसका मंच का डर पहले जितना ही प्रबल था। वह जानती थी कि अगर वह इससे नहीं उबर पाई, तो एक बार फिर असफल हो जाएगी।

अपने डर से उबरने के लिए उसने यह तरीक़ा आज़माया। एक कमरे में एकांत में बैठकर उसने अपने शरीर और मन को शिथिल करने की सर्वश्रेष्ठ कोशिश की। उसके अवचेतन मन पर जो डर हावी था, उसके सुझाव का प्रतिरोध करने के लिए उसने धीरे-धीरे, शांति से और भावना से ये शब्द दोहराए, "मैं बहुत बढ़िया गाती हूँ। मैं संतुलित, आत्मविश्वासी और शांत हूँ।"

उसने हर बार ये शब्द पाँच-दस बार दोहराए। एक सप्ताह के अंत तक वह संतुलित और आत्मविश्वास से भरी हुई महसूस करने लगी। समय आने पर उसने बहुत बढ़िया ऑडिशन दिया।

अगर आप यह तकनीक आज़माएँ और इस काम को पूरी ईमानदारी और विश्वास से करें, तो डर की मौत तय है।

असफलता का डर

मेरे पास अक्सर क़रीब की एक यूनिवर्सिटी के विद्यार्थी आते हैं। उनमें से ज़्यादातर की एक ही शिकायत रहती है, जिसे हम परीक्षा में भूलना कहते हैं। वे सभी मुझसे एक ही बात कहते हैं : "परीक्षा से पहले मुझे सब कुछ याद रहता है और परीक्षा के बाद भी सारे जवाब याद आ जाते हैं। लेकिन परीक्षा हॉल में मेरा दिमाग़ बिलकुल ख़ाली हो जाता है!"

हममें से बहुत से लोगों ने ऐसी ही समस्या का सामना किया होगा। इसका स्पष्टीकरण अवचेतन मन के एक प्रमुख नियम में निहित है। वही

विचार साकार होता है, जिस पर हम सबसे ज़्यादा ध्यान केंद्रित करते हैं। इन विद्यार्थियों के साथ बातचीत करते समय मैं पाता हूँ कि उनका ध्यान असफलता के विचार पर सबसे ज़्यादा केंद्रित होता है। परिणामस्वरूप उनका अवचेतन मन असफलता को साकार कर देता है। असफलता का डर अस्थायी भुलक्कड़पन लाकर असफलता उत्पन्न कर देता है।

शीला ए. अपनी क्लास की बहुत प्रतिभाशाली मेडिकल स्टुडेंट थी। लेकिन जब भी वह कोई लिखित या मौखिक परीक्षा देती थी, तो उसके दिमाग़ में आसान सवालों के जवाब भी नहीं आ पाते थे। मैंने उसे इसका कारण समझाया। वह परीक्षा के कई दिन पहले से असफलता की आशंका पर सोच रही थी और चिंता कर रही थी। ये नकारात्मक विचार डर से प्रेरित हो गए।

डर के सशक्त भाव में लिपटे विचार अवचेतन मन में साकार होते हैं। दूसरे शब्दों में, यह लड़की अपने अवचेतन मन से आग्रह कर रही थी कि वह उसे फ़ेल करवा दे और अवचेतन मन ने ठीक यही काम किया। परीक्षा के दिन वह सब कुछ भूल गई।

वह अपने डर से कैसे उबरी

जब शीला ने अपने अवचेतन मन की कार्यविधि का अध्ययन किया, तो उसने सीखा कि यह स्मृतियों का भंडार है। इसके पास हर बात का पूरा रिकॉर्ड है, जो उसने मेडिकल प्रशिक्षण के दौरान सुनी या पढ़ी है। यही नहीं, उसने जाना कि अवचेतन मन प्रतिक्रियाशील और पारस्परिक है। इसके साथ गहरे तालमेल में आने का तरीक़ा शांत, आरामदेह और आत्मविश्वास से पूर्ण बनना है।

हर सुबह और रात को वह यह कल्पना करने लगी कि उसके माता-पिता उसके अद्‌भुत रिकॉर्ड पर उसे बधाई दे रहे हैं। वह उनके एक काल्पनिक पत्र को भी अपने हाथ में महसूस करती थी। जब वह इस सुखद परिणाम पर विचार करने लगी, तो उसे अपने भीतर उसी के अनुरूप प्रतिक्रिया मिली।

इस सतत प्रेरणा में अवचेतन की सर्वज्ञानी और सर्वशक्तिमान शक्ति ने कमान अपने हाथ में ले ली। इसने उसी के अनुसार उसके चेतन मन को निर्देशित किया। उसने अंतिम परिणाम की कल्पना कर ली थी, बस इसे साकार करने के साधन की ज़रूरत थी। इस तकनीक के अनुसरण के बाद

उसे परीक्षाएँ पास करने में कोई दिक़्क़त नहीं हुई। उसके अवचेतन मन की व्यक्तिनिष्ठ बुद्धि ने कमान हाथ में ले ली और उस पर दबाव डाला कि वह उत्कृष्ट प्रदर्शन करे।

पानी का डर

जब मैं दस साल का था, तो अकस्मात एक स्विमिंग पूल में गिर गया। मैंने कभी तैरना नहीं सीखा था। मैंने अपने हाथ हिलाए, लेकिन इससे कोई फ़ायदा नहीं हुआ। मुझे महसूस हुआ कि मैं डूब रहा था। मुझे अब भी वह दहशत याद है, जब स्याह पानी मुझे घेरे हुए था। मैंने साँस लेने के लिए मुँह खोला, लेकिन मुँह में पानी भर गया। आख़िरी पल एक लड़के ने मेरी हालत देख ली। वह पानी में कूदकर मुझे बाहर निकाल लाया। यह अनुभव मेरे अवचेतन मन में उतर गया। परिणाम यह हुआ कि मैं बरसों तक पानी से डरता रहा।

फिर एक दिन मैंने अपना यह अतार्किक डर एक समझदार बुजुर्ग मनोवैज्ञानिक को बताया।

"स्विमिंग पूल में जाओ," उन्होंने मुझसे कहा। "पानी की तरफ़ देखो। यह सिर्फ़ एक रासायनिक यौगिक है, जो हाइड्रोजन के दो परमाणुओं और ऑक्सीजन के एक परमाणु से बना है। इसकी कोई इच्छा नहीं है, कोई जागरूकता नहीं है। लेकिन तुम्हारे पास दोनों हैं।"

मैंने सिर हिलाया और सोचने लगा कि बात आख़िर कहाँ जा रही है।

"एक बार जब तुम यह समझ लेते हो कि पानी मूलतः निष्क्रिय है," उन्होंने आगे कहा, "तो ज़ोर से दृढ़ आवाज़ में कहो, 'मैं तुम पर विजय पाने वाला हूँ। मन की शक्तियों से मैं तुम पर विजय पा लूँगा।' फिर पानी में उतर जाओ। तैरना सीखो। पानी पर विजय पाने के लिए अपनी आंतरिक शक्तियों का प्रयोग करो।"

मैंने ऐसा ही किया। जब मैंने नया मानसिक नज़रिया अपना लिया, तो अवचेतन की सर्वशक्तिमान शक्ति ने प्रतिक्रिया की और मुझे शक्ति, आस्था तथा आत्मविश्वास दिया। इसने मुझे अपने डर से उबरने में समर्थ बनाया और मैंने पानी पर विजय पा ली। आजकल मैं हर सुबह सेहत और आनंद के लिए तैरता हूँ। पानी को अपने पर विजय नहीं पाने दें। याद रखें, आप पानी के मालिक हैं।

किसी भी ख़ास डर से उबरने की अचूक तकनीक

यहाँ डर से उबरने की एक ऐसी तकनीक दी गई है, जो मैंने मंच पर खड़े होकर हज़ारों लोगों को सिखाई है। यह जादू की तरह काम करती है। आज़माकर देख लें!

मान लें, आप तैरने से डरते हैं। पाँच-दस मिनट के लिए दिन में तीन-चार बार स्थिर बैठ जाएँ। ख़ुद को गहरे आराम की अवस्था में ले जाएँ। अब कल्पना करें कि आप तैर रहे हैं। कल्पना में आप तैर रहे हैं। मानसिक रूप से आपने ख़ुद को पानी में डाल लिया है। आप पानी की ठंडक और हाथ-पैरों का हिलना-डुलना महसूस करते हैं। यह सब वास्तविक, चित्रात्मक और मानसिक ख़ुशी की गतिविधि है।

यह निरर्थक दिवास्वप्न नहीं है। आप यह तो समझते हैं कि आप जो भी अपनी कल्पना में अनुभव करते हैं, वह आपके अवचेतन मन में विकसित होगा। इसके बाद आप पर दबाव पड़ेगा कि आपने अपने अधिक गहरे मस्तिष्क पर जो तसवीर छोड़ी है, उसे वास्तविक जीवन में साकार करें। जब आप अगली बार तैरने की कोशिश करेंगे, तो आप यह ख़ुशी महसूस करेंगे। यह अवचेतन का नियम है।

अन्य डरों पर भी आप यही तकनीक लागू कर सकते हैं। अगर आपको ऊँची जगहों से डर लगता है, तो कल्पना करें कि आप पहाड़ों पर टहल रहे हैं। इसकी वास्तविकता को महसूस करें। ताज़ी हवा, पहाड़ी फूलों और रोमांचक छटा का आनंद लें। यह जान लें कि अगर आप मानसिक रूप से इसे करते रहेंगे, तो शारीरिक रूप से आपको कोई मुश्किल नहीं होगी।

उसने लिफ़्ट को दुआएँ दीं

जोनाथन एम. एक बड़े कॉरपोरेशन में एक्ज़ीक्यूटिव है। कई सालों तक वह लिफ़्ट में चढ़ने से बुरी तरह डरता रहा। वह हर सुबह लिफ़्ट से जाने के बजाय सात सीढ़ियाँ चढ़कर अपने ऑफ़िस पहुँचता था। जब उसे ऊँची मंज़िलों पर स्थित दूसरी कंपनियों के लोगों से मिलना होता था, तो वह अक्सर कोई न कोई बहाना बनाकर उनसे अपने ऑफ़िस या रेस्तराँ में मिलता था। शहर से बाहर की बिज़नेस यात्राएँ उसके लिए यातना भरी होती

थीं। उसे पहले से फ़ोन करके यह सुनिश्चित करना होता था कि होटल का उसका कमरा नीचे वाली मंज़िल पर हो और वह सीढ़ियों का उपयोग कर पाए।

यह डर उसके अवचेतन मन की उपज था। शायद यह किसी ऐसे अनुभव की प्रतिक्रिया में होगा, जिसे वह चेतन रूप से काफ़ी लंबे समय से भूल गया था। जब उसने यह सीख लिया, तो उसने इसे बदलने की ठान ली। वह दिन-रात कई बार लिफ़्ट को दुआएँ देने लगा। शांत, आत्मविश्वासी मनोदशा में वह ख़ुद के सामने दोहराता था :

> **हमारी इमारत की लिफ़्ट एक अद्‌भुत विचार है। यह शाश्वत मस्तिष्क से उत्पन्न हुई है। यह हमारे सभी कर्मचारियों के लिए वरदान है। यह अद्‌भुत सेवा करती है। यह दैवी विधान में काम करती है। मैं इसमें शांति और ख़ुशी से यात्रा करता हूँ। मैं अब शांत बैठा हूँ, जबकि जीवन, प्रेम और समझ के प्रवाह मेरे विचार तंत्र में प्रवाहित हो रहे हैं।**
>
> **अपनी कल्पना में मैं इस समय लिफ़्ट में हूँ और अपने ऑफ़िस के बाहर क़दम रख रहा हूँ। लिफ़्ट हमारे कर्मचारियों से भरी है। मैं उनसे बात करता हूँ और वे दोस्ताना, ख़ुश तथा आज़ाद हैं। यह स्वतंत्रता, आस्था और विश्वास का अद्‌भुत अनुभव है। मैं धन्यवाद देता हूँ।**

वह दस दिनों तक यह प्रार्थना करता रहा। ग्यारहवें दिन वह कंपनी के बाक़ी लोगों के साथ लिफ़्ट में चढ़ा और उसने ख़ुद को पूरी तरह स्वतंत्र महसूस किया।

सामान्य और असामान्य डर

नवजात शिशु को सिर्फ़ दो मूलभूत डर होते हैं, गिरने का डर और अचानक तेज़ शोर का डर। ये डर पूरी तरह सामान्य हैं। वे एक तरह से अलार्म की तरह काम करते हैं, जो आपको प्रकृति ने आत्मरक्षा के साधन के रूप में दिए हैं।

सामान्य डर अच्छा है। आप सड़क पर अपनी ओर आती कार की आवाज़ सुनते हैं और बचने के लिए एक तरफ़ हट जाते हैं। टक्कर का डर आपके कर्म द्वारा टल जाता है।

बाक़ी सभी डर असामान्य होते हैं। वे ख़ास अनुभवों से पैदा होते हैं या फिर माता-पिता, रिश्तेदारों, शिक्षकों या अन्य लोगों से आपके पास आते हैं, जिन्होंने आपको शुरुआती वर्षों में प्रभावित किया है।

सामान्य डर

असामान्य डर तब उत्पन्न होता है, जब लोग अपनी कल्पना को बेक़ाबू होने देते हैं। मैं एक महिला को जानता हूँ, जिसे हवाई जहाज़ से दुनिया की सैर पर जाने का पुरस्कार मिला। वह अख़बारों से हवाई जहाज़ दुर्घटनाओं की सारी ख़बरें इकट्ठी करने लगी। उसने दुनिया की भीषण विमान दुर्घटनाओं के वीडियोटेप का ऑर्डर भी दे दिया। उसने कल्पना की कि वह हवाई जहाज़ से गिरकर समुद्र में डूब रही है। यह असामान्य डर था। अगर वह ऐसा ही सोचती रहती, तो इस बात की प्रबल संभावना है कि उसके साथ वही हो जाता, जिसका उसे सबसे ज़्यादा डर था।

असामान्य डर के शिकार एक और व्यक्ति का उदाहरण न्यू यॉर्क का एक बिज़नेसमैन है, जो बहुत सफल और समृद्ध था। उसने अपनी मानसिक फ़िल्म तैयार की, जिसमें उसकी कंपनी दिवालिया हो गई और उसने अपना सब कुछ गँवा दिया। वह असफलता की अपनी इस मानसिक फ़िल्म को जितना ज़्यादा देखता था, उतने ही गहरे अवसाद में डूब जाता था। उसने यह भयंकर तसवीर देखना नहीं छोड़ा। वह अपनी पत्नी से कहता रहता था, "यह चल नहीं सकता," "यह प्रगति किसी भी दिन ख़त्म हो जाएगी," "यह सब निराशाजनक है, हम दिवालिया होने वाले हैं।"

उसकी पत्नी ने बाद में मुझे बताया कि अंत में वह सचमुच ही दिवालिया हो गया। जिन चीज़ों की उसने कल्पना की थी और जिनसे वह डर रहा था, वे सचमुच हक़ीक़त में बदल गईं। जिन चीज़ों से वह डर रहा था, वे अस्तित्त्व में नहीं थीं, लेकिन उसने लगातार डरकर, विश्वास करके और वित्तीय तबाही की आशंका करके उन्हें साकार कर दिया। जैसा जॉब ने कहा था, *जिस चीज़ का मुझे बहुत डर था, वह हो गई है।*

दुनिया ऐसे लोगों से भरी है, जो इस बात से डरते हैं कि उनके बच्चों के साथ कोई भयंकर घटना हो जाएगी या उनके साथ कोई भयंकर तबाही हो जाएगी। जब वे किसी दुर्लभ महामारी फैलने के बारे में पढ़ते हैं, तो डर जाते हैं कि कहीं यह उन्हें नहीं हो जाए। कुछ तो कल्पना करते हैं कि यह

रोग उन्हें पहले से ही है। यह सब असामान्य डर है।

असामान्य डर का जवाब

अगर आप असामान्य डर से ग्रस्त हों, तो आपको मानसिक रूप से विपरीत छोर पर चले जाना चाहिए। अगर आप डर की अति पर बने रहते हैं, तो आप ठहराव के शिकार रहेंगे। साथ ही मानसिक और शारीरिक क्षरण भी होगा। जब डर जागता है, तो अवचेतन मन का एक मूलभूत नियम तत्काल डर के विपरीत किसी चीज़ की इच्छा ले आता है।

अपना ध्यान तत्काल चाही गई वस्तु पर केंद्रित करें। अपनी इच्छा में डूब जाएँ। जान लें कि अवचेतन जगत हमेशा चेतन जगत को बदल देता है। यह नज़रिया आपको आत्मविश्वास देगा और आपका मनोबल बढ़ाएगा। आपके अवचेतन मन की असीमित शक्ति आपके पक्ष में है। यह असफल नहीं हो सकती। इससे आपको शांति और आत्मविश्वास की प्राप्ति होगी।

अपने डरों की जाँच करें

एक बड़े मल्टीनेशनल कॉरपोरेशन के सेल्स प्रमुख ने मुझे बताया कि जब उसने पहलेपहल सेल्समैन के रूप में काम करना शुरू किया था, तो वह इमारत के पाँच-छह चक्कर लगाता था, तब कहीं जाकर उसमें ग्राहक के घर की घंटी बजाने की हिम्मत आ पाती थी।

उसकी सुपरवाइज़र बहुत अनुभवी और समझदार थी। एक दिन उसने सेल्समैन से कहा, "दरवाज़े के पीछे छिपे राक्षस से मत डरो। ऐसा कोई राक्षस नहीं है। तुम एक झूठे विश्वास के शिकार हो।"

सुपरवाइज़र ने उसे आगे बताया कि डर का आभास होने पर वह डटकर खड़ी हो जाती थी। वह सीधे डर की आँखों में आँखें डालकर देखती थी। जब वह ऐसा करती थी, तो हमेशा पाती थी कि उसका डर ग़ायब और उड़नछू हो गया।

वह जंगल में पहुँच गया

अमेरिकी सेना के एक पूर्व पादरी जॉन एन. ने मुझे बताया कि द्वितीय विश्वयुद्ध के दौरान वे जिस जहाज़ पर थे, वह एक एंटी-एयरक्राफ़्ट मशीनगन की गोलाबारी से तबाह हो गया। उन्हें जंगल से ढँके न्यू गिनी के पहाड़ों

में उतरना पड़ा। ज़ाहिर है वे डरे हुए थे, लेकिन वे जानते थे कि डर दो तरह का होता है, सामान्य और असामान्य। वे जानते थे कि उस वक़्त जो असामान्य डर उन पर हावी होने की कोशिश कर रहा था, वह दहशत का निकट संबंधी था।

उन्होंने अपने डर के बारे में तत्काल कुछ करने का फ़ैसला किया। वे ख़ुद से बोलने लगे, "जॉन, तुम अपने डर के सामने घुटने नहीं टेक सकते। तुम्हारा डर सुरक्षा की इच्छा है, बाहर निकलने का रास्ता है।"

वे एक छोटी ख़ाली जगह के बीच में खड़े हुए और उन्होंने अपनी साँस को सामान्य किया। इससे दहशत के लक्षण कम हो गए। जैसे ही वे अधिक आरामदेह महसूस करने लगे, वे यह सकारात्मक दावा करने लगे, "जो असीम बुद्धिमत्ता ग्रहों को उनकी कक्षा में मार्गदर्शन देती है, वही अब मुझे इस जंगल से बाहर निकलने की राह दिखाकर सुरक्षा की ओर ले जा रही है।" वे दस मिनट तक ऐसा ज़ोर-ज़ोर से कहते रहे।

जॉन ने मुझे बताया, "अचानक मुझे अपने भीतर कोई चीज़ हिलती महसूस हुई। यह आत्मविश्वास और आस्था की हिलोर थी। मैं ख़ाली जगह के एक हिस्से की तरफ़ आकर्षित हुआ। वहाँ मुझे एक धुँधली सी पगडंडी दिखी और मैं उस पर चलने लगा। दो दिन बाद चमत्कारिक रूप से मैं एक छोटे गाँव में पहुँच गया, जहाँ के लोग बहुत दोस्ताना थे। उन्होंने मुझे खाने को दिया, फिर जंगल के किनारे तक ले गए, जहाँ एक बचाव हवाई जहाज़ ने मुझे बचा लिया।"

जॉन के बदले हुए मानसिक नज़रिए ने उन्हें बचा लिया। अपने भीतर की अवचेतन बुद्धि और शक्ति में उनके विश्वास ने उन्हें समस्या का समाधान दिया।

उन्होंने आगे कहा, "अगर मैं अपनी क़िस्मत पर आँसू बहाता और अपने डरों का शिकार होता, तो डर का राक्षस मुझसे जीत जाता। शायद मैं डर के कारण भूखा ही मर गया होता।"

उन्होंने ख़ुद को नौकरी से निकलवा लिया

रैफ़ेल एस. एक बड़े फ़ाउंडेशन में एक्ज़ीक्यूटिव थे। उन्होंने मेरे सामने स्वीकार किया कि तीन साल से वे इस दहशत में थे कि उनकी नौकरी छूट जाएगी। वे हमेशा असफलता की कल्पना करते रहते थे। वे उम्मीद करते थे कि उनके

अधीनस्थों को तरक़्क़ी देकर उनके ऊपर कर दिया जाएगा। जिस चीज़ की वे कल्पना करते थे, वह अस्तित्त्व में नहीं थी। यह तो उनके दिमाग़ का एक बुरा तनावपूर्ण विचार था। उनकी तीक्ष्ण कल्पना ने उनकी नौकरी छूटने का भी नाटकीयकरण कर दिया, जिससे वे ज़्यादा घबरा गए और ग़लतियाँ करने लगे। आख़िरकार कंपनी ने उनसे इस्तीफ़ा माँग लिया।

वास्तव में रैफ़ेल ने ख़ुद को नौकरी से निकलवाया था। उनकी सतत नकारात्मक कल्पना और अवचेतन मन को भेजे गए डर के सुझावों पर अवचेतन मन ने प्रतिक्रिया की। इससे वे ग़लतियाँ करने लगे और मूर्खतापूर्ण निर्णय लेने लगे। इससे उनकी असफलता तय हो गई। हो सकता है, अगर वे अपने मन में तत्काल विपरीत चीज़ की कल्पना कर लेते, तो उन्हें नौकरी से नहीं निकाला जाता।

उन्होंने उसके ख़िलाफ़ षड्यंत्र रचा

विश्व-भ्रमण के दौरान मेरी एक देश के शीर्ष सरकारी अधिकारी से दो घंटे तक बातचीत हुई। मैंने पाया कि इस आदमी में आंतरिक शांति का गहरा अहसास था। उसने कहा कि हालाँकि विपक्षी दलों का समर्थन करने वाले अख़बारों में उसकी लगातार आलोचना होती है, लेकिन वह इससे कभी विचलित नहीं होता है। उसकी आदत है कि वह सुबह पंद्रह मिनट तक स्थिर बैठता है और यह अहसास करता है कि उसके भीतर शांति का एक गहरा महासागर है। इस तरह से साधना करके वह अपने भीतर ज़बर्दस्त शक्ति पैदा करता है, जो सभी तरह की मुश्किलों और डरों पर विजय पा लेती है।

कुछ महीने पहले आधी रात को एक दहशतज़दा सहकर्मी ने उसे फ़ोन करके बताया कि कुछ लोग उसके ख़िलाफ़ साज़िश कर रहे थे। वे देश की सेना के असंतुष्ट तत्त्वों की मदद से तख़्ता पलटना चाहते थे।

जवाब में इस अधिकारी ने अपने सहयोगी से कहा, "मैं इस समय पूरी शांति से सोने जा रहा हूँ। हम इस बारे में कल सुबह 10 बजे बातचीत कर सकते हैं।"

जैसा उसने मुझे बताया, "मैं जानता हूँ कि कोई भी नकारात्मक विचार तब तक प्रकट नहीं हो सकता, जब तक कि मैं उस विचार को भावनात्मकता से नहीं लूँ और मानसिक रूप से स्वीकार नहीं कर लूँ। मैं डर के उनके

सुझाव को मन में रखने से इनकार करता हूँ। इसलिए मुझे तब तक कोई नुक़सान नहीं हो सकता, जब तक कि मैं इसे अनुमति नहीं दूँ।"

ध्यान दें कि वह कितना शांत था, कितना ठंडा, कितना अविचलित! वह ज़्यादा परेशान नहीं हुआ और अपने बाल नहीं नोचने लगा या हाथ नहीं मलने लगा। उसके केंद्र में शांति का महासागर था। यह आंतरिक शांति बहुत गहरी थी।

खुद को सभी डरों से मुक्त करें

बाइबल में डर दूर करने का एक आदर्श फ़ॉर्मूला है :

> मैंने ईश्वर को चाहा और उन्होंने मेरी बात सुनी तथा सभी डरों से मुक्ति दे दी।
>
> *भजन 34:4*

ईश्वर (*Lord*) एक प्राचीन शब्द है, जिसका अर्थ है क़ानून - आपके अवचेतन मन की शक्ति।

अपने अवचेतन मन के आश्चर्यों को जानें। समझें कि यह कैसे काम करता है। इस अध्याय में बताई गई तकनीकों में निपुण बनें। आज, इसी समय से उनका अभ्यास करें! आपका अवचेतन प्रतिक्रिया करेगा और आप हर डर से मुक्त हो जाएँगे। *मैंने ईश्वर को चाहा और उन्होंने मेरी बात सुनी तथा सभी डरों से मुक्ति दे दी।*

डर से मुक्ति पाने का तरीक़ा

1. वह काम करें, जिसे करने से आप डरते हों। ऐसा करने पर डर की मौत तय है। अगर आप ख़ुद से पूरे विश्वास और आस्था से कहते हैं, "मैं इस डर को हराने वाला हूँ," तो आप हरा देंगे।
2. डर आपके मस्तिष्क का नकारात्मक विचार है। इसकी जगह पर सृजनात्मक विचार रख लें। डर ने लाखों लोगों को मारा है। विश्वास डर से ज़्यादा बड़ा है। ईश्वर और अच्छाई में आस्था से ज़्यादा सशक्त चीज़ कोई नहीं है।
3. डर इंसान का सबसे बड़ा दुश्मन है। यह असफलता, बीमारी और

ख़राब मानवीय संबंधों के पीछे है। प्रेम डर को बाहर निकालता है। प्रेम जीवन की अच्छी चीज़ों के प्रति भावनात्मक अनुराग है। ईमानदारी, सत्यनिष्ठा, न्याय, सद्भावना और सफलता से प्रेम करें। सर्वश्रेष्ठ की सुखद उम्मीद में जिएँ और आपको हमेशा सर्वश्रेष्ठ ही मिलेगा।

4. डर के सुझावों का प्रतिकार उनकी विपरीत चीज़ों से करें, जैसे "मैं बहुत बढ़िया गाती हूँ; मैं संतुलित और शांत हूँ।" इससे आपको बहुत लाभ होगा।

5. डर उस भुलक्कड़पन के पीछे है, जो परीक्षाओं के दौरान आप पर प्रहार करता है। आप अक्सर यह घोषणा करके इससे उबर सकते हैं, "मुझे हर उस चीज़ की आदर्श याद है, जिसे जानने की मुझे ज़रूरत है।" कल्पना करें कि कोई मित्र परीक्षा में आपकी बेहतरीन सफलता पर बधाई दे रहा है। जुटे रहें और आप जीत जाएँगे।

6. अगर आप पानी में उतरने से डरते हैं, तो तैरें। अपनी कल्पना में स्वतंत्रता और ख़ुशी से तैरें। ख़ुद को मानसिक रूप से पानी में उतारें। तालाब के पार तैरने की ठंडक और रोमांच को महसूस करें। इसकी स्पष्ट तसवीर बना लें। जब आप यह काम विश्वास के साथ करते हैं, तो आप पानी में जाने और इसे जीतने के लिए मजबूर हो जाते हैं। यह आपके मस्तिष्क का नियम है।

7. अगर आपको बंद जगहों जैसे लिफ़्ट से डर लगता हो, तो मानसिक रूप से लिफ़्ट की सवारी करें और इसके सभी हिस्सों तथा कार्यों की ईमानदारी से प्रशंसा करें। आप यह देखकर हैरान रह जाएँगे कि आपका डर कितनी जल्दी दूर हो जाता है।

8. आप सिर्फ़ दो डरों के साथ पैदा हुए हैं, गिरने का डर और शोर का डर। बाक़ी सभी डर बाद में हासिल किए गए हैं। उनसे मुक्ति पाएँ।

9. सामान्य डर अच्छा है। असामान्य डर बहुत बुरा और विध्वंसात्मक है। डर के विचार लगातार सोचने से असामान्य डर, मनोविकार और ग्रंथियाँ विकसित होती हैं। किसी चीज़ से लगातार डरने से दहशत और आतंक का अहसास उत्पन्न हो जाता है।

10. आप असामान्य डर को जीत सकते हैं, जब आप जान जाते हैं कि आपके अवचेतन मन की शक्ति परिस्थितियों को बदल सकती है और आपके दिल की प्रबल इच्छाओं को साकार कर सकती है। अपनी इच्छा पर तत्काल ध्यान दें और इसके प्रति निष्ठावान रहें, जो आपके डर के विपरीत है। यही वह प्रेम है, जो डर को दूर भगाता है।
11. अगर आप असफलता से डरते हों, तो सफलता की ओर ध्यान दें। अगर आप बीमारी से डरते हों, तो संपूर्ण स्वास्थ्य पर ध्यान दें। अगर आप दुर्घटना से डरते हों, तो ईश्वर के मार्गदर्शन और संरक्षण पर ध्यान दें। अगर आप मौत से डरते हों, तो शाश्वत जीवन के बारे में सोचें। ईश्वर जीवन है और यही अब आपका जीवन है।
12. प्रतिस्थापन का महान नियम डर का जवाब है। आप जिस भी चीज़ से डरते हैं, उसका समाधान आपकी इच्छा के रूप में है। अगर आप बीमार हैं, तो आप सेहत की इच्छा करते हैं। अगर आप डर की क़ैद में हैं, तो आप स्वतंत्रता की इच्छा करते हैं। अच्छे की आशा करें। मानसिक रूप से अच्छाई पर ध्यान केंद्रित करें और जान लें कि आपका अवचेतन मन आपको हमेशा जवाब देता है। यह कभी चूकता नहीं है।
13. जिन चीज़ों से आप डरते हैं, उनका आपके मस्तिष्क के विचारों के अलावा कहीं अस्तित्त्व ही नहीं होता है। विचार रचनात्मक होते हैं। इसीलिए जॉब ने कहा था, 'जिस चीज़ का मुझे बहुत डर था, वह हो गई है।' अच्छा सोचेंगे, तो अच्छा मिलेगा।
14. अपने डरों को देखें। उन्हें तर्क की रोशनी में देखें। अपने डरों पर हँसना सीखें। यह सबसे अच्छी दवा है। आपके अपने विचार के सिवाय कोई भी चीज़ आपको विचलित नहीं कर सकती। दूसरे व्यक्तियों के सुझावों, कथनों या धमकियों में कोई शक्ति नहीं है। शक्ति आपके भीतर है और अगर आपके विचार भलाई पर केंद्रित हैं, तो ईश्वर की शक्ति आपके भलाई के विचारों के साथ है।
15. सिर्फ़ एक ही रचनात्मक शक्ति है और यह सद्भाव के रूप में चलती है। इसमें कोई विभाजन या संघर्ष नहीं है। इसका स्रोत प्रेम है। इसीलिए ईश्वर की शक्ति अच्छाई के आपके विचारों के साथ है।

20 मन से हमेशा युवा कैसे रहा जाए

आपका अवचेतन मन कभी बूढ़ा नहीं होता है। यह अजर, अमर और अनंत है। यह ईश्वर के शाश्वत मस्तिष्क का अंश है, जो ना कभी पैदा हुआ है, ना ही कभी मरेगा।

थकान या बुढ़ापे का आपकी आध्यात्मिक गुणवत्ता या शक्ति पर कोई प्रभाव नहीं पड़ता है। धैर्य, दयालुता, सत्य, विनम्रता, सद्भावना, शांति, सामंजस्य और भ्रातृत्व प्रेम ऐसे गुण हैं, जो कभी बूढ़े नहीं होते हैं। अगर आप इन गुणों को अपने जीवन में लगातार फलने-फूलने देते हैं, तो आप हमेशा मन से युवा बने रहते हैं।

सिर्फ़ उम्र या वर्ष ही विकार के ज़िम्मेदार नहीं होते हैं। यह समय नहीं, बल्कि समय का डर है, जो हमारे दिलोदिमाग़ पर बुढ़ापे के हानिकारक प्रभाव डालता है। दरअसल समय के प्रभाव के न्यूरोटिक डर ही असमय बुढ़ापे का कारण होते हैं।

इतने सालों की सार्वजनिक सक्रियता में मुझे मशहूर व्यक्तियों की जीवनी पढ़ने का अवसर मिला, जिन्होंने अपनी उत्पादक गतिविधियाँ जीवन की सामान्य अवधि से ज़्यादा सालों तक जारी रखी थीं। उनमें से कुछ ने तो अपनी महानता बुढ़ापे में हासिल की थी। यह मेरा सौभाग्य रहा है कि मैं ऐसे असंख्य व्यक्तियों से मिल चुका हूँ और उन्हें जानता हूँ, जो किसी ख़ास मुक़ाम पर तो नहीं पहुँचे, लेकिन अपने विनम्र अंदाज़ में उन्होंने यह साबित कर दिखाया है कि बुढ़ापा मस्तिष्क और शरीर की रचनात्मक शक्तियों को नष्ट नहीं करता है।

वह अपने विचारों में बूढ़ा हो गया था

कुछ साल पहले मैं लंदन में एक पुराने दोस्त से मिला। वह उसी समय अस्सी साल का हुआ था। कई लोगों के लिए यह ख़ुशी मनाने का अवसर होता, लेकिन दुर्भाग्य से उसके लिए ऐसा नहीं था। उसे देखकर मुझे गहरा सदमा लगा। वह कमज़ोर दिख रहा था, बीमार भी, हालाँकि उसने स्वीकार किया कि उसके डॉक्टर को कोई ख़ास बीमारी नज़र नहीं आई थी।

"डॉक्टर मूर्ख होते हैं," उसने झल्लाकर कहा। "मैं बहुत अच्छी तरह जानता हूँ कि मेरी बीमारी क्या है। ज़िंदगी ख़ुद रोग बन चुकी है!"

मैंने उससे पूछा कि उसका क्या मतलब है।

उसने चिल्लाकर कहा, "कोई भी मुझे नहीं चाहता है। किसी को भी मेरी ज़रूरत नहीं है। और उन्हें क्यों हो? मैं किसी के लिए किसी काम का नहीं हूँ। हम पैदा होते हैं, बड़े होते हैं, बूढ़े होते हैं और मर जाते हैं। बस कहानी ख़त्म हो जाती है।"

मैंने देख लिया कि एक तरह से उसने अपनी बीमारी सही समझी थी। वह बीमार था, ज़िंदगी के कारण नहीं, बल्कि ज़िंदगी को देखने के तरीक़े के कारण निरर्थकता और महत्त्वहीनता के मानसिक नज़रिए के कारण। वह बीमार था। वह सिर्फ़ बुढ़ापे को देख रहा था और उसके बाद - कुछ नहीं। दरअसल वह अपने विचारों में बूढ़ा हो गया था और उसके अवचेतन मन ने हर उस चीज़ को साकार कर दिया, जिसकी वह आशंका कर रहा था और डर रहा था।

बुढ़ापा बुद्धि का उदय है

दुर्भाग्य से कई लोग इस दुखी व्यक्ति जैसा नज़रिया विकसित कर लेते हैं। उन्हें उस चीज़ से डर होता है, जिसे वे "बुढ़ापा," अंत और समाप्ति कहते हैं। दरअसल इसका यह मतलब है कि वे जीवन से डर रहे हैं। लेकिन जीवन अनंत है। बुढ़ापा बरसों की उड़ान नहीं, बल्कि बुद्धि का उदय है।

बुद्धि आपके अवचेतन मन में निहित ज़बर्दस्त आध्यात्मिक शक्तियों की जागरूकता है और यह ज्ञान है कि पूर्ण व सुखी जीवन जीने के लिए इन शक्तियों का इस्तेमाल कैसे किया जाए। अपने दिमाग़ से यह बात हमेशा के लिए निकाल दें कि पैंसठ, पचहत्तर या पिच्यासी साल की उम्र आपके या किसी और के लिए

अंत का दूसरा नाम है। यह यशस्वी, लाभकारी, सक्रिय और सबसे उपयोगी जीवन-तंत्र की शुरुआत हो सकती है, शायद पहले से भी ज़्यादा अच्छी। इस पर यक़ीन करें, इसकी उम्मीद करें और आपका अवचेतन इसे साकार कर देगा।

परिवर्तन का स्वागत करें

बुढ़ापा कोई दुखद घटना नहीं है। हम जिसे बुढ़ापे की प्रक्रिया कहते हैं, वह दरअसल परिवर्तन है। इसका ख़ुशी से स्वागत किया जाना चाहिए। मानव जीवन का हर पहलू उस राह पर आगे की तरफ़ एक क़दम है, जिसका कोई अंत नहीं है। हमारे पास ऐसी वृहद शक्तियाँ हैं, जो हमारी शारीरिक शक्तियों की सीमाओं के पार जाती हैं। हमारे पास अद्‌भुत इंद्रियाँ हैं, जो हमारी पाँच शारीरिक इंद्रियों की सीमाओं के पार जाती हैं।

जीवन आध्यात्मिक और शाश्वत है। हमें कभी बूढ़े होने की ज़रूरत नहीं है, क्योंकि जीवन या ईश्वर कभी बूढ़ा नहीं हो सकता। धार्मिक ग्रंथों में कहा गया है कि ईश्वर ही जीवन है। जीवन नित नया होने वाला, शाश्वत तथा अविनाशी है और यह सभी लोगों के बारे में सच है।

जीवन है

एक महिला ने एक बार विद्युत के जादूगर थॉमस एडिसन से पूछा था, "मि. एडिसन, बिजली क्या है?"

उन्होंने जवाब दिया, "मैडम, बिजली है। इसका इस्तेमाल करें।"

बिजली वह नाम है, जो हम एक अदृश्य शक्ति को देते हैं, जिसे हम पूरी तरह नहीं समझते हैं। बहरहाल, हम विद्युत के सिद्धांतों और इसके प्रयोगों के बारे में जितना सीख सकते हैं, सीखते हैं। हम असंख्य तरीक़ों से इसका इस्तेमाल करते हैं।

वैज्ञानिक अपनी आँखों से इलेक्ट्रॉन को नहीं देख सकते, फिर भी वे इसे वैज्ञानिक तथ्य के रूप में स्वीकार करते हैं, क्योंकि यह अन्य प्रयोगात्मक प्रमाणों के साथ मेल खाने वाला एकमात्र वैध निष्कर्ष है। हम जीवन को नहीं देख सकते। बहरहाल, हम जानते हैं कि हम ज़िंदा हैं। जीवन है, और हम यहाँ इसे इसकी पूरी सुंदरता और महिमा में व्यक्त करने के लिए आए हैं।

मस्तिष्क और आत्मा कभी बूढ़े नहीं होते हैं

बाइबल कहती है,

> और यह शाश्वत जीवन है, ताकि वे तुम्हें इकलौते सच्चे ईश्वर के रूप में जान सकें।
>
> *जॉन 17:3*

जो भी सोचता है या मानता है कि जन्म, किशोरावस्था, जवानी, परिपक्वता और बुढ़ापे का धरती का चक्र ही जीवन है, वह वास्तव में दया का पात्र है। इस तरह के व्यक्ति का कोई पड़ाव नहीं है, कोई आशा नहीं है, कोई सपना नहीं है। इस तरह के व्यक्ति के लिए जीवन का कोई अर्थ नहीं है।

इस तरह का विश्वास कुंठा, ठहराव, दोषदर्शिता और एक तरह की निराशा लाता है, जो न्यूरोसिस और सभी तरह के मानसिक विकारों की ओर ले जाते हैं। क्या होगा, जब आप टेनिस का तेज़ मैच नहीं खेल पाएँगे या अपने बच्चों जितना तेज़ नहीं तैर पाएँगे? क्या होगा, जब आपका शरीर धीमा हो जाएगा या आप धीमी चाल चलेंगे? याद रखें, जीवन नित नया चोला बदलता है। जिसे लोग मौत कहते हैं, वह जीवन के एक अन्य आयाम में एक नए शहर की यात्रा करने जैसा है।

मैं अपना भाषण सुनने आने वाले लोगों को समझाता हूँ कि उन्हें बुढ़ापे को कृतज्ञता से स्वीकार करना चाहिए। उम्र की अपनी महिमा, सुंदरता और नियामत होती है। शांति, प्रेम, ख़ुशी, सुंदरता, ज्ञान, सद्‌भावना और समझ वे गुण हैं, जो कभी बूढ़े नहीं होते हैं या मरते नहीं हैं।

कवि और दार्शनिक राल्फ़ वाल्डो एमर्सन ने कहा था, “हम तब तक किसी इंसान के साल नहीं गिनते हैं, जब तक कि उसके पास गिनने को और कुछ नहीं बचा हो।”

आपका चरित्र, आपके मस्तिष्क की गुणवत्ता, आपकी आस्था और आपके विश्वास नश्वर नहीं हैं।

आप उतने ही युवा हैं, जितना ख़ुद को मानते हैं

मैं हर कुछ सालों में लंदन के कैक्सटन हॉल में भाषण देता हूँ। ऐसे ही एक भाषण के बाद एक सर्जन मुझसे मिलने आया।

उसने मुझसे कहा, "मेरी उम्र चौरासी साल है। मैं हर सुबह ऑपरेशन करता हूँ, दोपहर में मरीज़ों को देखने जाता हूँ और शाम को मेडिकल व वैज्ञानिक जर्नल्स के लिए लेख लिखता हूँ।"

उसका नज़रिया यह था कि वह उतना ही उपयोगी है, जितना वह ख़ुद को मानता है और उतना ही युवा है, जितने उसके विचार हैं। उसने मुझसे कहा, "आपने अभी-अभी जो कहा है, वह बिलकुल सही है। व्यक्ति उतना ही सशक्त होता है, जितना वह ख़ुद को मानता है और उतना ही मूल्यवान होता है, जितना वह ख़ुद को समझता है।"

इस सर्जन ने बुढ़ापे के सामने घुटने नहीं टेके। वह जानता था कि वह अमर है। उसकी आख़िरी टिप्पणी यह थी, "अगर मैं कल मर जाऊँ, तो मैं अगले रूप में भी लोगों का इलाज करूँगा, शायद सर्जन के औज़ारों से नहीं, बल्कि मानसिक और आध्यात्मिक सर्जरी से।"

आपके सफ़ेद बाल संपत्ति हैं

कभी भी यह सोचकर किसी अवसर से मुँह नहीं मोड़ें, "मेरी उम्र इतनी ज़्यादा है कि इसका लाभ नहीं ले सकता।" इस सोच का नतीजा ठहराव और मानसिक मृत्यु है। अगर आप विश्वास कर लेते हैं कि आप ख़त्म हो चुके हैं, तो आपका अवचेतन मन उस विश्वास को स्वीकार कर लेगा और उसे हक़ीक़त में बदल देगा। कुछ लोग तीस साल की उम्र में ही बूढ़े हो जाते हैं, जबकि कुछ अस्सी साल में भी युवा रहते हैं। मस्तिष्क ही सबसे बड़ा बुनकर, आर्किटेक्ट, डिज़ाइनर और मूर्तिकार है। नाटककार जॉर्ज बर्नार्ड शॉ नब्बे साल की उम्र में भी सक्रिय थे और उनके मस्तिष्क की कलात्मक गुणवत्ता कभी शिथिल नहीं हुई।

मैं ऐसे पुरुषों और महिलाओं से मिलता हूँ, जो बताते हैं कि कई नियोक्ता यह सुनकर ही उन्हें नौकरी पर नहीं रखते हैं कि उनकी उम्र चालीस से ज़्यादा है। कंपनी के मालिकों का यह नज़रिया भावहीन, निष्ठुर और करुणा तथा समझ से विहीन है।

किसने यह कहा है कि पैंतीस साल से कम उम्र वाला ही बुद्धिमान होता है? इसके पीछे का तर्क खोखला और अर्थहीन है। अगर कंपनी का मालिक सोचे, तो उसे यह अहसास होगा कि वह व्यक्ति अपनी उम्र या सफ़ेद बाल नहीं बेच रहा है। इसके बजाय, वह अपने गुण, अनुभव

और बुद्धिमत्ता देना चाहता है, जो उसने जीवन के बाज़ार में बरसों के अनुभव से इकट्ठी की है।

उम्र एक संपत्ति है

आपकी उम्र किसी भी संगठन के लिए स्पष्ट रूप से संपत्ति होनी चाहिए, क्योंकि आपने इतने बरसों तक स्वर्णिम नियम के सिद्धांतों और प्रेम तथा सद्भाव के नियम का अभ्यास किया है। आपके सफ़ेद बाल, अगर आपके बाल बचे हों, तो अधिक बुद्धिमानी, योग्यता और समझ दर्शाते हैं। आपकी भावनात्मक और आध्यात्मिक परिपक्वता किसी भी संस्थान के लिए बहुत बड़ा वरदान होना चाहिए।

लोगों को पैंसठ या किसी भी उम्र में हाशिए पर नहीं करना चाहिए। जीवन के इस मुक़ाम पर वे कर्मचारियों की समस्याएँ सुलझाने, भविष्य की योजनाएँ बनाने, निर्णय लेने और रचनात्मक विचारों के क्षेत्र में दूसरों का मार्गदर्शन करने में सबसे उपयोगी साबित हो सकते हैं, क्योंकि बिज़नेस की प्रकृति के बारे में उनका ज्ञान और अनुभव बहुत ज़्यादा है।

अपनी उम्र के बनें

"इस बिज़नेस से मेरा मन भर गया!" हॉलीवुड के एक पटकथा लेखक ने मुझसे कहा। "मैंने बरसों तक आला दर्जे का काम किया। मैं अपनी कला को बाक़ी किसी से भी अच्छी तरह जानता हूँ। मैंने दुनिया भर के फ़िल्म समारोहों में पुरस्कार जीते हैं।"

हैरान होकर मैंने पूछा, "फिर क्या गड़बड़ हो गई?"

उसने अपने हाथ उछाले। "मैं पिछले दिनों एक कहानी सम्मेलन में गया था। वहाँ तीस साल का स्टूडियो एक्ज़ीक्यूटिव मुझसे बोला कि मैं आज के दर्शकों के साथ तालमेल नहीं बैठा सकता। जब मैंने तर्क देने की कोशिश की, तो उसने मुझे बताया कि उसे ऐसी कोई पटकथा नहीं चाहिए, जो बारह से अठारह साल के लड़कों के दिमाग़ और रुचि के अनुरूप नहीं हो! मैं उठकर बाहर चला आया।"

यह दुखद स्थिति है। अगर इस तरह का मानसिक खुराक दी जाए, तो बहुसंख्यक लोग भावनात्मक और आध्यात्मिक परिपक्वता की कैसे उम्मीद कर सकते हैं? वे अपने भीतर छिपी व्यक्तिगत विकास की संभावना को नहीं

देख पाते हैं। उन्हें बताया जाता है कि उन्हें युवावस्था को महिमामंडित करना चाहिए, भले ही युवावस्था का अर्थ वास्तव में अनुभवहीनता, ज्ञान की कमी और जल्दबाज़ी भरे निर्णय हों।

मैं उनमें से सर्वश्रेष्ठ की बराबरी कर सकता हूँ

मैं साठ साल से अधिक के ऐसे दर्जनों लोगों को जानता हूँ, जो युवा बने रहने के पागलपन भरे अभियान में समय बर्बाद करते हैं। वे फ़ैशनेबल दवाएँ लेते हैं, फ़ैशनेबल डाइटिंग करते हैं और अपने पैसे को साधारण एक्सरसाइज़ मशीनों पर बर्बाद करते हैं, जिनका गुणगान टीवी पर किया जाता है। ज़्यादा पैसे वाले लोग स्पा ट्रीटमेंट लेते हैं, लिपोसक्शन और कॉस्मेटिक सर्जरी करवाते हैं। वे निरर्थक अंदाज़ में लगातार चिल्लाते रहते हैं "देखो, मैं उनमें से सर्वश्रेष्ठ की बराबरी कर सकता हूँ!"

इन लोगों को एक महान सच्चाई याद रखनी चाहिए :
इंसान अपने दिल में जैसा सोचता है, वैसा ही वह होता है।

प्रोवर्ब 23:7

डाइटिंग, मल्टीविटामिन और बाक़ी सभी तरह के सहारे इन लोगों को युवा नहीं रखेंगे। उन्हें यह अहसास होना चाहिए कि वे अपनी सोच के अनुरूप ही युवा या बूढ़े होंगे। अवचेतन मन विचारों के अनुरूप बनता है। अगर आपके विचार लगातार सौंदर्य, महानता और अच्छाई पर केंद्रित हैं, तो आप आध्यात्मिक रूप से युवा बने रहेंगे, भले ही आपकी उम्र कितनी ही क्यों नहीं हो जाए।

बुढ़ापे का डर

जॉब ने कहा था, *जिस चीज़ का मुझे इतना ज़्यादा डर था, वह हो गई है।* कई लोग बुढ़ापे से डरते हैं। वे भविष्य के बारे में अनिश्चित रहते हैं, क्योंकि वे उम्र बढ़ने के साथ मानसिक और शारीरिक क्षरण की उम्मीद करते हैं। वे जैसा सोचते और महसूस करते हैं, वैसा ही हो जाता है।

आप बूढ़े तब होते हैं, जब आप जीवन में दिलचस्पी खो देते हैं, सपने देखना छोड़ देते हैं, नई सच्चाइयों के प्रति उत्सुक नहीं रहते हैं और जीतने के लिए नई चुनौतियों की खोज नहीं करते हैं। जब तक आपका मस्तिष्क नए

विचारों और रुचियों के लिए खुला होता है, जब तक आप पर्दा उठाकर धूप अंदर आने देते हैं, जब तक आप जीवन तथा ब्रह्मांड की नई सच्चाइयों की प्रेरणा को ग्रहण करते हैं, तब तक आप युवा और स्फूर्तिवान बने रहते हैं।

आपके पास देने के लिए बहुत कुछ है

चाहे आप पैंसठ साल के हों या पिन्चानवे के, आपको यह अहसास होना चाहिए कि आपके पास देने के लिए बहुत कुछ है। आप युवा पीढ़ी को स्थिर करने, सलाह देने और निर्देशित करने में मदद कर सकते हैं। आप अपने ज्ञान, अनुभव और बुद्धिमानी का लाभ दे सकते हैं। आप हमेशा आगे देख सकते हैं, क्योंकि आप असीम जीवन में देख रहे हैं। आप पाएँगे कि जीवन चमत्कारों और आश्चर्यों से भरा है। दिन के हर पल कुछ नया सीखने की कोशिश करें। ऐसा करने पर आप पाएँगे कि आपका मस्तिष्क हमेशा युवा बना रहेगा।

एक सौ दस वर्ष की उम्र

कुछ साल पहले भारत में मुंबई में भाषण देते समय मेरा परिचय एक ऐसे व्यक्ति से कराया गया, जिसकी उम्र उसके दोस्तों के अनुसार एक सौ दस साल थी। उसका चेहरा बहुत सुंदर था। वह आंतरिक प्रकाश से दमक रहा था। उसकी आँखों में दुर्लभ सुंदरता थी। मैं देख सकता था कि वह ख़ुशी-ख़ुशी बूढ़ा हुआ था और ऐसा कोई चिह्न नहीं था कि उसके दिमाग़ ने इसकी रोशनी को धुँधला किया हो।

रिटायरमेंट - एक नया अभियान

यह जान लें कि आपका दिमाग़ कभी रिटायर नहीं होता है। आपका दिमाग़ पैराशूट की तरह होना चाहिए - इसका तब तक कोई उपयोग नहीं है, जब तक कि यह खुला नहीं हो। नए विचारों के प्रति खुले और ग्रहणशील रहें। मैंने पैंसठ और सत्तर साल के लोगों को रिटायर होते देखा है। उनके जीवन में ठहराव आ जाता है और वे कुछ महीने में चल बसते हैं। ज़ाहिर है, वे यह महसूस करते थे कि उनका जीवन ख़त्म हो गया है और चूँकि वे ऐसा सोचते थे, इसलिए ऐसा *ही हो जाता था*।

रिटायरमेंट एक नए अभियान, एक नई चुनौती, एक नई राह, एक लंबे सपने की शुरुआत हो सकती है। किसी को यह कहते सुनना बहुत ही निराशाजनक होता है, "अब मैं रिटायर हो चुका हूँ, अब क्या करूँगा?" वह दरअसल यह कह रहा है, "मैं शारीरिक और मानसिक रूप से मर चुका हूँ। मेरा मस्तिष्क विचारों से दिवालिया हो गया है।"

यह झूठी तसवीर है। सच्चाई यह है कि आप साठ साल के बजाय नब्बे साल की उम्र में ज़्यादा हासिल कर सकते हैं, क्योंकि आपके नए अध्ययन और दिलचस्पी के कारण आपकी समझदारी, जीवन और ब्रह्मांड की समझ हर दिन बढ़ रही है।

वह एक बेहतर काम में लग गया

फ्रैंक डब्ल्यू. एक एक्ज़ीक्यूटिव और मेरे पड़ोसी हैं। कुछ महीने पहले उन्हें जबरन नौकरी से निकाल दिया गया। कंपनी ने उन्हें बताया कि नई पुनर्गठन योजना के कारण ऐसा किया गया था, लेकिन उनका मानना था कि असल कारण यह था कि उनकी उम्र पैंसठ साल हो चुकी थी।

मैंने उनसे पूछा, "क्या आप भेदभाव का शिकार बनने के बारे में कटुता महसूस करते हैं? क्या आप अदालत में मुकदमा दायर करेंगे?"

उन्होंने हँसते हुए कहा, "मुझे लगता है, मैं कर सकता हूँ। मुझे उम्मीद है कि मैं अदालत में आसानी से जीत भी जाऊँगा। लेकिन मैं अपना समय और ऊर्जा इस तरह क्यों बर्बाद करूँ? मैंने नौकरी नहीं खोई है, कंपनी ने मेरी सेवाएँ खो दी हैं।"

उन्होंने ठहरकर आगे कहा, "मैं इसे इस तरह से देखता हूँ, जैसे मुझे अभी-अभी किंडरगार्टन से फ़र्स्ट ग्रेड में प्रमोशन मिला हो।"

"आपका क्या मतलब है?"

"देखिए," उन्होंने जवाब दिया, "जब मैंने हाई स्कूल की पढ़ाई पूरी की थी, तो सीढ़ी का अगला पायदान चढ़कर कॉलेज पहुँच गया। मैंने अपनी शिक्षा और जीवन की सामान्य समझ में एक क़दम आगे बढ़ा लिया। मेरा करियर एक और क़दम था, या शायद कई क़दम। अब मैं वे काम करने के लिए आज़ाद हो गया हूँ, जिन्हें मैं हमेशा से करना चाहता था। दूसरे शब्दों में, नौकरी छूटना जीवन की सीढ़ी पर एक क़दम ऊपर पहुँचना है।"

फ्रैंक इस समझदारी भरे निष्कर्ष पर पहुँचे कि वे अब पैसा कमाने पर ध्यान केंद्रित नहीं करेंगे। अब वे अपना पूरा ध्यान जीवन जीने पर देंगे। वे बरसों से शौक़िया फ़ोटोग्राफ़र थे। नौकरी छूटने के बाद उन्होंने पास के ही आर्ट इंस्टीट्यूट में फ़ोटोग्राफ़िक तकनीक का कोर्स किया और दुनिया की सैर पर गए। वे जहाँ भी गए, वहाँ की उन्होंने दर्जनों रोल तसवीरें खींचीं। अब वे कई समूहों व क्लबों में भाषण देते हैं और उनकी माँग बढ़ती जा रही है।

अपने बाहर की किसी महत्त्वपूर्ण चीज़ में दिलचस्पी लेने के असंख्य तरीक़े हैं। नए रचनात्मक विचारों के प्रति उत्साही बनें, आध्यात्मिक प्रगति करें और सीखते तथा विकास करते रहें। इस तरह आप दिल से युवा बने रहते हैं, क्योंकि आप नई सच्चाइयों के प्रति जिज्ञासु हैं और आपका शरीर आपकी सोच को हर समय प्रतिबिंबित करेगा।

आपको समाज का क़ैदी नहीं, निर्माता होना चाहिए

जो क़ानून कंपनी के मालिकों को कर्मचारियों से उम्र के आधार पर भेदभाव करने से रोकते हैं, वे सही दिशा में एक क़दम हैं, लेकिन क़ानून अकेला ही लोगों की सोच को नहीं बदल सकता है। पैंसठ साल का कोई व्यक्ति मानसिक, शारीरिक और मनोवैज्ञानिक रूप से तीस साल के कई लोगों से ज़्यादा युवा हो सकता है। हम यहाँ अपने श्रम के फलों का आनंद लेने आए हैं, उपयोगी बनने आए हैं, समाज के क़ैदी बनने नहीं आए हैं, जो हमारी उम्र के कारण हमें आलस की सज़ा देता है।

उम्र बढ़ने पर व्यक्ति का शरीर धीरे-धीरे शिथिल हो जाता है, लेकिन अवचेतन मन की प्रेरणा से उसका चेतन मन अधिक सक्रिय, चुस्त, जीवंत और तीव्र हो सकता है। दरअसल मस्तिष्क कभी बूढ़ा नहीं होता है। जॉब ने कहा था :

> ओह, काश! मैं वैसा होता जैसा महीनों पहले था, जिन दिनों में ईश्वर ने मेरी रक्षा की थी; जब उनकी रोशनी मेरे सिर पर चमकी थी और उनकी रोशनी के सहारे मैं अँधेरे में आगे बढ़ा था; जब मैं अपनी जवानी के दिनों में था, जब ईश्वर का रहस्य मेरे आराधना-स्थल में था।
>
> *जॉब 29:2-4*

युवावस्था का रहस्य

जवानी के दिनों को दोबारा पकड़ने के लिए अपने पूरे अस्तित्त्व में अवचेतन मन की चमत्कारी, उपचारक, ख़ुद को नवीन करने वाली शक्ति महसूस करें। जान लें और महसूस करें कि आप प्रेरित हैं, ऊपर उठे हैं, तरुण बन चुके हैं, नई स्फूर्ति पा चुके हैं और आध्यात्मिक रूप से रिचार्ज हो चुके हैं। आप उत्साह और ख़ुशी से भरपूर हैं, जैसे अपनी जवानी के दिनों में थे, सिर्फ़ इस कारण क्योंकि आप हमेशा मानसिक और भावनात्मक रूप से उस सुखद अवस्था को हासिल कर सकते हैं।

जो रोशनी आपके सिर के ऊपर चमकती है, वह दैवी ज्ञान है। यह ज्ञान आपके सामने हर उस चीज़ को प्रकट कर देता है, जिसे आपको जानने की ज़रूरत है। भले ही परिस्थितियाँ कैसी भी दिखें, आप इसकी मदद से अच्छाई की उपस्थिति की सकारात्मक घोषणा कर सकते हैं। आप अपने अवचेतन मन के मार्गदर्शन से चलते हैं, क्योंकि आप जानते हैं कि सुबह होती है और छायाएँ ग़ायब हो जाती हैं।

सपना देखें

"मैं बूढ़ा हूँ" यह कहने के बजाय कहें, "मैं दैवी जीवन के विधान में समझदार हूँ।" कंपनी, अख़बारों या आँकड़ों को अपने सामने बुढ़ापे की तसवीर रखने की इजाज़त नहीं दें : ढलते साल, जर्जरता, सठियाना और निरर्थकता। इसे अस्वीकार कर दें, क्योंकि यह झूठ है। इस तरह के कुप्रचार को मानने से इनकार कर दें। मौत की नहीं, जीवन की घोषणा करें। ख़ुश, स्वस्थ, सफल, शांत और सशक्त व्यक्ति के रूप में अपनी तसवीर देखें।

आपका मस्तिष्क बूढ़ा नहीं होता है

शीर्षस्थ हार्ट सर्जन माइकल डेबेकी ने ख़ून का पहला रोलर पंप 1932 में ईजाद किया था। उनका बनाया पंप आज भी बाइपास सर्जरी में प्रयुक्त होता है। नब्बे साल की उम्र में डॉ. डेबेकी को एक नए आविष्कार पर प्रयोग शुरू करने की अनुमति मिली। यह एक छोटा पंप था, जिसे गंभीर हृदय रोगियों के सीने में लगाया जा सकता था। डेबेकी सिर्फ़ शोध से ही संतुष्ट नहीं थे। वे सर्जरी भी करते रहे। उनके बारे में एक सहयोगी ने कहा था, "उन्होंने जितना किया है, उतना करने के लिए बाक़ी लोगों को पाँच-छह जन्म लेने पड़ेंगे।"

डेबेकी ने नब्बे साल की उम्र में अपने जीवनदर्शन का सार इस तरह से व्यक्त किया था, "जब तक आपके सामने चुनौतियाँ हैं और आप शारीरिक तथा मानसिक रूप से सक्षम हैं, तब तक जीवन रोमांचक और स्फूर्तिवान है।"

उनका मस्तिष्क निन्यानवे की उम्र में सक्रिय था

मेरे पिता ने पैंसठ साल की उम्र में फ्रेंच भाषा सीखी और सत्तर साल की उम्र में इसके विशेषज्ञ बन गए। उन्होंने साठ साल से अधिक उम्र में गैलिक का अध्ययन किया और इस विषय के मशहूर टीचर बन गए। उन्होंने उच्च शिक्षा के एक इंस्टीट्यूट में मेरी बहन की तब तक मदद की, जब तक कि वे निन्यानवे साल की उम्र में गुज़र नहीं गए। निन्यानवे साल की उम्र में भी उनका दिमाग़ उतना ही तेज़ था, जितना कि बीस साल की उम्र में था। सच तो यह है कि उम्र के साथ उनकी तार्किक शक्ति अधिक पैनी हो गई थी। वास्तव में आप उतने ही बूढ़े होते हैं, जितना आप ख़ुद को मानते और महसूस करते हैं।

हमें वरिष्ठ नागरिकों की ज़रूरत है

रोमन देशभक्त मार्कस पोर्सियस केटो ने अस्सी साल की उम्र में ग्रीक भाषा सीखी। महान जर्मन-अमेरिकन कलाकार मैडम अर्नेस्टाइन शूमैन-हेंक दादी बनने के बाद अपनी संगीत सफलता के शिखर पर पहुँचीं।

यूनानी दार्शनिक सुकरात ने वाद्ययंत्र बजाना तब सीखा, जब वे अस्सी साल के थे। माइकल एंजेलो अस्सी साल की उम्र में अपने सबसे महान कैनवास पर पेंटिंग करते थे। अस्सी साल की उम्र में सियोस सायमनाइड्स ने कविता का पुरस्कार जीता, जोहानन वॉन गेटे ने *फ़ाउस्ट* पूरा किया और लियोपॉल्ड वॉन रैंके ने अपनी *हिस्ट्री ऑफ़ द वर्ल्ड* शुरू की, जिसे उन्होंने बानवे साल की उम्र में पूरा किया।

अल्फ्रेड लॉर्ड टेनिसन ने तिरासी साल की उम्र में अपनी बेहतरीन कविता "क्रॉसिंग द बार" लिखी। आइज़क न्यूटन पिच्यासी साल में भी बहुत मेहनत करते थे। अठासी साल की उम्र में जॉन वेस्ली मेथोडिज़्म पर भाषण दे रहे थे और मार्गदर्शन दे रहे थे।

फ़्रांस की ज्याँ लुई कैलमेंट इन लोगों जितनी मशहूर नहीं थीं। जवानी में वे एक बार मशहूर चित्रकार विनसेंट वॉन गॉग से मिली थीं, लेकिन इससे

वे लोकप्रिय नहीं हुईं। उनके सौवें जन्मदिन के बाद से लोगों ने उनकी तरफ़ ध्यान देना शुरू किया। उनके लिए यह हर दिन साइकल चलाना छोड़ने का अवसर था।

एक सौ दसवें जन्मदिन पर कैलमेंट को दुनिया भर से बधाइयाँ और शुभकामनाएँ मिलीं। एक सौ अठारहवें जन्मदिन ने उन्हें इतिहास में सबसे अधिक उम्र का जीवित व्यक्ति बना दिया। जब उनसे पूछा गया कि यह कैसे संभव हुआ, तो वे बोलीं, "मैंने हर मौक़े पर आनंद लिया। मैंने स्पष्टता से, नैतिकता से और बिना पश्चाताप के काम किया। मैं बहुत ख़ुशक़िस्मत हूँ।" एक सौ बाईस साल की होने पर भी उनकी मुस्कराहट हमेशा की तरह मंत्रमुग्ध करने वाली थी।

हमें अपने वरिष्ठ नागरिकों को ऊँचे पदों पर रखना चाहिए और उन्हें स्वर्ग के फूलों को धरती पर लाने का हर अवसर देना चाहिए।

अगर आप रिटायर हो चुके हैं, तो जीवन के नियमों और अपने अवचेतन मन के आश्चर्यों में रुचि लें। कोई ऐसा काम करें, जिसे आप हमेशा से करना चाहते थे। नए विषयों का अध्ययन करें और नए विचारों की जाँच करें।

इस तरह से प्रार्थना करें :

> हे ईश्वर, जिस तरह मृग जलधारा की ओर भागता है, उसी तरह मेरी आत्मा भी आपके लिए व्याकुल होती है।
>
> *भजन 42:1*

बुढ़ापे के फल

> उसका मांस किसी बच्चे से भी ताज़ा बना दिया जाएगा : वह अपनी जवानी के दिनों में पहुँच जाएगा।
>
> *जॉब 33:25*

दरअसल बुढ़ापे का मतलब है उच्चतम दृष्टिकोण से ईश्वर की सच्चाइयों पर मनन करना। यह अहसास करें कि आप एक अनंत यात्रा पर हैं। आप जीवन के अविराम, अथक, अनंत महासागर में महत्त्वपूर्ण सीढ़ियों के पायदान पर हैं। फिर भजनकार के साथ आप भी कहेंगे,

वे बुढ़ापे में भी फल देंगे; वे मोटे और समृद्ध होंगे।

भजन 92:14

लेकिन आत्मा के फल प्रेम, ख़ुशी, शांति, धैर्य, नरमी, अच्छाई, आस्था, विनम्रता, सहिष्णुता हैं : इनके ख़िलाफ़ कोई क़ानून नहीं है।

गैलेशियन्स 5:22-23

आप अनंत जीवन के पुत्र हैं, जिसका कोई अंत नहीं है। आप अमरता के वारिस हैं।

लाभकारी विचार

1. धैर्य, दयालुता, प्रेम, सद्भावना, ख़ुशी, आनंद, बुद्धि और समझ जैसे गुण कभी बूढ़े नहीं होते हैं। उन्हें विकसित और व्यक्त करेंगे, तो आप मानसिक और शारीरिक रूप से युवा बने रहेंगे।
2. समय के प्रभावों का मानसिक डर असमय बुढ़ापे का कारण हो सकता है।
3. बुढ़ापे का वर्षों की उड़ान से कोई लेना-देना नहीं है; यह तो इंसान के मस्तिष्क में बुद्धि का उदय है।
4. आपके जीवन के सबसे उपयोगी वर्ष पैंसठ से पिन्चानवे तक के हो सकते हैं।
5. बुढ़ापे का स्वागत करें। इसका मतलब यह है कि आप जीवन की राह पर ज़्यादा ऊपर बढ़ रहे हैं, जिसका कोई अंत नहीं है।
6. ईश्वर जीवन है और यह अब आपका जीवन है। जीवन सतत नवीनीकरण करने वाला, शाश्वत और अविनाशी है तथा सभी इंसानों की वास्तविकता है। आप हमेशा जीते हैं, क्योंकि आपका जीवन ईश्वर का जीवन है।
7. आप अपने मस्तिष्क को नहीं देख सकते, लेकिन आप जानते हैं कि आपके पास एक मस्तिष्क है। आप भावना को नहीं देख सकते, लेकिन आप जानते हैं कि खेल भावना होती है; कला की, संगीत की, वक्ता की भावना भी वास्तविक होती है। इसी तरह आपके दिलोदिमाग़ में चलने वाली अच्छाई, सत्य और सुंदरता की भावनाएँ

वास्तविक हैं। आप ज़िंदगी को नहीं देख सकते, लेकिन आप जानते हैं कि आप ज़िंदा हैं।

8. बुढ़ापे को उच्चतम दृष्टिकोण से ईश्वर की सच्चाइयों का मनन कहा जा सकता है। बुढ़ापे की ख़ुशियाँ जवानी की ख़ुशियों से ज़्यादा बड़ी हैं। आपका मस्तिष्क आध्यात्मिक और मानसिक खेल में व्यस्त रहता है। प्रकृति आपके शरीर को धीमा कर देती है, ताकि आपको दैवी चीज़ों पर मनन करने का अवसर मिल सके।
9. हम किसी व्यक्ति की उम्र के वर्ष तब तक नहीं गिनते हैं, जब तक कि उसके पास गिनने लायक़ और कुछ नहीं हो। आपकी आस्था और विश्वास का कभी क्षय नहीं हो सकता।
10. आप उतने ही युवा हैं, जितना ख़ुद को मानते हैं। आप उतने ही सशक्त हैं, जितना ख़ुद को मानते हैं। आप उतने ही उपयोगी हैं, जितना ख़ुद को मानते हैं। आप अपने विचारों जितने ही युवा हैं।
11. आपके सफ़ेद बाल संपत्ति हैं। आप अपने सफ़ेद बाल नहीं बेच रहे हैं। आप अपनी प्रतिभा, योग्यताएँ और बुद्धिमानी बेच रहे हैं, जो आपने बरसों के अनुभव से इकट्ठी की हैं।
12. फ़ैशनेबल डाइटिंग और महँगी गोलियाँ आपको युवा नहीं रखेंगी। व्यक्ति जैसा सोचता है, वैसा ही होता है।
13. बुढ़ापे का डर शारीरिक और मानसिक परेशानी उत्पन्न कर सकता है। मुझे जिस चीज़ का बहुत डर था, वह हो गई है।
14. आप तब बूढ़े होते हैं, जब आप सपने देखना छोड़ देते हैं और जीवन में दिलचस्पी खो देते हैं। आप तब बूढ़े होते हैं, जब आप चिड़चिड़े, सनकी, बदमिज़ाज और झगड़ालू हो जाते हैं। अपने मन को ईश्वर की सच्चाइयों से भरें और उसके प्रेम की खुशबू फैलाएँ – यही जवानी है।
15. आगे की ओर देखें, क्योंकि हर समय आप असीमित जीवन को देख रहे हैं।
16. आपका रिटायरमेंट एक नया अभियान है। नए अध्ययन और रुचियों पर ध्यान दें। आप वे काम कर सकते हैं, जो आप हमेशा से करना चाहते थे, लेकिन पहले इसलिए नहीं कर पाए, क्योंकि आप कमाने में व्यस्त थे। जीवन जीने पर ध्यान दें।

17. समाज के क़ैदी नहीं, निर्माता बनें। अपनी प्रतिभा को लोगों से नहीं छिपाएँ।
18. जवानी का रहस्य प्रेम, ख़ुशी, आंतरिक शांति और हँसी है। ईश्वर ख़ुशी से भरपूर है। ईश्वर में ज़रा भी अंधकार नहीं है।
19. आपकी ज़रूरत है। कई महान दार्शनिकों, कलाकारों, वैज्ञानिकों, लेखकों और अन्य मशहूर लोगों ने अपना महानतम काम अस्सी साल की उम्र के बाद किया है।
20. बुढ़ापे के परिणाम हैं प्रेम, ख़ुशी, शांति, धैर्य, नरमी, अच्छाई, आस्था, विनम्रता और संयम।
21. आप असीमित जीवन के पुत्र हैं, जिसका कोई अंत नहीं है। आप अमरता के वारिस हैं। आप अनूठे हैं!